Exploration and Practice of China's Economic System Reform

中国经济体制改革探索与实践

张占斌 杜庆昊 等 著

人民出版社

目　录

前　言 ……………………………………………………………… 1

第一章　时代背景:实行改革开放的历史必然性 ……………… 1

第一节　改革开放提出的国内背景 ……………………… 2
第二节　改革开放提出的国际背景 ……………………… 11
第三节　改革开放的历史必然性 ………………………… 14

第二章　改革开放:社会主义也可以搞市场经济 …………… 18

第一节　经济体制改革的起点 …………………………… 18
第二节　经济体制改革目标的确立 ……………………… 21
第三节　发展社会主义市场经济 ………………………… 23

第三章　深化改革:全面深化经济体制改革 ………………… 39

第一节　全面深化经济体制改革的时代背景和基本脉络 …… 40
第二节　经济体制改革的指导思想与战略举措 ………… 45
第三节　经济体制改革的成效 …………………………… 58

第四章 市场决定:充分发挥市场机制作用 ················ 64

第一节 构建中国特色的社会主义市场经济制度 ··········· 64

第二节 市场经济主体和基本经济制度 ················ 68

第三节 坚持"两个毫不动摇" 重视民营经济发展 ········· 77

第四节 现代市场体系构建与完善 ················· 85

第五节 转变宏观调控方式 提升经济发展质量 ·········· 91

第五章 经验分析:经济体制改革积累的宝贵经验 ············ 96

第一节 始终坚持和发展中国特色社会主义 ············ 96

第二节 始终坚持解放思想实事求是 ················ 98

第三节 始终坚持以经济建设为中心 ··············· 101

第四节 始终坚持顺应和把握世界大势 ·············· 103

第五节 始终坚持改革发展稳定相统一 ·············· 105

第六节 始终坚持党对经济体制改革的领导 ··········· 108

第六章 历史方位:从经济大国走向经济强国 ············· 112

第一节 从经济大国走向经济强国的时代背景 ·········· 112

第二节 从经济大国走向经济强国的思想内涵 ·········· 116

第三节 从经济大国走向经济强国的改革重点 ·········· 120

第四节 从经济大国走向经济强国的战略保障 ·········· 123

第七章 指导思想:构建中国特色社会主义政治经济学 ······· 130

第一节 理论来源与实践基础 ··················· 131

第二节 重大的理论价值和实践意义 ··············· 136

第三节　时代特征和突出特色 ·············· 140

第四节　新时代发展的核心内容与总体架构 ·········· 144

第五节　政治立场和重大原则 ·············· 154

第六节　坚持和发展中国特色社会主义政治经济学的
基本路径 ·········· 160

第八章　主要任务:贯彻新发展理念建设现代化经济体系 ····· 165

第一节　中国经济发展进入新常态 ·········· 165

第二节　新发展理念与习近平新时代中国特色社会
主义经济思想 ·········· 170

第三节　建设现代化经济体系 ·············· 177

第九章　最终目标:实现新时代经济高质量发展 ······· 181

第一节　准确把握高质量发展的重要内涵 ········ 182

第二节　高速度增长为何要转向高质量发展 ······· 187

第三节　实现高质量发展的主要途径 ········· 190

第十章　改革主线:深入推进供给侧结构性改革 ······· 200

第一节　深入推进供给侧结构性改革的重要性和紧迫性 ··· 200

第二节　深入推进供给侧结构性改革的主要原则 ······ 204

第三节　深入推进供给侧结构性改革的主要任务 ······ 208

第十一章　科学布局:实施区域协调发展战略 ······· 214

第一节　深入实施区域发展总体战略 ········· 214

第二节　推动京津冀协同发展和雄安新区建设 ············· 222

第三节　推动粤港澳大湾区建设 ·············· 225

第四节　共抓大保护建设长江经济带 ·············· 230

第五节　陆海统筹推动海洋强国建设 ·············· 235

第十二章　底线思维：打好防范化解重大风险攻坚战 ············ 238

第一节　坚持底线思维是防范化解重大风险的根本遵循 ··· 238

第二节　打好防范化解重大风险攻坚战的核心内容 ········ 243

第三节　重点做好防控金融风险的原则遵循和战略保障 ··· 250

参考文献 ·············· 255

后　记 ·············· 257

前　言

　　1978—2018 年,40 周年的时光流转,或许在人类的历史长河中不过是流星一闪,但对于持续奋进在改革开放伟大历史征程中的中国人民来说意义非凡,堪称共和国发展史上极不平凡的一段历程,对中国和世界都产生了不可估量的深远影响,具有划时代的里程碑意义。

　　中国自 1978 年改革开放以来,已然整整 40 周年。历史不会忘记,正是在 1978 年,伟大的中国共产党直面十年“文化大革命”后国民经济濒临崩溃的严峻形势,科学分析国内国际发展大势,准确地把握住了“和平与发展”的时代主题,作出把党和国家工作重心转移到经济建设上来、实行改革开放的历史性抉择。中国共产党和中国人民就是在这样的国内国际历史背景下,踏上了改革开放的伟大历史征程,带领中国奋起直追蓬勃向前的发展潮流。

　　从 1978 年改革开放至 2016 年,中国 GDP 年均增速达 9.6%。2017 年,中国占世界经济比重从 1978 年的 1.8% 提高到 15% 左右,对世界经济增长贡献率超过 30%。2016 年中国已经提前四年实现了“GDP 到 2020 年比 2000 年翻两番”的目标,2017 年中国提前三年实现“人均 GDP 到 2020 年比 2000 年翻两番”的目标,正加速向现代化经济强国迈进。2018 年,中国实现了改革开放的第 40 个年头,身处这样一个重要的改革节点,中国比历史上任何时候都更接近、更有信心和能力实现中华民族伟大复兴的战略目标。中华民族实现了从站起来、富起来到强起来的伟大飞跃。中国日益走近世界舞台中央。道路决定命运,创新引领未来。全面深化改革需要鉴往知来,攻坚克难离不开历史明鉴,继往开来离不开理念导航。

一、深入推进改革开放是实现中国 迈向经济强国的根本保障

在中国共产党的坚强领导下,中国经过改革开放40年的不懈探索与艰苦奋斗,为自身和全世界创造出巨大的社会经济财富。作为负责任的发展中国家和世界大国,中国始终奉行和平发展的国家发展战略,在实现本国经济社会协调可持续发展的同时,始终注重与全世界各国一道分享中国发展的机遇与红利,获得了国际社会和大多数国家的一致认可。

党的十八大以来,以习近平同志为核心的党中央,积极顺应世界发展大势,一方面带领全党和全国各族人民继续创造着中华民族伟大复兴的壮举,引领中国特色社会主义发展进入新时代;另一方面直面西方一些国家在世界经济全球一体化过程中表现出来的反全球化态势,义无反顾地扛起自由贸易和全球化的正义旗帜,带领全党和全国各族人民直面发展困难,勇于担当,不断推进深化改革伟业,不断开创"五位一体"发展新格局,不断大力推进国家治理体系和治理能力现代化,全面凝聚起中华民族伟大复兴的强大力量,再一次开启了改革开放的崭新征程。

　　"改革开放是一项长期的、艰巨的、繁重的事业,必须一代又一代人接力干下去。必须坚持社会主义市场经济的改革方向,坚持对外开放的基本国策,以更大的政治勇气和智慧,不失时机深化重要领域改革,朝着党的十八大指引的改革开放方向奋勇前进。"①党的十八大以来,中国的经济发展面临着全新的环境和挑战。一方面,世界经济严重衰退,贸易保护主义抬头,世界经济格局面临新的洗牌;另一方面,国内土地、劳动力等要素价格越来越高,资源、环境的约束越来越紧,传统的经济发展模式和结构亟待调整。同时,中国经济发展还面临着如何既能保持一定水平的中高速增长,又能实现"转方式、调结构、促发展"的两难目标。在这种严峻的国际国内背景下,以习近平同志为核心的党中央高瞻远瞩,以舍我其谁的历史担当提出了要进一步深化经济体制改革,大力推行供给侧结构性改革,带领全党和全国各族人民,以时不我待的改革勇气和决心,开启了一场中国经济发展方式迈向更高形态的结构之变,由全球化的参与者变成了引领者。

　　党的十八大以来,党和政府大力推进的供给侧结构性改革,其核心就是"三去一降一补"。党中央、国务院为了实现中国经济的行稳致远,以壮士断腕的历史决心,坚持刀口向内的改革发展思路,深化供给侧结构性改革的深层次着力点,进一步理顺政府和市场的关系,坚决向高耗能高污染高投入低产出的"三高一低"发展模式说不,大力开展"三去一降一补"工作举措。一是通过大力去除落后产能,给钢铁、煤炭等绝对过剩的产能主动"退烧去热",仅 2016 年一年,我国化解煤炭产能就超过 2.9 亿吨,压减粗钢产能超过 6500 万吨。二是通过坚决去杠杆,有效化解金融系统重大风险。三是通过大力去库存,及时消除房

---

　　①　习近平:《习近平谈治国理政》第一卷,外文出版社 2018 年第 2 版,第 67 页。

地产等关乎国计民生领域的潜在发展隐患,不断改善和扩大民生福祉。四是通过不断降低企业经营的政策和制度性成本,切实为企业休养生息创造良好的政策和制度环境。五是通过大力开展补短板工作,不断提升我国基础设施的整体水平、进一步补齐公共服务短板。同时,党中央和国务院还紧扣党的十八届三中全会提出的"使市场在资源配置中起决定性作用和更好发挥政府作用"这个经济体制改革的核心问题,大力鼓励"大众创业、万众创新"的市场行为,积极营造适合经济社会发展的良好发展环境,大力培育发展互联网大数据等高附加值、高就业率的新兴产业,不断优化经济结构和不断提升经济发展质量。

党的十八大以来,在以习近平同志为核心的党中央坚强领导下,国务院大力推行"放管服"等重要改革举措,在充分激发出市场主体发展活力的同时,也有效地从源头上杜绝了权力寻租等腐败行为的发生,直接推动了公开透明的市场经济体系的建设与发展。据不完全统计,党的十八大以来,国务院各部门取消或下放行政审批事项618项;取消中央指定地方实施行政审批事项283项。中央政府层面核准的企业投资项目削减比例累计接近90%。工商登记前置审批事项中的87%,改为后置审批或取消。在改革开放40周年之际,我们既要善于总结提炼改革开放取得巨大成就的经验,更要善于发现并着手处理改革开放进程中亟待妥善解决的问题。"没有改革开放,就没有中国的今天,也就没有中国的明天。改革开放中的矛盾只能用改革开放的办法来解决"①,在新时代的发展语境下,中国的改革开放事业仍然要毫不动摇地坚决遵循以公有制经济为主体的基本经济制度,充分发挥好各种所有制的积极作用,在事关中国改革开放事业成败的诸多经济体制改革议题上深入推进。

---

① 习近平:《习近平谈治国理政》第一卷,外文出版社2018年第2版,第69页。

二、深入推进改革开放是应对复杂国际国内形势的迫切需要

改革开放 40 年来,不管国际风云如何变幻,中国都在中国共产党的带领下不断前行,直面改革发展的机遇与挑战,大踏步追赶世界先进国家的发展步伐。2000 年,中国位居世界第七大经济体。2007 年,中国超越德国成为世界第三大经济体。2010 年,中国首次超越日本,成为仅次于美国的世界第二大经济体。诚然,中国依靠改革开放取得的辉煌成就值得庆贺,但是我们依然要清醒地认识到中国经济整体发展水平较低,现在仍处于社会主义初级阶段。虽然近年来我国的经济总量和经济增速发展比较快,但是我国人口众多,各项经济指标人均水平远低于国际平均水平,加之我国国内区域发展不平衡,经济发展的现状还远不能满足广大人民群众对美好生活的需要,依旧还有很大的空间需要提升。这些问题都鞭策着我国要继续坚定不移地推动新时代改革开放,坚定不移地走和平发展之路,让世界各国人民进一步认识到中国是友好的国家、中国人是友好的人民,中国的发展有助于更好地维护世界的和平与发展。

当今世界,国际风云变幻,整个世界正经历着史无前例的深层次格局调整。自 2008 年国际金融危机发生以来,世界经济复苏乏力,传统贸易保护主义势力日渐抬头,全球自由贸易规则不断遭到来自以美国为代表的发达国家的挑战,以美国为首的西方世界在经济危机大背景的影响下很难通过调整自身经济政策走出危机,便把矛头指向了曾经由自身主导建立的世界自由贸易体系,在全球范围内掀起了民族主义

和贸易保护主义色彩浓重的单边主义浪潮,其中最具代表的就是美国挑起中美贸易摩擦、英国"脱欧"、美墨边境墙等一系列反全球化事件。这些反全球化浪潮的代表性事件并不是孤立存在的,它代表了以美国为首的老牌资本主义国家对全球化"合则用、不合则弃"的传统价值观,这些反全球化事件给原本就复苏乏力的世界经济发展增添了更大的不确定性因素。

对于中国来说,必须始终坚持改革开放的基本国策不动摇,不断深化改革、扩大开放,依托市场在资源配置中的决定性作用,用好政府宏观调控这只"有形的手",与时俱进地推进改革开放事业,在保持社会总体稳定的基础上不断深入挖掘经济增长的巨大潜力。为了更好地应对日益严峻的外部不利环境,中国必须通过不断深化改革扩大开放来进一步深入挖掘中国经济增长的内在潜力。

三、深入推进改革开放是吸取中国过去40年发展经验教训的深刻总结

20世纪70年代末,中国正经历着前所未有的国内国际发展压力,时刻处于经济社会分崩离析的危险境地。这主要表现在两个方面:一方面,国内历经"文化大革命"之后,政治局势一片混乱,经济社会发展也处于计划经济主导下发展僵化停滞、近乎崩溃的境地;另一方面,新兴科技革命加速推动西方主要发达国家加速发展,不但给中国带来前所未有的国际竞争压力,更进一步拉大了中国和世界各国的发展差距。

面对着复杂严峻的国内国际环境,以邓小平同志为核心的党的第二代领导集体深刻洞悉世界发展大势,科学分析国内国际发展两个大

局,深入思考计划经济的种种弊端,实事求是地作出了实行改革开放的重大决策。1981 年,党的十一届六中全会进一步将我国社会的主要矛盾概括为"人民日益增长的物质文化需要同落后的社会生产之间的矛盾",提出要大力破除计划经济的种种束缚,不断满足广大人民群众合理的物质文化需求。

党和政府基于我国社会主要矛盾已发生根本性变化的重要论断,在准确把握时代主题和人民愿望的基础上,作出把党和国家工作重心转移到经济建设上来、实行改革开放的历史性抉择。

时代呼唤改革,人民呼唤改革。党永远是带领人民进行改革开放的领军者。中国实行改革开放已经有 40 个年头。改革开放前,国家民生凋敝,经济发展停滞;如今,国家繁荣昌盛,物质生活充裕。历史的发展已经雄辩地证明了我国的发展出路只能是改革开放,唯有不断增强我国社会主义的生机活力,不断解放和发展社会生产力,才能从根本上体现中国共产党始终坚持以人民为中心的发展观,才能不断提高广大人民群众的生活质量,逐步实现共同富裕。

通过对比国家统计局 1978 年和 2017 年两份统计公报,能感受到改革开放带给中国社会经济发展的巨变:按人民币计价,我国 GDP 从 1978 年的 0. 3645 万亿元增长到 2017 年的 82. 7 万亿元;人均国内生产总值从 1978 年的 385 元增长到 2017 年的 59660 元,年均增长约 9. 5%,已经达到中等偏上收入国家水平;城镇居民人均可支配收入和农村居民人均可支配收入分别从 1978 年的 343. 4 元、133. 6 元提高到 2017 年的 36396 元、13432 元;农村贫困发生率从 1978 年的 97. 5%大幅下降到 2017 年的 3. 1%,远低于世界平均水平;居民受教育程度不断提高,九年义务教育全面普及,高等教育毛入学率 2017 年达到 45. 7%,高出世界平均水平近 10 个百分点;城乡居民健康状况显著改善,居民平均预期寿命 2017 年达到 76.7 岁,高于世界平均水平。

改革开放 40 年来,中国依靠改革开放实现了自身经济技术突飞猛进的增长,建成了世界上最大的高速公路网、高铁运营网和移动宽带网,经济总量占世界经济比重达到 15%左右,对世界经济增长贡献率超过 30%。中国正日益成为世界经济稳定复苏的重要引擎。

开放带来进步,封闭必然落后。中国开放的大门不会关闭,只会越开越大。习近平总书记指出:"改革开放是当代中国发展进步的活力之源,是我们党和人民大踏步赶上时代前进步伐的重要法宝,是坚持和发展中国特色社会主义的必由之路。"①在坚持社会主义基本制度的前提下,立足基本国情,遵循市场经济的一般规律,借鉴有益经验,不断对经济基础和上层建筑进行调整和完善,不断探索社会主义和市场经济相结合的有效途径和方式,我们走出了一条有中国特色的改革道路。实践充分证明,社会主义和市场经济是可以结合的,改革开放是社会主义制度的自我完善和发展,社会主义市场经济体制是"市场对资源配置起决定性作用"与"正确发挥政府作用"的有机结合。

新中国成立以来,特别是这 40 年来,中国人民的生活和社会发生了令人难以置信的巨大变化。1978 年,党的十一届三中全会吹响了改革开放的历史号角,中国从此走上了繁荣富强的道路。党的十八大以来,以习近平同志为核心的党中央高举全面深化改革的大旗,以巨大的政治勇气和非凡的政治智慧,继续深化改革和扩大开放,党和国家事业取得了历史性成就、发生了历史性变革。习近平总书记围绕新时代中国经济体制改革重大问题发表了一系列高屋建瓴又符合中国改革开放发展实际的重要论述。改革开放给人民生活带来巨大改善,全面建成小康社会的

---

① 中共中央文献研究室编:《习近平关于全面深化改革论述摘编》,中央文献出版社 2014 年版,第 3 页。

奋斗目标将一步步变为现实,极大地调动了人民群众投身中国特色社会主义建设的积极性,为我国的发展进步带来了无穷的活力。

习近平总书记曾多次号召全党,要"更加深刻地认识改革开放的历史必然性,更加自觉地把握改革开放的规律性,更加坚定地肩负起深化改革开放的重大责任"。① 中国的改革开放事业在经过40年的稳步推进后,已经取得了令世界瞩目的辉煌成就。与此同时,我国经济体制改革还存在着经济发展方式转型与市场化改革不到位、税费过重与公共产品供给短缺并存、依法治国理念有待进一步落实和亟待正确处理改革、发展、稳定三者之间关系等深层次问题,必须抓紧推动经济发展方式转型和充分发挥市场在资源配置中的决定性作用。同时,还需要在坚持依法治国的大前提下,进一步加快公共产品有效供给,加速推动相关社会体制改革工作,进而适时有序推进改革开放,把改革的力度、发展的速度和社会的承受能力有机结合起来,在保持稳定的前提下推进改革和发展,通过改革和发展促进社会稳定。

改革开放是当代中国发展进步的必由之路,是实现中国梦的必由之路。我们要在改革开放40周年的历史节点上继续高举深化改革开放的伟大旗帜,逢山开路,遇水架桥,将改革进行到底。

四、改革开放是决定当代
中国命运的关键一招

面对全党和全国各族人民的新期盼,习近平总书记旗帜鲜明地指

---

① 习近平:《习近平谈治国理政》第一卷,外文出版社2018年第2版,第67页。

出:"改革开放是党在新的历史条件下领导人民进行的新的伟大革命,是决定当代中国命运的关键抉择。"①实现"两个一百年"奋斗目标、实现中华民族伟大复兴的中国梦,不断提高人民生活水平,必须坚定不移把发展作为党执政兴国的第一要务。而发展的关键正在于我国发端于1978年的改革开放伟大事业。改革开放40年来,历史已经雄辩地向世人证明了改革开放是决定中国命运的关键一招。

党的十八大以来,以习近平同志为核心的党中央着眼于中华民族伟大复兴的历史伟业,夙夜在公、孜孜不倦地进行着领航新时代中国改革开放事业的艰辛探索。

全书以中国经济体制改革为背景和主题,对我国改革开放伟大历史征程进行了系统的梳理,从波澜壮阔的改革进程中提炼出深刻影响中国改革进程的中国经济体制改革重大问题,以期在全面、系统回顾改革历史的同时,能够引发人们对改革的深入回顾与思考。

第一章从改革开放的时代背景、实行改革开放的历史必然性入手,全面系统梳理"文化大革命"、经济基础差、计划经济僵化等改革开放的国内背景,并从与发达国家差距越拉越大的国际背景出发,以历史发展进程为主线,借助翔实的数据和客观的案例对世界各国经济体制改革情况进行深入浅出的分析论述。

第二章从改革开放的逻辑起点出发,深刻论述社会主义也可以搞市场经济的重要观点,并重点回顾改革开放至1992年商品经济形成时期及1992—2012年社会主义市场经济发展和完善的重要阶段,以具有说服力的改革数据和改革案例,对中国经济体制改革领域中至关重要的财税、金融、国企改革进行深入研究和论述。同时,还针对市场经济

---

① 习近平:《全面贯彻落实党的十八大精神要突出抓好六个方面工作》,《求是》2013年第1期。

与计划经济的发展特点及优势互补等重大问题进行了论述。

第三章围绕党的十八大以来重要经济体制改革的举措,全面系统回顾 2012 年至今全面深化改革时期,从深化改革的全局出发,以经济建设和经济改革的巨大成效论证和阐释习近平总书记关于深化改革的重要思想。同时,这一章节还重点论述了经济体制改革对经济建设的深层次作用,如解放了生产力、建立了市场经济国家、建成了开放型经济体等。此外,还结合我国经济建设的成就,对党的十八大以来(2012—2017 年)及改革开放以来(1978—2017 年)的发展数据进行对比,雄辩地论证出改革开放和中国经济体制改革给中国经济社会发展带来了不可替代的巨大推动作用。

第四章通过回顾市场在改革开放过程中对经济高速发展、经济体制深刻变革的关键性作用,论述要进一步充分发挥市场机制作用,更好地鼓励和支持民营企业发展,更好地践行市场在资源配置中起决定性作用的重要发展理念。

第五章围绕中国经济体制改革发展历程,提炼出要始终坚持和发展中国特色社会主义、始终坚持解放思想和实事求是、始终坚持以经济建设为中心、始终坚持顺应和把握世界大势、始终坚持改革发展稳定相统一、始终坚持党对经济体制改革的领导等一系列我国改革开放谋发展的宝贵经验,为后续继续深化改革,进行了深入的探索。

第六章立足于我国所处的历史方位,紧紧围绕经济体制和经济体制改革的发展脉络,直面改革开放进入攻坚克难的深水区,提出更好地把握新旧矛盾叠加、机遇与风险挑战并存的时代发展脉络,深入研究制定出中国经济强国的指标体系。同时,本章还就进一步推动中国经济发展、中国经济体制改革、更快地实现从经济大国走向经济强国提出改革重点和战略保障。

第七章结合中国改革开放的发展实际,以习近平新时代中国特色社会主义思想为指导思想,系统阐释了新时代中国特色社会主义政治经济学。

第八章围绕党的十九大报告中提出的关于贯彻新发展理念、建设现代化经济体系的发展目标,全面系统地就新发展理念与习近平新时代中国特色社会主义经济思想的关系、什么是现代化经济体系以及如何建设现代化经济体系进行了深入浅出的理论研究。

第九章重点围绕什么是经济高质量发展、为什么要推动经济从高速增长向高质量发展转变以及如何推动经济高质量发展进行分析。

第十章围绕我国改革发展主线,就如何在新时代下,更好更快地在以习近平同志为核心的党中央的坚强领导下,依托从低效过剩领域释放要素,以结构性改革来促进要素的自由流动,大力发展新经济、优化资源要素配置等方面进一步深入推进供给侧结构性改革,推动经济社会持续健康发展,助力我国决胜全面建成小康社会,实现"两个一百年"的奋斗目标。

第十一章围绕加快推进区域协调发展、重点推进雄安新区建设和长江经济带建设、启动实施粤港澳大湾区建设等区域发展战略,重点论述充分认识区域发展在经济发展中的重大意义。面对全球经济发展新情况,必须结合中国实际,深刻理解区域发展所面临的机遇与挑战,牢牢把握好总体区域协调发展和局部区域重点发展的关系。

第十二章结合党中央关于防范金融风险和地方政府债务的部署,深入探究如何在新形势下进一步提高政治站位,树牢风险意识,坚持底线思维,强化工作措施,在深化改革、扩大开放以及实现中国经济体制改革的关键时期坚决打好防范化解重大风险攻坚战。

前事不忘后事之师。总体上来讲,本书以中国经济体制改革的历史进程为研究脉络,从回顾和展望改革两个时空维度,全面系统地通过对事关我国改革开放事业发展走向的中国经济体制改革的重大问题进行深入研究与探讨,以期起到抛砖引玉,进一步推动我国改革开放伟大实践,为实现中华民族伟大复兴的中国梦贡献一份绵薄之力。中国特色社会主义在改革开放中产生,也在改革开放中发展。回首过去,我们党用改革的方法解决了社会主义事业发展中的一系列问题。展望未来,改革开放既是大势所趋,更是人心所向。

第一章 时代背景：
实行改革开放的历史必然性

1978年12月18日至22日,党的十一届三中全会召开。全会的中心议题是讨论把全党的工作重点转移到社会主义现代化建设上来,也就是以经济建设为中心。会议高度评价了关于实践是检验真理的唯一标准的讨论,重新确立"解放思想、实事求是"的思想路线,作出了改革开放这一"决定当代中国命运的关键抉择"。

党的十一届三中全会开启了改革开放历史新时期。中国共产党在新中国成立以来历史上具有深远意义的伟大转折是以这次全会为开端的。中国共产党在思想、政治、组织等领域的全面拨乱反正,是从这次全会开始的。伟大的社会主义改革开放,是由这次全会揭开序幕和开始起步的。建设中国特色社会主义的新道路,是以这次全会为起点开辟的。指导改革开放和社会主义现代化建设的强大理论武器——建设中国特色社会主义理论,是在这次全会前后开始逐步形成和发展起来的。一句话,党的十一届三中全会标志着:中国从此进入了改革开放和社会主义现代化建设的历史新时期,中国共产党从此开始了建设中国特色社会主义的新探索。

习近平总书记指出:"从党的十一届三中全会作出把党和国家工

作中心转移到经济建设上来、实行改革开放的历史性决策以来,已经35个年头了。中国人民的面貌、社会主义中国的面貌、中国共产党的面貌能发生如此深刻的变化,我国能在国际社会赢得举足轻重的地位,靠的就是坚持不懈推进改革开放。"[1]

改革开放这个"关键一招"是在怎样的历史背景下产生的?为何中国能在这样一个历史阶段找到"改革开放"这个关键抉择?这是一个偶然的、带有运气性的政策还是具有历史必然性?让我们转回目光,回到那个年代去探究当时的情况。

第一节　改革开放提出的国内背景

一、新中国成立以来党和国家工作重心转移

早在新中国成立前夕,在党的七届二中全会上,党中央就明确指出,在夺取全国胜利的新形势下,党的工作重心要从乡村转到城市,而城市工作必须以发展经济为中心。新中国成立以后,特别是抗美援朝结束以后,党的工作重心在很长时间里也确实是经济建设。在1962年党的八届十中全会召开之前,经济建设作为党的工作重心这一判断,在中央领导和毛泽东同志的意识里没有动摇过。1962年之后,党的工作重心转移到阶级斗争。1975年,邓小平同志主持中央工作提出了"以三项指示为纲",其实质是想把经济建设重新作为党的工作重心,但随后的"批邓、反击右倾翻案风"运动阻断了这次尝试。粉碎"四人帮"以

---

① 习近平:《习近平谈治国理政》第一卷,外文出版社2018年第2版,第71页。

后,李先念、陈云等老一辈革命家都认为,夺取政权后党的工作重心应当是经济建设。在随后一段时间里,华国锋同志在主持中央工作时也重视抓生产,但受到"左"的思想禁锢和历史惯性影响,他在当时仍沿用"以阶级斗争为纲的提法",提出要"抓纲治国",在安排工作时,还是把重点放在政治运动上。直到党的十一届三中全会前,邓小平同志才从正面提出了工作重点转移的问题。

1978 年党的十一届三中全会的召开被称为改革开放元年。事实上,中国改革开放的转折点发生在 1976 年。这年秋天,毛泽东同志去世,接着党中央粉碎了"四人帮",以一种不寻常的方式结束了持续十余年的"文化大革命",历史的转折机会出现。此后,中国共产党开始结束无休无止的政治运动,着力于国家经济建设。1977 年,中国发生了一系列变化,探索制定现代化的规划、进行技术引进、组织出国考察、酝酿经济改革等一系列措施。当 1978 年酝酿改革开放问题时,高层并没有太大的分歧,党的工作重心在党的十一届三中全会之后最终得以转向。

二、十年"文化大革命"引发历史反思

一直以来,人们都在讨论中国改革为何在 20 世纪 70 年代末开启大幕? 大家首先想到的是"文化大革命"。改革的动因在"文化大革命"期间已经酝酿。一场以理想主义为标榜的政治运动,异化为普遍的暴力、持续的派系斗争和林彪、江青两个集团的权力斗争,"文化大革命"的正当性逐渐丧失。1976 年清明节前后,被称为"四五运动"的抗议活动呈现出不同以往的性质,这是一场自发的群众运动,表面是发泄对"四人帮"的愤怒,其实却是指向"文化大革命",他们中的一些人已经开始思考"中国向何处去"的大问题。不仅是青年工人和"上山下

乡"的知识青年,党内的一些老干部也开始思考这一问题。胡耀邦同志说:"从 1969 年到 1976 年以前,表面上看来好像风平浪静了。实际上在底下、在人民的心中和私下交往中,真是波涛滚滚、汹涌澎湃。"①邓小平同志后来也说:"不改革不行,不开放不行。过去二十多年的封闭状况必须改变。我们实行改革开放政策,大家意见都是一致的,这一点要归'功'于十年'文化大革命',这个灾难的教训太深刻了。"②

十年"文化大革命"破坏了经济基础,老百姓生活困苦,民生问题成为重大的政治问题。邓小平同志后来说:"'文化大革命'也有一'功',它提供了反面教训"③,"促使人们思考,促使人们认识我们的弊端在哪里。……为什么我们能在七十年代末和八十年代提出了现行的一系列政策,就是总结了'文化大革命'的经验和教训。"④"文化大革命"结束后,党内和民间形成了一个思想解放潮流。在党内,1978 年 5月 11 日《光明日报》发表的评论员文章《实践是检验真理的唯一标准》,标志着以"解放思想"为基本内容的大讨论的开始。这场讨论的直接起因,是由于各条战线的拨乱反正,特别是在解放老干部和平反冤假错案问题上遇到了阻力。"解放思想"意味着原来认为天经地义的"以阶级斗争为纲""无产阶级专政下继续革命"之类的理论是可以怀疑的,原来认为神圣不可侵犯的计划经济制度和"对党内外资产阶级全面专政"的政治制度是可以改变的。正是通过这场舆论战,我们突破了一些重大禁区,推动了全国范围的平反冤假错案和解决一系列历史遗留问题的进程。

---

① 郑仲兵主编:《胡耀邦年谱资料长编》上册,时代国际出版有限公司(香港)2005年版,第 499 页。

② 《邓小平文选》第三卷,人民出版社 1993 年版,第 265 页。

③ 《邓小平文选》第三卷,人民出版社 1993 年版,第 272 页。

④ 《邓小平文选》第三卷,人民出版社 1993 年版,第 172 页。

　　思想解放还推动了经济领域的拨乱反正。经济领域的大讨论始于1977 年 2 月,到 1978 年中央工作会议和党的十一届三中全会前夕,进行了近两年时间。1977 年和 1978 年经济领域拨乱反正涉及的重大问题有四个:一是纠正否定商品生产和商品交换的错误观点,重新肯定社会主义必须大力发展商品生产和商品交换,重视价值规律的作用;二是批判对所谓“资产阶级法权”和按劳分配原则的错误批判,重新强调按劳分配和物质利益原则;三是批判对“唯生产力论”的错误批判,强调生产力发展在社会主义发展中的重要地位,事实上提出了体制评价的生产力标准;四是提出按经济规律办事,提高经济管理水平。这些问题的讨论受到华国锋、邓小平、李先念等领导人的重视和肯定,特别是邓小平同志直接推动了这一讨论的开展。1978 年 5 月 5 日,《人民日报》特约评论员文章《贯彻执行按劳分配的社会主义原则》发表前,邓小平同志就看了两遍,并两次找起草者胡乔木、于光远、邓力群谈意见①,此文将按劳分配问题的讨论推向了高潮。文章全面论证了按劳分配的社会主义性质,系统厘清了在按劳分配问题上的理论错误和混乱。另一本影响很大的著作是林子力、有林的《批判“四人帮”对“唯生产力论”的“批判”》,最后也是因邓小平同志批示“可以出版”才得以正式出版②。这一时期,邓小平同志讲得最多的是按劳分配问题。在他看来,物质利益原则仍然是调动积极性以加快发展的最直接有效的手段。1977 年和 1978 年期间,部分职工工资的调整、计件工资和奖金制度的恢复,都体现了这种思路。到党的十一届三中全会召开前夕,经济理论大讨论共举行了 7 次,参会人数超过两千人,出版了多部文集,

---

①　李正华:《中国改革开放的酝酿与起步》,方志出版社 2007 年版,第 102—104 页。
②　陈敬编:《经济理论 20 年——著名经济学家访谈录》,湖南人民出版社 1999 年版,第 379 页。

除了真理标准大讨论外,经济理论大讨论规模最大,持续时间最长,对理论界和实际工作的影响也最为显著。

经济理论大讨论最重要的价值在于最先对长期以来居于统治地位的"左"倾错误理论进行了清理和批判。一些经济学家的思考,已经涉及整个计划体制。薛暮桥就认为:经济管理体制的根本问题,不仅是解决条条与块块之间的矛盾,而是要解决行政管理与经济发展的客观规律之间的矛盾①。积极的拨乱反正就会产生改革的意识,拨乱反正的思想自然深化就会走向改革。中国改革的真正起点恰恰发生在思想政治领域。一个是人的政治的解放,另一个是人的思想的解放,对历史的全面反思和总结。如果没有政治、思想领域的变革为前导,经济改革是不可能推动的。

三、国民经济和人民生活陷入困局

"文化大革命"结束时,中国陷入经济和民生的严重困局。1977 年 2 月 12 日,国家计委的汇报提纲透露:几年来国民经济增长缓慢,工业生产 1974 年、1976 年两年停滞不前,1976 年只增长 0.6%,钢产量倒退 5 年,不少重点工程形不成生产能力,财政连续 3 年出现赤字,1976 年财政收入只有 750 亿元,相当于 1971 年的水平。"'文化大革命'动乱十年……在经济上,据有的同志估算,仅是国民收入就损失了五千亿元。"②1978 年 2 月 26 日,华国锋在五届全国人大一次会议《政府工作报告》中说:"从 1974 年到 1976 年,由于'四人帮'的干扰破坏,全国大约损失工业总产值 1000 亿元,钢产量 2800 万吨,财政收入 400 亿元,

---

① 薛暮桥:《对于计划管理体制的一些意见》,《经济研究参考资料》1979 年第 71 期。
② 《李先念在全国计划会议上的讲话》,中国网,http://www.china.com.cn/,2012 年 9 月 7 日。

整个国民经济几乎到了崩溃的边缘。"这也是正式报告中首次出现"崩溃边缘"的说法。

对于"文化大革命"结束时中国经济是否到了"崩溃边缘"的判断，存在着不同的看法。美国有学者认为，虽然"文化大革命"导致了中国经济的萧条与饥荒，但总体上，中国在 1952 年至 1975 年间还是取得了令人瞩目的经济增长率。国内学者陈东林也有不同的说法。他根据官方统计数据，指出在"文化大革命"期间中国经济是发展的。1967 年至 1976 年的 10 年，工农业总产值年平均增长率为 7.1%，社会总产值年平均增长率为 6.8%，国民收入年平均增长率为 4.9%，"这样的经济发展速度，在世界上并不算太慢"。① 这些看法被认为"崩溃边缘"的说法过于政治化。

然而，这并不能否定"文化大革命"结束时中国陷入严重经济困局的事实。这一事实集中反映在民生问题上。据有关资料统计，至少两亿农民的温饱问题没有解决，许多农民甚至还处在赤贫状况。这种境况，令许多直接接触农民的官员深感愧疚和焦虑。例如，在安徽全省 28 万个生产队中，只有 10% 的生产队能维持温饱；67% 的生产队人均年收入低于 60 元；25% 的生产队在 40 元以下。② 这也意味着，在安徽省 4000 万农村人口中，有 3500 万以上的人是吃不饱肚子的。③ 贫困不是一个地区的问题，西北地区的负责人在 1978 年 11 月召开的中央工作会议上发言说："西北黄土高原，人口 2400 万，粮食亩产平均只有 170 斤，有的地方只收三五十斤，口粮在 300 斤以下的有 45 个县，人均

① 陈东林：《实事求是地评价"文革"时期的经济建设》，《中国经济史研究》1997 年第 4 期。
② 李向前：《旧话新题：关于中国改革起源的几点研究——兼答哈里·哈丁和麦克法夸尔两先生对中国改革的质疑》，《中共党史研究》1999 年第 1 期。
③ 《当代中国的安徽》下卷，当代中国出版社 1992 年版，第 603 页。

年收入在 50 元以下的有 69 个县""宁夏西海固地区解放以来人口增长 2 倍,粮食增长不到 1 倍,连简单再生产也有问题"。①

城市居民生活虽有国家保障,但职工工资 20 年没有上涨,生活消费品凭票购买,住房严重紧缺,上千万知识青年、下放干部、知识分子和其他城市下放人员要求回城,全国城镇有 2000 万人等待就业等等,"许多问题都具有'爆炸性'"。② 1978 年前后,北京和各地出现持续不断的上访和闹事风潮,其诉求除了政治平反,就是各类民生问题。

民生问题不只是一个严重的经济问题,而且成为一个严重的社会和政治问题。邓小平同志、陈云同志这一时期的两段话集中反映了高层的集体焦虑感。1978 年 9 月,邓小平同志说:"我们太穷了,太落后了,老实说对不起人民""外国人议论中国人究竟能够忍耐多久,我们要注意这个话。我们要想一想,我们给人民究竟做了多少事情呢?"③同年 11 月中央工作会议上,陈云同志说:"建国快 30 年了,现在还有要饭的。老是不解决这个问题,农民就会造反。支部书记会带队进城要饭。"④中国长期走的是优先发展重工业的工业化路子,与之相配套的是高度中央集权的计划经济制度。自 20 世纪 50 年代以来,中国依靠国家的强制动员和全国人民"勒紧裤带",初步建立起了一个工业体系,走过了工业化原始积累的最初阶段。1952 年到 1978 年,工业总产值增长 15 倍,其中重工业增长 28 倍,建立了大小工业企业 35 万个,其中大中型国有企业 4400 个。这个成就不应被忽视。但问题在于:这种

---

① 张湛彬:《大转折的日日夜夜》上卷,中国经济出版社 1998 年版,第 388—389 页。

② 中共中央文献研究室编:《三中全会以来重要文献选编》上册,人民出版社 1982 年版,第 148 页。

③ 中共中央文献研究室编:《邓小平思想年谱(1975—1997)》,中央文献出版社 1998 年版,第 80—81 页。

④ 中共中央文献研究室编:《陈云年谱》下卷,中央文献出版社 2000 年版,第 229 页。

发展模式的特征是高速度低效率、高投入低产出、高积累低消费。从统计数据看，增长率不低，但人民长期得不到实惠。如果说在毛泽东时代这种"勒紧裤带"搞建设的办法还可以勉强推行，那么"文化大革命"结束以后，政治上的松动释放出巨大的民生压力，依靠政治动员强制推行一种发展模式的基本条件已经不存在，这条路很难继续走下去。国有企业效益日趋下降，同时导致国家财政收入困难。1974 年、1976 年两年为负增长，出现了自"大跃进"以来第二个财政困难时期。① 从财政角度看，单纯依靠国家财政投资支持国有企业发展的老模式也已经到了它的极限。

四、农村发展严重滞后

1976 年 12 月，中共中央召开的第二次全国"农业学大寨"会议的会议纪要指出：农业上不去"这不仅是一个经济问题，也是一个政治问题，是摆在全党面前的一项紧迫任务"。农业存在速度慢、水平低、不平衡、不全面的问题。粮食增长率、人均占有粮食 20 年没有增长。有些多年来的粮食调出省变为调入省，如四川省 1976 年就调进粮食 20 亿斤，棉花产量徘徊了 11 年，油料产量还停留在 1952 年的水平，糖料从 1973 年以来没有增长。②

这种农业发展模式事实上已走入末路。最突出的是农民负担沉重，收益下降，普遍陷入贫困境地。尤其是"农业学大寨"运动中连年农田基本建设"大会战"，大量平调生产队的劳力和钱粮，把社队"搞空了，搞穷了"。据薛暮桥回忆，他在 1977 年就认为："'农业学大寨'不

---

① 国家统计局：《中国统计年鉴（1993）》，中国统计出版社 1993 年版，第 215 页。

② 中华人民共和国国家农业委员会办公厅编：《农业集体化重要文件汇编（一九五八——一九八一）》下册，中共中央党校出版社 1981 年版，第 944 页。

能解决问题,关键是要改变政策,农业是否要走人民公社道路,还需要重新研究。"①和农民有更多接触的地方负责人心里更加明白,这套办法解决不了农民的问题。1977 年 6 月,万里上任安徽省委第一书记后,下乡调查 3 个月,把全省大部分地区都跑到了,还走进了许多农户的家里。万里回忆说:"农民吃不饱,穿不暖,住的房子不像个房子的样子。淮北、皖东有些穷村,门、窗都是泥土坯的,连桌子、凳子也是泥土坯的,找不到一件木器家具,真是家徒四壁呀!我真没料到,解放几十年了,不少农村还这么穷!我不能不问自己。这是什么原因?这能算是社会主义吗?人民公社到底有什么问题?为什么农民的积极性都没有啦?当然,人民公社是上了宪法的,我也不能乱说,但我心里已经认定,看来从安徽的实际情况出发,最重要的是怎么调动农民的积极性;否则连肚子也吃不饱,一切无从谈起。"②随行人员回忆说,万里看到农民的贫困状况后"泪流满面"。③ 为了调动农民积极性,1977 年 11 月,安徽省委制定的《关于当前农村经济政策几个问题的规定》中强调:农村一切工作要以生产为中心;尊重生产队的自主权;允许农民搞正当的家庭副业,产品可以拿到集市上出售;生产队实行责任制,只需个别人完成的农活可以责任到人等等。《关于当前农村经济政策几个问题的规定》的核心是在政策上为生产队和农民"松绑"、减负,允许农民有点个体小自由,这是用实际行动反对大寨"大批促大干"那一套做法。

到了 1978 年,中央政策开始悄然变向,"农业学大寨"的口号逐步被"落实农村政策"的呼声所代替。"农业学大寨"运动的式微,标志着

---

① 薛暮桥:《薛暮桥回忆录》,天津人民出版社 1996 年版,第 315 页。

② 张广友、韩钢记录整理:《万里谈农村改革是怎样搞起来的》,《百年潮》1998 年第 3 期。

③ 吴象:《农村第一步改革的曲折历程》,杜润生主编:《中国农村改革决策纪事》,中央文献出版社 1999 年版,第 218 页。

一个时代的终结。少数农民利用这种已经松动的政治空气走得更远，开始秘密地搞起过去反复批判过的"包产到户"，尽管他们只是为了找一条生活出路，也未必理解他们的自发行动与即将展开的一场改革有什么联系。但是，这种现象也说明，20世纪70年代末中国走上改革之路，具有深刻的内在根源。

第二节　改革开放提出的国际背景

　　20世纪70年代末，中国所面对的外部环境发生了重大变化。1949年11月，以美国为首的西方阵营成立了"巴黎统筹委员会"，实行对社会主义国家的禁运政策，其中对中国贸易的特别禁单甚至比对苏联和东欧国家的禁单项目还多500余种。20世纪50年代初中国就受到以美国为首的西方国家的封锁禁运，无法进入西方市场。60年代中苏同盟分裂，中国向苏联获取资金和技术的途径也中断了。在这一时期，即使中国领导人有利用外部资源发展自己的愿望，也不具备这样的条件。70年代初，中美关系解冻，中国同日本、西欧等发达国家全面建交，在联合国的地位也得到恢复。因此，中国走向世界的道路，很大程度上在毛泽东同志、周恩来同志的手上已经开始逐步打通了。1978年，邓小平同志又在两个方面取得重大突破：一是中日缔约；二是中美建交。至此，对外开放的政治环境已经具备。当时，从遏制苏联扩张的共同战略利益出发，美国和西欧都希望中国成为世界的稳定力量，愿意支持中国朝向现代化的努力。

　　"文化大革命"后期外国领导人来访的很多，中国领导人回访的很少，"文化大革命"之后，为了改变这种情况，中国安排了较多的国事访问。因此,这段时间中国领导人和高级别官员去世界各国访问,足迹遍及亚洲、非洲、欧洲、美洲和大洋洲。通过这些来往,增强了彼此间的了解和信任,促进了双方的友好合作。中国特别注意了与邻近国家发展友好关系。中国同马来西亚、菲律宾和泰国建立了外交关系,同新加坡关系有了明显的进展,同印度尼西亚的关系也有了改善。中国同南亚和西亚国家有着不断发展的睦邻友好关系,在东北亚,中国与朝鲜的友好关系一如既往并有了新发展,两国最高领导人进行了互访。中国同非洲国家的友好合作关系,也有了很大的发展。中国支持非洲人民为争取非洲的彻底解放而进行的斗争。中国同拉丁美洲国家的关系逐步发展,中国同第三世界国家的关系也有了令人满意的发展,友好往来、经济文化交流逐步扩大。中苏两个曾经的友好邻邦,关系从 20 世纪60 年代初开始日益恶化。中国与美国关系改善以后,在外交上共同反对苏联的霸权主义策略。

"文化大革命"结束后两年多时间里,中国外交上的最大成就是实现中日、中美关系的正常化。1978 年 8 月 12 日,中日两国签订《中日和平友好条约》,该条约反映了中日两国人民世世代代友好相处的愿望,为两国的睦邻友好关系奠定了良好的基础。1978 年 10 月 22 日,邓小平同志出访日本,历时 8 天,邓小平同志访日是中国领导人第一次对日本访问,在中日关系史上具有重要意义,引起了国际社会的极大关注。

中美两国在 1972 年 2 月发表了中美联合公报,打破僵局、建立开端,向全世界表明了两国存在共同利益和建立友好关系的愿望。公报发表后,两国在多个领域进行了日益增进的联系和交流,但是两国关系并没有正常化,中间隔着一个台湾问题。1978 年 7 月开始,中美就建交问题进行了谈判,邓小平同志不但对第一轮谈判给予了具体指示,还在最后谈判的关键时刻亲自三次会见了美国谈判代表。1978 年 12 月

16 日上午提前发布公报自 1979 年 1 月 1 日起建交。1978 年 12 月 17 日《人民日报》发表社论《历史性的大事》,高度评价中美建交。对中国来说,中美建交的最大意义在于中国增加了朋友,减少了敌人,从而为集中力量准备和进行以经济建设为中心的重点转移,对于党的十一届三中全会顺利实现工作重点的转移,都创造了积极的外部环境。

对改革开放决策以巨大推力的,是 1978 年兴起的出国考察潮。其实,出国考察从 1977 年就开始了。"文化大革命"结束后,很多中国人都越来越感受到政治运动和思想禁锢对中国造成的危害,感受到中国与先进国家的差距,希望能够向先进的国家包括政治制度不同的西方资本主义国家的一切先进的东西学习,从而实现国家富强、人民富裕。国富民强需要发展生产力,发展生产力就要对内进行改革,对外进行开放,对外开放主要内容之一就是要学习国外先进的管理经验,引进国外的先进设备、技术和资金。在中央决策层,对外开放的决心逐渐坚定,他们开始思考如何对外开放。1977 年年初,一机部部长项南对美国的农业机械化进行了考察。1977 年 9 月,冶金部副部长叶志强带领一批专家到日本考察,催生了引进成套设备建设宝钢的重大项目。1977 年 12 月底,由国家经委主任袁宝华、对外贸易部部长李强率领的代表团赴英、法重点考察欧洲的企业管理。1978 年上半年,中国派出代表团先后考察了日本和欧洲一些主要国家。这些访问加深了中国对西方发达的资本主义国家的了解,看到了中国和西方发达国家的差距。1978 年我们提出"有计划地组织干部到国外去考察"的任务,明显是为了寻求国外经验。华国锋同志要求派更多的干部出去看看,"看看国外有什么好的东西""联系自己作为借鉴"。[1]

---

[1] 房维中编:《在风浪中前进:中国发展与改革编年纪事(1977—1989)》第一分册,未刊稿,第 118 页。

1978 年 6 月 30 日,中共中央政治局听取谷牧汇报访欧情况时,领导人得出的一致印象是:欧洲"受苏联威胁,希望中国强大,希望为我们的四个现代化出点力量"。[①] 20 世纪 70 年代末,工业化国家在经济上出现结构调整和产业转移的趋势。根据出国考察团带回的情况,资本主义国家正处于萧条时期,产品、技术、资本都过剩,"急于找出路",仅欧洲就有多达 5000 亿美元的游资。无论日本还是西欧国家,都争相同中国谈贸易,日本、西德、法国争相借钱给中国。[②] 由于美、欧、日从联手"遏制"中国到支持中国的现代化,国际环境发生重大改变。这是过去可望而不可即的有利时机,也促使中国领导人下决心迅速扩大引进新技术和成套设备的规模。

学习国外的先进经验,引进国外的先进设备、技术、资金,是当时对外开放思想的主要内容。为了借鉴学习外国经济建设和经济管理的先进经验,早在 1978 年上半年我国就曾派出代表团,先后考察了日本和欧洲一些发达国家。1978 年召开的国务院务虚会,基本确立了引进开放的目标。

第三节 改革开放的历史必然性

1976 年 10 月,我们顺应党心民意,一举粉碎"四人帮",开展揭批"四人帮"的群众运动,在全国清查和整顿了各级组织的领导班子,进

---

① 房维中编:《在风浪中前进:中国发展与改革编年纪事(1977—1989)》第一分册,未刊稿,第 126 页。

② 房维中编:《在风浪中前进:中国发展与改革编年纪事(1977—1989)》第一分册,未刊稿,第 124 页。

行国民经济的恢复和建设。粉碎"四人帮",为改革开放奠定了政治条件。

1976年年初开始的"批邓、反击右倾翻案风",错误地中断了邓小平同志在1975年开始的全面整顿工作。在广大人民群众的迫切呼声中,1977年7月中共中央召开十届三中全会,恢复了邓小平同志原来的所有职务。邓小平同志的复出和其他一批老干部陆续恢复工作,为改革开放做了组织准备。

在1977年冲破"两个凡是"、不断解放思想的过程中,理论界通过揭批"四人帮"的一系列谬论,特别是真理标准问题大讨论在全国的开展,逐步澄清了"四人帮"散布的错误思想,恢复了对马克思主义的正确认识,辨明了理论是非。开展真理标准问题大讨论,突破"两个凡是"的束缚,为改革开放奠定了思想基础。

"文化大革命"结束之时,中国面临的是百废待兴、百端待举的严峻局势。通过全党和全国人民的艰苦努力,"文化大革命"期间遭受重创的经济迅速恢复并得到了较快的发展,政局稳定。正是在此基础上,人们的收入有所增加,生活有所改善,财政出现盈余,国家的建设规模不断扩大,大规模改革开放得以有了一个起步的支点。经济的恢复和发展,为全面改革开放准备了必要的物质条件。

"文化大革命"结束的两年,党和国家在对外交往方面也进行了卓有成效的工作,实现了中美建交,缔结了中日和平友好条约,奠定了我国外交上的新格局,使我国的国际声誉得到提高,为改革开放创造了必要的国际条件。

邓小平同志复出后,亲自领导科学教育文化领域的拨乱反正。在他倡导的"尊重知识,尊重人才"的良好氛围下,迎来了我国科学、教育、文化的春天。科教文艺界的拨乱反正,成为全面改革的先声。

1978 年出现的农村改革,是我国各项改革当中最成功的改革之一。这次农村改革是广大农民为了发展生产、改善生活,从自身利益出发的自觉行为。农村改革的成功探索,为中国全面改革、全面发展,提供了实践基础和社会基础。

1978 年下半年,对"四人帮"的"揭、批、查"目的基本实现后,在邓小平同志的首倡下,党中央开始引导干部群众转移工作重心。邓小平同志倡导改革,一个出发点就是打破苏联模式的束缚。邓小平同志还从社会主义本质的高度来阐述改革的必要性,思考社会主义建设的重大问题。比如 1978 年 9 月 18 日,邓小平同志在鞍山市听取汇报时,提出要用先进技术和管理办法改造企业。他还提出了扩权的改革思路,强调要加大地方的权力,特别是企业的权力,这是我国经济体制改革起步阶段重要的指导思想。按照历史唯物主义的观点来讲,正确的政治领导的成果,归根到底要表现在社会生产力的发展上、人民物质生活的改善上。生产力发展的速度比资本主义慢,那就没有优越性,这是最大的政治,这是社会主义和资本主义谁战胜谁的问题。

1978 年的国务院务虚会还大胆地提出了改革生产关系和上层建筑的意见,提出和讨论了经济管理体制改革的问题,强调要发挥经济手段和经济组织的作用,坚决实行专业化,发展合同制,贯彻按劳分配的原则,扩大企业的经济自主权。同年召开的全国计划会议,确定了经济发展必须实行"三个转变",即:从上到下都要把主要注意力转到生产斗争和技术革命上来;从那种不计经济效果、不讲经济效率的官僚主义的管理制度和管理方法,转到按照经济规律办事、把民主和集中很好地结合起来的科学管理的轨道上来;从那种不同资本主义国家进行经济技术交流的闭关自守或半闭关自守状态,转到积极地引进国外先进技术,利用国外资金,大胆地进入国际市场上来。"三个转变"的提出,标志着在改革的原则问题上达成了一致。

在 20 世纪 70 年代末,"文化大革命"结束后,粉碎"四人帮"为改革开放准备了政治条件,一大批老干部平反后官复原职为改革开放做了组织准备,真理标准问题大讨论为改革开放奠定了思想基础,"文化大革命"后的经济迅速恢复为改革开放准备了必要的物质条件,我国外交上打开的新局面为改革开放创造了必要的国际条件,科教文艺界的拨乱反正成为全面改革的先声,农村的改革为全面改革提供了社会基础和群众基础,出国考察、学习国外先进科技和引进先进设备技术为全面开放提供了实践基础。这些所有的基础和条件,都表明了实行改革开放的历史必然性。在改革开放不断推进的进程中,我们发现,只有社会主义才能救中国,只有改革开放才能发展中国。改革开放是决定当代中国命运的关键一招,也是决定实现"两个一百年"奋斗目标、实现中华民族伟大复兴的关键一招。华国锋同志说:"看准了东西,就要动手去干,不要议而不决,决而不行。"邓小平同志说:"下个大决心,不要怕欠账,那个东西没危险。"[1]习近平总书记说:"实践发展永无止境,解放思想永无止境,改革开放也永无止境。停顿和倒退没有出路,改革开放只有进行时、没有完成时。"[2]让我们坚定信心,继续全面深化改革、继续扩大对外开放,不断推进中国特色社会主义制度的自我发展和完善。

---

① 房维中编:《在风浪中前进:中国发展与改革编年纪事(1977—1989)》第一分册,未刊稿,第 119、120 页。

② 习近平:《习近平谈治国理政》第一卷,外文出版社 2018 年第 2 版,第 71 页。

第二章　改革开放:
社会主义也可以搞市场经济

　　党的十一届三中全会吹响了改革的号角,但事实上对于中国改革向何处去,还没有一个清晰的蓝图。然而,摸着石头过河却让中国人尝到了改革的甜头。回过头来审视改革的原点,恰恰是国内十年"文化大革命"刚结束、经济社会处于崩溃的边缘之时。而发达经济体也刚刚经历十年滞胀,席卷世界的全球化浪潮也正在暗流涌动。这一次,中国终于赶上了全球化列车,赶上了改革大潮! 始于 20 世纪 70 年代末的那场改革,彻底改变了中国。

第一节　经济体制改革的起点

　　从 1978 年确定改革的方针直到 1992 年党的十四大报告明确经济体制改革的目标是建立社会主义市场经济体制,中国在理论和实践两个方面的探索上就一直贯穿着"是计划还是市场"的选择问题。
　　早在 1979—1981 年间,在解放思想、实事求是思想路线的鼓舞下,经济理论界的思想就活跃起来,就计划与市场的关系问题展开了研究和讨论。许多经济学家在总结过去的经验教训时，批判了企图消灭货币关系的"左"倾观点，主张经济生活中应更多地发挥价值规律的作用。例如，孙冶方重新提出"千规律，万规律，价值规律第一条"；薛暮桥提出要学会利用价值规律、利用市场调节的作用等。[①] 1979 年 4 月，在中国社会科学院经济研究所、国家计委经济研究所、江苏省哲学社会科学研究所的联合发起下于江苏省无锡市召开了全国第二次经济理论研讨会，即著名的"社会主义经济中价值规律作用问题讨论会"。与会人士在社会主义经济是商品经济、生产资料也是商品、价值规律在社会主义经济中仍然发挥作用、竞争是社会主义经济的内在机制等方面达成了基本共识，肯定了商品、价值和价值规律以及竞争机制在社会主义经济中的地位，并提出了计划调节与市场调节相结合的观点。随后，理论界又进一步肯定了市场调节在社会主义经济中的地位，认为市场调节是一种经济调节手段，和资本主义没有必然的联系，可用来为社会主义经济服务。

1982 年党的十二大报告正式提出"计划经济为主、市场调节为辅"的改革原则，决定对传统集中的计划经济体制进行改革，允许对部分产品的生产和流通不作计划，由市场来调节。这就打破了长期以来将计划与市场视为水火不相容的传统认识和计划经济的绝对垄断地位。但"计划经济为主、市场调节为辅"的提法实际上仍是将计划经济作为社会主义经济的本质特征，强调计划手段的作用，认为市场机制仅仅具有"补充"的作用。

在社会主义市场经济理论的探索过程中，真正具有突破意义的还是 1984 年关于市场调节与计划体制相容性问题的理论发展。这一年，

---

① 张卓元主编：《论争与发展：中国经济理论 50 年》，云南人民出版社 1999 年版。

党的十二届三中全会通过《中共中央关于经济体制改革的决定》这一指导经济体制改革的纲领性文件,确认中国的社会主义经济是公有制基础上的"有计划的商品经济",强调商品经济的充分发展是社会主义发展不可逾越的阶段,是实现中国经济现代化的必要条件;强调要按经济规律尤其是价值规律办事,充分运用市场机制发展社会主义经济。"有计划的商品经济"理论的提出,打破了将计划经济与商品经济对立起来的传统观点,标志着作为市场经济主要规律之一的价值规律在经济生活中正式得到确立。这在社会主义经济理论上实现了一次重大突破,也是对经济体制改革目标探索中的一个重大理论突破。邓小平同志对《中共中央关于经济体制改革的决定》给予了很高的评价,他指出:"这个决定,是马克思主义的基本原理和中国社会主义实践相结合的政治经济学。"[1]

在"有计划的商品经济"理论提出后,理论界围绕与之相适应的经济运行机制问题展开了探索。1987 年党的十三大强调了社会主义有计划商品经济中计划与市场的内在统一性,进一步提出在社会主义有计划商品经济中"国家调节市场,市场引导企业"的新型经济运行机制。这就进一步提高了市场机制在中国经济生活中的地位。

之后,理论界就计划和市场孰为基本机制问题展开了热烈的讨论。越来越多的理论工作者开始越过单纯将市场机制作为一种辅助手段的认识,认为市场机制是社会主义经济内在的运行机制,社会主义经济不能离开市场和价值规律的作用,市场的作用范围是覆盖全社会的,而不仅仅是作为计划机制的补充而存在的。

---

[1] 中共中央文献研究室编:《邓小平年谱(一九七五——一九九七)》,中央文献出版社 2004 年版,第 1006 页。

第二节 经济体制改革目标的确立

1992 年是中国经济体制改革进程中关键性的一年，邓小平同志的南方谈话发表，一扫改革和思想领域的"沉闷"和"停滞"，引发了一场新的思想解放"浪潮"，从而使中国改革进入了一个全新的历史阶段——向社会主义市场经济转轨。

1992 年春，已 88 岁高龄的邓小平同志，到南方一些省市发表重要谈话，继续深入推动改革开放。一是直接促成把建立社会主义市场经济体制作为中国经济体制改革的目标模式。在这之前，对于要不要以社会主义市场经济体制作为改革目标，曾有很大争议。二是提出"三个有利于"标准，为利用外资发展个体私营企业等扫清了政治上的障碍。邓小平同志指出，"我国现阶段的'三资'企业，按照现行的法规政策，外商总是要赚一些钱。但是，国家还要拿回税收，工人还要拿回工资，我们还可以学习技术和管理，还可以得到信息、打开市场。因此，'三资'企业受到我国整个政治、经济条件的制约，是社会主义经济的有益补充，归根到底是有利于社会主义的"。① 三是鼓励改革开放胆子要大一些，敢于试验，不能像"小脚女人"那样。在邓小平同志敢闯、敢改革的号召下，从 20 世纪 90 年代起改革又一次掀起高潮。生产资料价格双轨制并为市场单轨制，国有企业的股份制、公司制改革、分税制改革等都是在那时推进的。

邓小平同志发表南方谈话的时候已经离开了国家领导岗位，其讲

---

① 《邓小平文选》第三卷，人民出版社 1993 年版，第 373 页。

话之所以能够对中国改革开放进程产生巨大影响,并不仅仅在于他的政治威望和影响力,更重要的是他的讲话深刻反映了社会的普遍要求。社会各个层面早已听腻了"左"的教条式的"假、大、空"宣传,"沉默的大多数"从改革开放前后自身经历对比中确信,"左"的一套只会把中国引向灾难,只有坚持改革开放才能使人民富裕、社会进步。邓小平同志的政治威望和影响力的重要作用在于,没有人敢于公开向其提出挑战,从而大大加强了主张改革开放的"话语力量",推动中国改革开放理论和指导思想发生重大和根本性转变。

随即,1992 年 10 月,党的十四大正式宣布:我国经济体制改革的目标是建立社会主义市场经济体制,并指出:社会主义市场经济体制的建立,就是要按照价值规律的要求,利用市场经济的价格、竞争和供求机制来配置资源,使市场在社会主义国家宏观调控下对资源配置起基础性作用,市场能够灵活和迅速地对价格信号作出反应,企业根据市场信号进行资源配置,实行优胜劣汰,提高资源配置效率。这是第一次明确提出改革的目标是"建立社会主义市场经济体制"。

1993 年 11 月 14 日,党的十四届三中全会作出了《中共中央关于建立社会主义市场经济体制若干问题的决定》,提出了建立社会主义市场经济体制的总体规划和 20 世纪 90 年代经济体制改革的行动纲领。改革的重点是国有企业建立现代企业制度;进行宏观体制和外汇、外贸体制改革,加强宏观调控;对外开放由沿海向内地纵深推进;住房和社会保障制度改革继续深化;进行第三、第四次机构改革;提出了"依法治国"和"科教兴国"战略。1997 年,党的十五大提出和阐述了邓小平理论,确立我国社会主义基本经济制度,即公有制为主体、多种所有制经济共同发展。2002 年,党的十六大提出和论述了小康社会建设的历史任务,提出了"两个毫不动摇",即"毫不动摇地巩固和发展公有制经济""毫不动摇地鼓励、支持和引导非公有制经济发展",并作出了建设更加开放的经济体系的战略部署,这使我国的制度创新达到了一个新的高度。2007 年,党的十七大报告提出,要深化对社会主义市场经济规律的认识,推进公平准入,破除体制障碍;以现代产权制度为基础,发展混合所有制经济。2012 年,党的十八大报告提出,要加快完善社会主义市场经济体制,全面深化经济体制改革,提出"更大程度更广范围发挥市场在资源配置中的基础性作用"。与发挥市场在资源配置中的调节作用不同,发挥市场在资源配置中的基础性作用的过程就是社会主义市场经济体制的建立和完善的过程,就是由传统的单一的公有制经济转变为公有制为主体、多种所有制经济相互包容、共同发展的过程。这一过程集中体现为国有经济的战略性重组和国有企业的股份制改造,逐步形成国有经济、民营经济和外资经济协调发展的国民经济"三分天下",通过所有制改革实现了以产权多元化为核心的经济多元化,为发挥市场对资源配置的基础性作用奠定了一般制度基础。

第三节　发展社会主义市场经济

一、所有制改革

中国的改革是从农村改革开始的,所有制改革也是以农村为突破口的。1978 年 12 月,安徽省凤阳县梨园公社小岗生产队的农民第一个吃"螃蟹",实行"分田到户"。在国家政策的宽容下,1980 年年底,全国实行包产到户或包干到户的生产队占生产队总数的比例,由年初的 1.1%上升到 20%。从 1982 年到 1986 年,中央连续 5 年每年制定一个一号文件,把以家庭联产承包为主的责任制推向全国。

中国农村经济改革还有一个预料不到的收获——乡镇企业异军突起。到 1987 年,乡镇企业个数从 1978 年的 152 万个发展到 1750 万个,增加了 10 倍多;产值达到 4764 亿元,占农村社会总产值的 51.4%,第一次超过了农业总产值。到 1997 年,乡镇工业产值已经占到全国工业总产值的一半。这是中国农村经济一场极为深刻的变革,是中国工业革命的重要成果。

我国自改革开放伊始,就开始了对国有企业改革的探索。党的十二届三中全会通过的《中共中央关于经济体制改革的决定》指出:搞活企业,特别是搞活大中型国有企业,是经济体制改革的中心环节。从 1984 年 10 月到 1986 年,国有企业先后进行了利改税、拨改贷、企业承包制和股份制等改革。在 1991 年以前,最主要的手段是承包制。股份制改革的思路就是这时提出来的。在这一时期,非公有制经济也取得了比较大的发展。1988 年是私营经济的黄金之年,至此,我国已基本上建立了以公有制为主体、多种经济成分并存的所有制结构。

1992 年春邓小平同志南方谈话和 10 月党的十四大的召开,是中国改革进程中最伟大的里程碑之一,其伟大意义并不亚于党的十一届三中全会。经过十多年的曲曲折折、反反复复,我国最终走出了计划经济本位论的藩篱,步入了市场经济本位论的正轨,人们摆脱了姓"资"姓"社"的争论,把所有制理论创新迅速转化为向社会主义市场经济迈进的物质力量。据国家统计局公布,1992 年国内生产总值比上年增长 14.2%,工业总产值比上年增长 4.7%,农业总产值比上年增长 6.4%。

从党的十四届三中全会以后,我国改革进入了一个整体推进和重点攻坚阶段。按照党的十四届三中全会建立现代企业制度的要求,经过一年多的理论准备和政策探索,并在统一思想认识的基础上,国务院决定在全国选定 100 家大中型国有企业进行现代企业制度试点,选定 3 家企业进行控股公司的试点。1994 年 11 月初,由国务院领导参加、国家经贸委和国家体改委共同召开的现代企业制度试点工作会议,讨论通过了《关于深化企业改革搞好国有大中型企业的意见》和《关于选取一批国有大中型企业进行现代企业制度试点的方案》等几个文件,这标志着现代企业制度试点工作正式开始。

根据国务院的部署,试点工作由国家经贸委和国家体改委两家分工牵头进行,其中国家体改委分管 30 家现代企业制度的试点和 1 家控股公司的试点,国家经贸委分管 70 家现代企业制度的试点和 2 家控股公司的试点。在国务院的领导和协调下,两部委制定的改革试点部署基本一致。除国务院推行 103 家国家级企业试点以外,各省、自治区、直辖市又选定了 2000 多家地方企业试点。1995 年 4 月,国家体改委在成都召开企业改革的试点工作会议,这次会议通过充实"三改一加强"为"五改一加强",即"改组、改制、改造、改进、改善"和"加强企业内部经营管理"。截至 1995 年年底,经营性国有资本中有 60% 以上分布于工业、建筑业以及贸易、餐饮业等一般性竞争领域。在工业领域,共有国有企业 87905 个,其中小型企业 72237 个、中型企业 10983 个,中小型国有工业企业占国有工业企业总数的 94.7%,分布于其中的国有资产量达 17576.4 亿元。分布于一般加工业、贸易和餐饮业中的国有企业,是国有经济退出的主要对象。但国有经济能否顺利退出,还要看国有经济退出以后,是否有其他经济形式能够迅速补上。私营经济是填补国有经济退出领域的一支重要力量,其迅速发展成为国有经济战略性调整的一个重要条件。

乘着新一轮改革开放的东风,1993 年中国私营企业发展迎来了第二个春天。1993 年,私营企业迅速地超过 1988 年的水平,达 23.7 万家;1994 年,增至 43.2 万家。至于私营企业的注册资金,在 1989 年和 1990 年间几乎没有增加,1991—1995 年,增加了大约 20 倍,达到 2400 多亿元。

1997 年 9 月,党的十五大报告中关于"调整和完善所有制结构"的论述,应当说是理论方面最具突破意义的一段。这是党中央在正式文件中第一次对我们国家传统的公有制理论作出重大修正,进而第一次将经济改革的方向指向传统的公有制。党的十五大解除了人们多年关于"股份制"姓"公"还是姓"私"问题的顾虑,积极推进和规范企业股份制改革。

2001 年年底,我国基础产业占用国有资产总额为 37235.7 亿元,比 1995 年年末增长 1.1 倍;国有大型工商企业占用国有资产总额为 45990.7 亿元,比 1995 年年末增长 1.5 倍;国有净资产总量比 1995 年年末增长 91.4%,但国有经济对经济总量(GDP)的贡献率则逐步降低,从 1978 年占 56%降至 1997 年的 42%,这有助于进一步改善所有制结构。①

党的十五大以后,非公有制经济迅速发展。到 2001 年年底,我国个体工商户已发展到 2433 万户、4760 万人,注册资金 3435.8 亿元。个体经济主要分布在商贸餐饮业、社会服务业等第三产业,个体工商户从事第三产业的户数占总户数的 80%以上,已经成为国民经济发展中的一支重要力量。② 经过二十多年,特别是 1992 年以来的发展,私营经济在我国经济生活中已扮演着越来越重要的角色。1989 年我国私营企业共有 90581 户;1998 年私营企业户数增至 120.1 万户,增加了

---

① 田晓伟:《中国产权改革论要》,《黑龙江对外经贸》2006 年第 5 期。
② 王浩斌:《改革开放以来我国新社会阶层的政治参与历程》,《燕山大学学报(哲学社会科学版)》2010 年第 1 期。

12.3 倍，平均每年增长 33.3%；2001 年增至 202.9 万户。从业人员，1989 年 164 万人；1998 年增加到 1709.1 万人，增加了 9.4 倍，平均每年增长 29.8%；2001 年增至 2713.9 万人。注册资金，1989 年 84 亿元；1998 年增加到 7178.1 亿元，增加了 84.5 倍，平均每年增长 64.0%；2001 年增至 18212.2 亿元。①

2002 年 11 月 8 日，党的十六大在北京召开。在所有制改革方面，十六大报告在阐述了"坚持和完善公有制为主体、多种所有制经济共同发展"的社会主义基本经济制度后，用两个排比句把公有制经济和非公有制经济并列相提，提出"两个毫不动摇"——"毫不动摇地巩固和发展公有制经济""毫不动摇地鼓励、支持和引导非公有制经济发展。""两个毫不动摇"是中国共产党总结 25 年改革开放的经验，对公有制经济和非公有制经济的关系按照经济规律所作出的透彻、精辟的阐述，是对马克思所有制结构理论的深化和发展。第一，突破了传统的"所有制教条"，实现了所有制结构理论上的飞跃。这是对党的十五大报告的深化，是对非公有制经济的社会主义性质的充分肯定。第二，突破了非公有制经济与公有制经济不可融合的传统观念，确立了两种所有制经济统一于社会主义现代化建设进程中，相互促进、相互发展的新理念。第三，突破了公有制经济要在国民经济中占绝对优势的思维定式，提出了公有制经济与非公有制经济在社会主义市场经济中地位相等，各自都可以发挥自己的优势、公平竞争的新理论。第四，总结了社会主义所有制改革中的新经验，揭示了社会主义所有制的基本特征，反映了实践发展的要求。

2003 年党的十六届三中全会通过的《中共中央关于完善社会主义

---

① 《改革开放 30 年：所有制改革和非公有制经济发展的回顾》，人民网，http://www.people.com.cn，2008 年 9 月 8 日。

市场经济体制若干问题的决定》,在社会主义所有制理论上彻底解决了姓"资"姓"社"的问题,是我国改革理论的又一次重大突破。2007年党的十七大报告提出,"坚持和完善公有制为主体,多种所有制经济共同发展的基本经济制度""坚持平等保护物权,形成各种所有制经济平等竞争、相互促进新格局""推进公平准入,改善融资条件,破除体制障碍,促进个体、私营经济和中小企业发展"。2012年党的十八大报告指出,"要毫不动摇巩固和发展公有制经济,推行公有制多种实现形式,深化国有企业改革,完善各类国有资产管理体制,推动国有资本更多投向关系国家安全和国民经济命脉的重要行业和关键领域,不断增强国有经济活力、控制力、影响力。毫不动摇鼓励、支持、引导非公有制经济发展,保证各种所有制经济依法平等使用生产要素、公平参与市场竞争、同等受到法律保护"。数据显示,2012年民间固定资产投资占全社会固定资产投资(37.5亿元)的比例达到61.4%。截至2012年年底,我国已有2494个境内上市公司,股票市值达23万亿元,占当年GDP的43%。[1] 从1999年至2011年,混合所有制经济对全国税收的贡献率是逐年提高的,1999年占11.68%,2005年占36.57%,2011年占48.52%。

二、国有企业改革

从党的十一届三中全会到党的十四大以前,国有企业改革一直在探索中前进,主要措施是放权让利,调整国家和企业的权责利关系。从扩大企业自主权开始,使国有企业逐步成为真正意义上的企业。1979年7月,国务院发布了扩大企业自主权、实行利润留成等文件,选择了

---

[1] 苗小玲、田子方:《混合所有制企业健康发展的一个重大问题——基于党组织与法人治理结构的视角》,《毛泽东邓小平理论研究》2015年第8期。

首都钢铁公司等 8 家企业进行试点,拉开了企业改革的序幕。1981 年之后,国务院进行了两步"利改税"改革。第一步利改税从 1983 年 4 月开始,国务院批转财政部的利改税办法,规定企业按实现利润的 55%的税率缴纳所得税,税后利润的一部分留给企业;1984 年 9 月,国务院批转财政部试行第二步利改税办法,对原来的税种、税率进行调整,国有企业从"税利并存"过渡到完全的"以利代税",税后利润由企业自行安排。1986 年 12 月,国务院颁发了《国务院关于深化企业改革、增强企业活力的若干规定》,强调深化改革要围绕企业经营机制进行,鼓励国有企业改革探索多种形式,主要包括股份制、租赁制、资产经营责任制、承包经营责任制等。承包制是计划经济和市场经济双重体制条件下推行两权分离的一种既有效又简便易行的形式,在实践中没有改变企业的所有制,能实现与放权让利的平稳过渡,故得到了较快发展。1987 年年底,全国预算内国有企业已有 78%实行了承包责任制,大中型企业达到了 80%。与放权让利的改革相比,企业的自主权落实程度有所改进,政府的行政干预有所减少。在保证国家财政收入的前提下,企业获得了较高的利润留成率,调动了企业积极性,明显提高了管理效率和经济效益。但是,承包制没有涉及国有企业作为法人应有的法人财产权,并不能使国有企业成为自负盈亏的法人实体。

1992 年是中国改革史上至关重要的一年,党的十四大正式决定中国要搞社会主义市场经济。同年 7 月,国务院公布了《全民所有制工业企业转换经营机制条例》,赋予国有企业 14 项自主权,进一步扩大了企业经营权。该条例明确提出:"企业转换经营机制的目标是:使企业适应市场的要求,成为依法自主经营、自负盈亏、自我发展、自我约束的商品生产和经营单位,成为独立享有民事权利和承担民事义务的企业法人。"随着中央政府愈益认识到国有企业产权不明确是其效益低下的重要根源之一,国有企业改革策略出现了根本转变:公有制并不意味着企业必须是严格的完全国家所有,公有制的实现形式可以而且应该多样化,产权理论进入决策者的视野和改革工具箱。现代企业制度作为一种公司制度,首要的就是公司在法律上应该具有独立的法人地位,而这种法人地位的产权基础就是其所拥有的法人财产。但是,与俄罗斯全盘私有化的改革思路不同,中国对国有企业主要采取的是"抓大放小"的改革策略,大型国有企业是在保持政府控制的前提下进行公司化改革的。这就形成了其后的国有企业改革和重组政策框架:关键行业中的大型国有企业被改组为独资公司、有限责任公司或股份有限公司,小型国有企业则由地方政府通过各种途径实现民营化。1993年11月颁布的《中共中央关于建立社会主义市场经济体制若干问题的决定》进一步明确了深化国有企业改革的方向在于建立现代企业制度,并提出,"国有企业实行公司制度,是建立现代企业制度的有益探索""国有大中型企业是国民经济的支柱""具备条件的国有大中型企业,单一投资主体的可依法改组为独资公司,多个投资主体的可依法改组为有限责任公司或股份有限公司""一般小型国有企业,有的可以实行承包经营、租赁经营,有的可以改组为股份合作制,也可以出售给集体或个人"。

作为《中共中央关于建立社会主义市场经济体制若干问题的决定》的一项重要法律支撑,《中华人民共和国公司法》于1993年12月29日由第八届全国人大常委会第五次会议通过,自1994年7月1日起施行。这项法律为国有企业的公司化改革提供了法律框架。作为上年改革的深化,1994年中央政府推出"万千百十"工程,其中一个重要改革措施就是:100家大型企业将按照公司法改制成有限责任公司或股份有限公司,建立现代企业制度试点。1996年3月,第八届全国人大第四次会议通过的《关于国民经济和社会发展"九五"计划和2010年远景目标纲要的报告》明确提出国家近期要集中力量抓好1000户国有大型企业和企业集团的改革与发展,使之成为自主经营、自负盈亏、自我发展、自我约束的法人实体和市场竞争主体,发挥它们在国民经济中的骨干作用。同时,"放活国有小企业,可以区别不同情况,采取改组、联合、兼并、股份合作制、租赁、承包经营和出售等形式"。这就是所谓的"抓大放小"策略。

据不完全统计,1996年上半年亏损的国有企业达43%左右。这个时期的国有企业,由于经营体制机制僵化、技术创新能力缺乏、债务和社会负担沉重,迷失在市场经济的大潮中,在很多行业其不可取代的地位逐渐消失。1999年9月,党的十五届四中全会又审议通过了《中共中央关于国有企业改革和发展若干重大问题的决定》,提出到2000年"大多数国有大中型骨干企业初步建立现代企业制度"的目标,这也为加快国有经济战略布局调整提供了方向。如,在石油、石化、航空等重要行业和垄断领域以引入适度竞争为目标,对大型国有企业进行了大规模重组,支持其做强做大;在进入门槛较低的一般竞争行业,如轻工、纺织等,国有经济要大面积退出对国有中小企业通过改组、联合、兼并、租赁、承包经营和股份制、出售等形式,进一步放开搞活。经过这一轮调整,国有企业减少了约10万户。同时,随着非公有制经济准入领域的扩大,私营企业迅速发展,为进入新世纪和加入世界贸易组织后中国经济的持续增长提供了动力。2002年,党的十六大报告提出了建设国有资产管理体制的要求,推动国有企业改革进入了一个新的阶段。2003年3月,经第十届全国人大第一次会议批准,国务院成立国有资产监督管理委员会(以下简称"国资委"),负责监管中央所属的199个大型国有企业。国资委是代表国家在中央所属企业(不含金融类企业)中履行出资人职责,其设立初期的主要工作集中在三个方面:一是"监督",即对所监管企业国有资产的保值增值进行监督,加强国有资产的管理工作;二是"建设",即推进国有企业的现代企业制度建设,完善公司法人治理结构;三是"调整",即推动国有经济结构和布局的战略性调整,实现国家从一般竞争性领域有序退出。从完善国有企业治理结构的方面看,国资委进行了一些改革尝试:一是建立和实施中央企业"负责人"的业绩考核制度体系,并将经营业绩考核结果与薪酬激励挂钩;二是探索建立在海内外经理人市场上公开招聘中央企业负责人的选人用人机制;三是建立出资人选派和管理董事会、董事会选聘和监督经营管理者、经营管理者依法行使用人权的分层分类管理新体制。

为了让国家和民众享受国有资本收益,国家从 2007 年开始试行中央企业国有资本经营预算制度,初期确定中央企业按照企业合并报表净利润 8%的综合比例上缴国有资本收益。上缴国有资本收益的中央企业分为三类:一是资源型行业企业(如烟草、石油等),上缴比例为 10%;二是一般竞争型行业企业(如钢铁、电子等),上缴比例为 5%;三是国家政策型企业(如军工、转制科研院所等企业),暂缓三年上缴。经过三年试行,2010 年国务院常务会议研究决定,从 2011 年起将五个中央部门(单位)和两个企业集团所属共 1631 户企业纳入中央国有资本经营预算实施范围,同时将资源类中央企业国有资本收益收取比例提高到 15%,一般竞争类中央企业收取比例提高到 10%,军工科研类企业收取比例提高到 5%。

三、财税体制改革

关于财税体制改革,1978 年至 1993 年是改革开放以来的第一阶段,这一阶段是以放权让利为主基调的财税改革。在改革初期,中国经

济体制改革确定的主基调是针对党的十一届三中全会公报所指出的
"权力过于集中"的严重缺点，通过"放权让利"来激发中央部门、地方、
企业和劳动者个人等各方面参与整体改革进程的主动性、积极性、创造
性，重新激活并提高几乎被高度集中的传统计划经济体制所窒息的国
民经济活力。这一改革思路也被引入财税体制的改革之中，即以下放
财权和财力为切入点，主要通过包干制来改变财权过度集中、分配统收
统支、税种过于单一的传统财税体制格局，于是便有了在中央政府与地
方政府之间实行"分灶吃饭"的财税改革举措。这一体制的缺陷非常
明显，其中内含着"顺周期"的放大机制，增加了经济发展的不稳定性。
另一个缺陷就是，在财政收支的指标核定上缺乏客观标准，导致中央与
地方讨价还价的现象频繁发生，几乎年年要进行谈判，"鞭打快牛"和
"机会主义"并存。

自 1980 年至 1993 年间，在中央和地方之间的财政分配关系上先
后推出了"划分收支、分级包干""总额分成、比例包干""划分税种、核
定收支、分级包干"以及"收入递增包干、总额分成、总额分成加增长分
成、上解递增包干、定额上解、定额补助"等多种形式的财税包干模式，
其间在广东、福建两省曾实行"定额包干、五年不变"，在北京、天津、上
海曾实行"总额分成、一年一定"，财税管理体制的调整频率高、幅度
大，但始终保持着两大基本取向：财政放权和财政包干。从经济学的角
度看，"包干"大致相当于一种"固定租约"。上述这些财税改革举措，
总体上有利于调动中央和地方两个积极性，对改革开放初期中国经济
体制改革的顺利推进和社会经济的快速发展，起到了较大的促进作用，
但是政府间关系表现出极强的非制度化特征，统一性、规范性、公平性
极差，带有明显的过渡性制度安排的特点。

1992 年，邓小平同志南方谈话和党的十四大召开，确定了中国改

革开放的总目标是建立社会主义市场经济体制。体制改革和社会经济发展进入了一个新时期。按照社会主义市场经济体制要求,建立规范的政府与企业、政府与公民、政府之间的财政分配关系,改变当时财政体制存在的种种不协调问题,条件已经成熟。1994 年以"分税制"为主要特征的财税改革,初步构建起了适应社会主义市场经济要求的新的财政体制。

这次改革的整体指导思想是,按照建立社会主义市场经济体制的改革目标,吸取和借鉴国外市场经济条件下的一些成功做法,并充分考虑我国国情,把市场经济对财税体制的一般要求同我国经济建设和社会发展的特殊性有机地结合起来,建立有利于社会主义市场经济发展的新型财政管理体制和运行机制。包括以下四个方面:第一,实行科学的收入分配体制,合理规范国家与企业、中央与地方的分配关系,建立起有助于企业公平竞争和财政收入稳定增长的财税体系。第二,按照市场经济中政府参与资源分配的客观要求,健全国家财政职能,灵活运用财政政策手段,有效地调节宏观经济运行。第三,确保中央财政主导地位,适当集中必要的财力,增强中央政府的宏观调控能力。第四,在经济持续高速发展和分配关系趋向合理的基础上,实现国家财政的中长期平衡。此次分税制的基本内容大体包括:全面税制改革、分税制财政体制改革、国有企业利润分配制度改革。此外,此次改革还借鉴国外经验,并结合中国实际,研究逐步建立政府公共预算、国有资本金预算和社会保障预算制度,同时逐步建立起国家财政投融资体系,运用财政、金融手段,更好地发挥宏观调控作用。

分税制改革有效提高了中央财政收入占全国财政收入的比重以及财政收入占 GDP 的比重,中央财政的实力以及"国家能力"不断加强。1999 年、2011 年财政收入分别迈上万亿元台阶和十万亿元台阶,

2013—2015 年连续跨越 13 万亿元、14 万亿元和 15 万亿元台阶。改革以前中央依靠地方向上转移支付的被动局面不复存在，不过与国际上中央财政收入比重通常在 60% 以上的水平相比，中央财政收入占比还略低，不到 50%。与此同时，财政收入占 GDP 的比重也由 1993 年的 12.6% 提高到 2014 年的 22.06%。当随着整体经济环境的转变、中国经济增长的趋势性放缓和"营改增"的试点扩大，当前中国财政收入的增长势头已有明显放缓。

通过这种先集中财力、再转移支付的方式，中央掌握了对财政收入的再分配权力，消除了财政上"诸侯割据"的潜在危险。同时，这也有利于缩小地区间政府公共服务水平的差异。当然，转移支付总量过大，也存在着一些不规范、不合理的问题。总体上，分税制实行以来，中西部地区的地方政府可支配财力中中央补助所占的比重不断提高，中部地区有些县市的比重超过 50%，而西部的有些贫困地区中央补助高达地方自身财政收入的 10 倍甚至 20 倍。与此同时，在分税制下地方政府具有较大的机动权限，对地方税可以因地、因时制宜地决定开征、停征、减征和免税，自主确定税率和征收范围极大地调动了地方的积极性。不过，过多的区域税收优惠政策也带来了一些问题，尤其是影响到市场的公平性。

2012 年年初在上海的交通运输业和部分现代服务业（主要是部分生产性服务业）开展的营业税改征增值税改革试点，是近年来中国税制改革的又一项重要任务。当年 8 月开始，该试点范围又分批扩大至北京、天津、江苏、浙江、安徽、福建、湖北、广东、厦门和深圳 10 个省市。在经过一年多的试点之后，自 2013 年 8 月 1 日开始，"营改增"在全国范围铺开。从更深层次来解读"营改增"的意义在于，它可以让增值税在更大范围内发挥其作用，而非调控作用，是一项纠正政府角色错位的市场化改革。

四、金融体制改革

中国的金融体制改革从 1978 年真正开始。1979 年 10 月,邓小平同志提出"要把银行真正办成银行"①,从而开始了恢复金融、重构金融组织体系的工作。金融的改革,遵循了一个以市场为取向的、渐进化的改革逻辑,改革的巨大成就体现在从整体上突破了传统的计划金融体制模式,基本建立起一个符合现代市场经济要求的市场金融体制模式。

在改革开放之前,与计划经济体制相适应,中国的金融业机构单一、业务范围狭窄、管理体制高度集中。1978 年的金融体制改革,首先要打破的就是这种单一、集中的金融制度。1979 年,中国农业银行、中国银行、中国建设银行等以产业分工为主要特征的专业银行机构恢复成立或独立运营。1983 年 9 月 17 日,国务院作出《关于中国人民银行专门行使中央银行职能的决定》,决定"成立中国工商银行,承办原来由人民银行办理的工商信贷和储蓄业务"。1984 年 1 月 1 日,中国工商银行正式成立,并继承了中国人民银行有商业银行的职能,很快便发展壮大,成为中国最大的国有商业银行。而中国人民银行则在摆脱了具体业务之后,专注于行使货币发行和信贷管理等方面的职能。

经过了第一阶段的起步和准备,随着 1984 年经济体制改革向城市全面铺开,中国金融体系开始朝着市场化的方向进一步转型。首先是金融机构的多元化和组织创新。一批由非银行金融机构如农村信用社、城市信用社及由城市信用社转化而来的城市商业银行开始

---

① 《邓小平文选》第三卷,人民出版社 1993 年版,第 193 页。

兴起;中国人民保险公司恢复国内保险业务,中国太平洋保险公司、中国平安保险公司等全国性和区域性保险公司陆续成立;以上交所和深交所成立为标志,中国股票交易市场体系初步建成,并向外资金融机构部分开放。其次是金融市场建设取得长足发展。同业拆借市场、票据市场、外汇市场等银行间市场陆续全面启动,其中在外汇制度上,中国自 1994 年 1 月起实行以市场供求为基础的、单一的、有管理的浮动汇率制度。①

1993 年 11 月党的十四届三中全会通过的《中共中央关于建立社会主义市场经济体制若干问题的决定》拉开了对内放开之幕,进入 21 世纪初加入世界贸易组织又进一步拉开了对外开放之幕,在此基础上,银行体系市场化改革取得了真正意义上的进展。回顾 20 世纪 90 年代的银行体系市场化改革,主要有三方面的内容:

一是建立真正意义上的中央银行,包括:划转商业银行业务和政策性业务,加强中国人民银行的独立性,强化其金融调控、金融监管和金融服务职责,将对货币供应量的调控由多级调控改为中央一级调控等。1995 年,全国人大通过《中华人民共和国中国人民银行法》,正式确立了人民银行作为中央银行的地位,这标志着中央银行体制步入法治化、规范化的轨道。

二是发展有自生能力的商业银行。1995 年,《中华人民共和国商业银行法》颁布,要求商业银行以"效益性、安全性、流动性"为经营原则,实行"四自"的经营机制——自主经营、自担风险、自负盈亏、自我约束。除了对中国工商银行、中国农业银行、中国银行和中国建设银行

---

① 2005 年 7 月 21 日,中国对完善人民币汇率形成机制进行改革,实行以市场供求为基础、参考一篮子货币进行调节、有管理的浮动汇率制度。即人民币汇率不再盯住单一美元,而是参考一篮子货币计算人民币多边汇率指数的变化。

这四大国有专业银行进行商业化改革外，一批全国性和地方性商业银行相继成立，如光大银行、华夏银行、上海浦东发展银行、民生银行等，各地也设立了城市合作银行，由此初步奠定了向竞争性金融市场转变的微观基础。

三是成立专注特定业务领域的政策性银行，如 1994 年 3 月 17 日成立国家开发银行、1994 年 7 月 1 日成立中国进出口银行、1994 年 11 月 8 日成立中国农业发展银行，以便把国有专业银行从政策性融资中解放出来。政策性银行的活动范围是那些具有外部性，因而不能仅依靠市场融资的领域，主要是投资资金需要量大的公共基础设施项目，其赢利性低、回收期长，很难承受市场利率，因而需要由政策性银行给予低息、贴息贷款。

通过上述以及后续的金融体制改革，一个符合社会主义市场经济体制要求的金融体制框架基本完成。

第三章 深化改革：
全面深化经济体制改革

从总体上来看，我国 40 年的经济体制改革历程大致可以划分为四个阶段。从 1978 年党的十一届三中全会到十二届三中全会是改革启动阶段，以党的十一届三中全会召开为标志，我国从阶级斗争为纲转向以经济建设为中心。从党的十二届三中全会召开到邓小平同志南方谈话前夕，是改革全面展开阶段，其标志是 1984 年党的十二届三中全会发展"社会主义商品经济"的决定。从 1992 年春到 2003 年 10 月，是初步建立社会主义市场经济阶段，1993 年召开党的十四届三中全会首次明确提出了中国经济体制改革的目标是建立社会主义市场经济体制。以党的十六届三中全会为标志，我国改革开放进入了社会主义市场经济体制的攻坚阶段。

党的十八大以来，我国进入了全面深化改革的新时期。在习近平新时代中国特色社会主义思想的指引下，在以习近平同志为核心的党中央的坚强领导下，我党推出了一系列大刀阔斧、力度空前的改革，破除了一系列制约发展的藩篱，中国社会呈现出崭新的面貌和蓬勃的生机。

第一节　全面深化经济体制改革的
时代背景和基本脉络

一、全面深化经济体制改革的时代背景

从国际上看,全球经济格局进入深刻调整期。20 世纪 50 年代至 2007 年,世界经济长期保持较快增长。从全球平均的全要素生产率看,从 1990 年到 2005 年,全要素生产率呈现爬坡式增长,2005 年达到最高值 1.1%,年均增长 0.9%。2008 年国际金融危机爆发以来,世界主要经济体普遍受到影响,全球经济陷入低迷。2008 年至 2016 年,全球全要素生产率基本处于负增长状态,年均增长为-0.4%。2016 年全球全要素生产率仅相当于 2007 年的 96.9%,尚未恢复到危机前水平。在此背景下,逆全球化浪潮兴起,制造业回归,贸易保护主义和民粹主义抬头,全球贸易、对外投资急速下降。从对外贸易看,作为世界上第一大出口国和第二大进口国,中国经济不可能不受世界经济"大气候"影响。国家统计局数据显示,2008 年,净出口对我国 GDP 增长的贡献率为 9.2%,随后出现较大波动,2009 年陡然下降到-44.8%,2010 年为 7.9%,2011 年为-5.8%,2012 年为 9.6%,2013 年为-4.4%,2014 年 1.3%,2015 年为-1.8%,2016 年为-6.8%,2017 年为 9%。货物进出口总额在 2015 年和 2016 年一度出现了同比-8%和-6.8%的负增长。再以国际直接投资为例,国际金融危机后,国际直接投资流入的增长趋势和结构都发生了显著变化,全球外国直接投资(FDI)流入深度下滑,资本总量大幅度减少。从 2007 年的最高值 2 万亿美元下降到 2009 年的 1.2 万亿美元,下降了

约39.3%；2010年和2011年有所回升，2011年达到1.65万亿美元；到2012年，随着欧债危机逐步发酵，以及发达经济体增长疲软，全球流动性总体减弱，再度下降18%，降至1.35万亿美元；2013年，在发展中国家吸引外资大幅增长的推动下，全球外国直接投资约为1.46万亿美元；2014年下降8%，至1.26亿美元；2015年，受国际企业重组带来的跨国资本流动影响，全球外国直接投资大幅提升38%，至1.76万亿美元；2016年又下降2%，至1.75万亿美元；2017年，下降16%，至1.52万亿美元。近几年一直处于较大幅度的波动状态。客观上讲，凭借广阔的市场，随着"一带一路"倡议的实施，以及国内投资环境的进一步改善，中国对外资的吸引力在不断增强，吸引外资在全球的占比也有所上升。但也要看到，国际金融危机深层次影响仍未消除，不确定因素仍然较多，在相当长一个时期内，吸收外资的难度都比危机前有所增加。

2018年下半年以来，由美国挑起的中美贸易摩擦，使全球经济雪上加霜。作为世界上最大的两个经济体，美国和中国是全球经济稳定的压舱石。2017年两国经济总量之和占世界近40%（美国约24%，中国约15%），其经济政策变化对全球经济影响巨大。美国特朗普政府上台以来，对外奉行"美国优先"的单边主义和贸易保护主义政策，退出TPP协议谈判，对主要贸易伙伴加征高额关税。对内通过美联储加息诱导全球资本加速回流，施压大型跨国企业迫使制造业回归，对全球贸易造成前所未有的冲击。中美分别是世界第一和第二大贸易国，又互为第一大贸易伙伴国。中国是世界第一大出口国和第二大进口国，美国则是世界第一大进口国和第二大出口国。2017年8月，特朗普政府指使美国贸易代表团发起"301调查"，单边撤销中美贸易优惠，先后对500亿、1000亿、2000亿以及后续或追加征收的5000亿美元中国产品加征关税，预期将对中美贸易和全球经济造成巨大伤害。

从国内看,经济进入新常态,表现出四个方面的特征:一是经济增速从高速增长转向中高速增长。从1978年到2011年,在长达三十多年的时间里,中国经济保持了年均9.87%的高速增长。国际金融危机以后,由于国际国内形势的变化,GDP增速基本在10%以下。从2009年到2017年,分别为8.5%、10.3%、9.0%、8.6%、7.1%、8.3%、6.4%、6.7%、6.9%。经济增速虽然相比过去有所下降,但在当今世界范围内仍然属于较高速度。二是发展方式从粗放增长转向集约增长。改革开放以来,我国虽然保持了比较高的经济增速,但这种增长是建立在高投入、高消耗、高污染基础上的粗放式发展方式上的增长。我国每增加1元的生产总值,消耗的单位能源是世界平均水平的4倍;每生产1吨钢,耗水量是国际先进水平的10—40倍;每开采1吨原油,耗水量是国际平均水平的6—26倍;每生产1吨纸,耗水量是国际平均水平的3—10倍。与高能耗相伴而来的是高污染。2014年4月环境保护部和国土资源部联合发布的《全国土壤污染状况调查公报》显示,我国土壤污染的总体超标率为16.1%,预计全部土壤环境修复需要4.6万亿元,而当年的全国一般公共财政收入仅为14万亿元。全国532条主要河流中,有436条受到不同程度的污染。2013年,在全国500多个城市中,只有不到1%的城市达到世界卫生组织推荐的空气质量标准;世界上污染最严重的10个城市中,有7个在中国。在此条件下,发展方式从粗放转向集约成为必然。集约型经济增长以提高经济增长的质量和效益为中心,其主要特征是通过技术进步、知识积累、增加人力资本、健全完善制度,提升全要素生产率和经济效益的增长方式,走循环经济和绿色发展之路。这既是中国经济增长的方向和出路,也是经济转型发展的必然要求。三是产业结构从中低端转向中高端。作为世界第一大出口国,我国虽然过去号称"世界工厂",但据海关总署统计,出口额最多的大类主要为机电产品、农产品、通信产品、钢铁、陶瓷、服装、冶金原料、汽车零部件、能源产品、林产品和建材工业品等。由于对提升自主创新能力和知识产权保护重视不够，许多行业和企业长期处于全球价值链的底端，产业增加值率、赢利能力、核心技术、产品档次落后于世界先进水平。特别在关键技术上受制于人，在国际谈判中处于弱势地位。2018年4月发生的中兴通讯"禁运事件"，以中兴通讯向美国政府缴纳高达22.9亿美元（约合146亿元人民币）罚金画上尾声。从根本上说，是中兴通讯公司在手机芯片研发和生产上受制于少数发达国家，不得不接受的苦果，也为国内其他类似企业敲响了警钟。这一事件再次说明，提升自主创新能力，推动产业结构从中低端逐步转向中高端，既是经济长期可持续增长的基本动力和高质量发展的基本保证，也是关乎民族企业生死存亡的大问题。四是增长动力从要素投资驱动转向创新驱动。改革开放40年来，我国经济增长主要依靠增加劳动力、资本和资源的投入。从当前情况来看，随着我国社会进入老龄化，人口红利逐步消失；政府投资边际回报率递减，可投资领域减少，地方债务风险显性化和资源短缺问题显现，以要素驱动、投资驱动为主的发展道路已难以为继。美国著名经济学家、1971年诺贝尔经济学奖得主西蒙·史密斯·库兹涅茨（Simon Smith Kuznets）通过长期研究认为，制度变迁和科技进步是经济增长的主要影响因素。在影响生产力发展的要素中，最重要、最核心、最关键的是科技创新，创新的关键在人才。在世界新一轮科技革命浪潮蓬勃汹涌的今天，只有坚定不移地实施科教兴国战略和创新驱动战略，占领科技创新的制高点，才能成功实现"弯道超车"，从"跟跑者"转变为"领跑者"。

二、全面深化经济体制改革的基本脉络

党的十八大以来，以习近平同志为核心的党中央把握国际国内经

济形势变化的新趋势,站在时代的制高点,开启了中国改革开放事业的新征程。党的十八大报告指出:"必须以更大的政治勇气和智慧,不失时机深化重要领域改革。"

党的十八届三中全会通过了《中共中央关于全面深化改革若干重大问题的决定》。该决定围绕社会发展面临的重大课题,提出全面深化改革的一系列新思想、新论断、新举措,明确了全面深化改革的战略重点、优先顺序、主攻方向、工作机制、推进方式和时间表、路线图。关于经济体制改革,重点围绕几个方面:一是从理论上对政府和市场关系作出进一步定位,提出要使市场在资源配置中起决定性作用和更好发挥政府作用。这是关系经济体制改革的核心问题,对于我国今后若干年改革具有纲领性作用和里程碑意义。二是在坚持公有制主体地位的基础上,提出要积极发展国有资本、集体资本、非公有资本等交叉持股、相互融合的混合所有制经济,巩固和发展中国特色社会主义制度的重要支柱。三是深化财税体制改革,通过改进预算管理制度,完善税收制度,建立事权和支出责任相适应的制度等,更好发挥中央和地方两个积极性。四是健全城乡发展一体化体制机制。形成以工促农、以城带乡、工农互惠、城乡一体的新型工农城乡关系,着力解决城乡二元结构问题。

党的十八届五中全会审议通过了《中共中央关于制定国民经济和社会发展第十三个五年规划的建议》,其中有很多亮点。一是提出了创新、协调、绿色、开放、共享"五位一体"的新发展理念,这是党中央治国理政思想的重大理论创新。二是提出了全面建成小康社会的目标。到 2020 年,国内生产总值达到 81.78 万亿元,比 2010 年翻一番;人均国内生产总值达到 1.2 万亿元,接近高等收入国家,城镇居民人均可支配收入达到 38218 元,农村居民人均纯收入达到 11838 元,按现行标准全部脱贫;消费成为经济增长的基础性贡献,户籍城镇化率达到 50%,

农业现代化显著，就业较充分，公共服务均等化，教育现代化，收入差距缩小，生态环境质量总体改善。具体部署是，经济发展实现双中高目标。即，经济保持中高速增长，产业迈向中高端水平。三是确定了一系列重大战略举措。"十三五"规划提出 50 项新的重大战略、工程、计划、制度、行动清单。如实施优进优出战略、网络强国战略、国家大数据战略、"藏粮于地、藏粮于技"战略、军民融合发展战略、食品安全战略、国家安全战略等。

党的十九大提出了深化经济体制改革的六项措施：一是深化供给侧结构性改革。二是加快建立创新型国家。三是首次提出实施乡村振兴战略，并将其与科教兴国战略、人才强国战略、创新驱动发展战略、区域协调发展战略、可持续发展战略、军民融合发展战略并列。四是实施区域协调发展战略。五是加快完善社会主义市场经济体制。党的十九大报告指出，要"坚持和完善我国社会主义基本经济制度和分配制度，毫不动摇巩固和发展公有制经济，毫不动摇鼓励、支持、引导非公有制经济发展"。六是推动形成全面开放新格局。报告提出，赋予自由贸易试验区更大改革自主权，探索建设自由贸易港。

第二节　经济体制改革的指导
思想与战略举措

一、深化经济体制改革的指导思想

纵观党的十八大以来的经济体制改革，其指导思想可以概括为：以新发展理念为指导，以供给侧结构性改革为主线，坚持贯彻稳中求进总基调,着力建设现代化经济体系。

贯彻新发展理念,就是要坚持科学发展,坚定不移贯彻"创新、协调、绿色、开放、共享"的发展理念。其中,创新发展注重解决发展动力问题,协调发展注重的是解决发展不平衡问题,绿色发展注重的是解决人与自然和谐问题,开放发展注重的是解决内外联动问题,共享发展注重的是解决社会公平正义问题。

深化供给侧结构性改革,是我国经济体制改革的主线。供给和需求是市场经济内在关系的两个基本方面。当前和今后一个时期,我国经济发展面临的问题,供给和需求两侧都有,但矛盾的主要方面在供给侧。通过深化供给侧结构性改革,可以优化存量资源配置,扩大优质增量供给,实现更高水平、更高质量的供需动态平衡,显著增强我国经济质量优势。应该说,推进供给侧结构性改革是当前和今后一个时期经济发展和经济工作的主线,我们必须转变发展方式,培育创新动力,为经济持续健康发展打造新引擎,构建新支撑。

稳中求进工作总基调是治国理政的重要原则,也是做好经济工作的方法论。习近平总书记多次对稳中求进的含义有过精辟论述。2014年12月1日,在中共中央召开的党外人士座谈会上,习近平总书记指出:"'稳'的重点要放在稳住经济运行上,'进'的重点是深化改革开放和调整结构。'稳'和'进'有机统一、相互促进。经济社会平稳才能为深化改革开放和经济结构调整创造稳定的宏观环境"①。要继续推进改革开放,为经济社会发展创造良好预期和新的动力。在 2016 年 12 月召开的中央经济工作会议上,习近平总书记对"稳"与"进"的关系作出了进一步的阐释,即"稳是主基调,稳是大局,在稳的前提下要在关

---

① 《习近平谈"稳中求进"》,《人民日报海外版》2016 年 12 月 28 日。

键领域有所进取,在把握好度的前提下奋发有为"。2017 年 7 月 21 日,在中共中央召开党外人士座谈会上,习近平总书记再次重申:"要更好把握稳和进的关系,稳是主基调,要在保持大局稳定的前提下谋进。稳中求进不是无所作为,不是强力维稳、机械求稳,而是要在把握好度的前提下有所作为,恰到好处,把握好平衡,把握好时机,把握好度。"①当前,我国经济面临实体经济内部供需结构失衡、金融与实体经济失衡、房地产与实体经济失衡三大结构性失衡,经济增长内生动力不足和金融风险不断积聚,国内外不确定性风险仍然很大,必须坚持"稳"字当头,若在指标上一味求进,追求速成,经济建设很容易遭受重大挫折。相反,坚持稳中求进,即便经济运行遇到巨大困难,也能将其克服,取得较好经济增长绩效并为未来发展创造潜力。

关于建设现代化经济体系,党的十九大报告指出:"我国经济已由高速增长阶段转向高质量发展阶段,正处在转变发展方式、优化经济结构、转换增长动力的攻关期,建设现代化经济体系是跨越关口的迫切要求和我国发展的战略目标。必须坚持质量第一、效益优先,以供给侧结构性改革为主线,推动经济发展质量变革、效率变革、动力变革,提高全要素生产率,着力加快建设实体经济、科技创新、现代金融、人力资源协同发展的产业体系,着力构建市场机制有效、微观主体有活力、宏观调控有度的经济体制,不断增强我国经济创新力和竞争力。"②

二、深化经济体制改革的战略举措

第一,深化供给侧结构性改革。结构性供求矛盾失衡是我国经济

---

①　《在保持大局稳定前提下谋进》,《人民日报海外版》2017 年 7 月 25 日。
②　习近平:《决胜全面建成小康社会　夺取新时代中国特色社会主义伟大胜利——在中国共产党第十九次全国代表大会上的报告》,人民出版社 2017 年版,第 30 页。

发展中面临的主要问题。从农产品供给看,我国安全绿色的高品质农产品供给不足,同时大量农产品库存积压;从制造业看,一方面,我国220多种工业产品产量高居世界第一,大量产品产能过剩;另一方面,高端装备、集成电路芯片等高端零部件、高端材料、高端消费品却依赖进口。从服务业供给看,医疗健康、教育培训、文化娱乐、旅游休闲、法律咨询等高端服务不足,与大量低端服务供给无人问津并存。从基础设施服务水平看,尽管基础设施投资增速和供给能力明显上升,但服务效率不高,相互配套连接不够,浪费严重。

推进供给侧结构性改革的重点,是解放和发展社会生产力,用改革的办法推进结构调整,减少无效和低端供给,扩大有效和中高端供给,增强供给结构对需求变化的适应性和灵活性,提高全要素生产率。首先,要大力培育新动能,强化科技创新,发展绿色产业,培育新业态模式,在中高端消费、创新引领、绿色低碳、共享经济、现代供应链、人力资本服务等领域形成新的经济增长点。其次,要大力发展实体经济特别是制造业。制造业是国民经济的主体,是立国之本、兴国之器、强国之基。世界强国的兴衰史一再证明,没有强大的制造业,就没有国家和民族的强盛。当前,在新一轮科技革命和产业变革浪潮中,国际产业分工格局正在重塑,制造业回归成为大趋势。美国发布了先进制造业伙伴计划、德国实施了工业4.0、法国制定新工业计划,等等。2015年5月19日,国务院印发的《中国制造2025》提出,要通过"三步走"实现制造强国的战略目标。第一步,力争用十年时间,到2025年,迈入制造强国行列。第二步,到2035年,我国制造业整体达到世界制造强国阵营中等水平,全面实现工业化。第三步,新中国成立一百年时,综合实力进入世界制造强国前列,建成全球领先的技术体系和产业体系。具体任务是,重点实施"五大工程",即:制造业创新中心建设的工程、强化基础的工程、智能制造工程、绿色制造工程和高端装备创新工程。重点聚焦十个重点领域,即:新一代信息技术产业、高档数控机床和机器人、航空航天装备、海洋工程装备及高技术船舶、先进轨道交通装备、节能与新能源汽车、电力装备、农机装备、新材料、生物医药及高性能医疗器械。

深化供给侧结构性改革的措施,是坚持"去产能、去库存、去杠杆、降成本、补短板"。"去产能",主要是淘汰落后产能,消化煤炭、钢铁等过剩产能。"去库存",重点是房地产库存。通过多管齐下的调控措施,有效防止房地产市场过热、吸纳建设资金过多、房屋空置率过高、住房价格虚高的问题。"去杠杆",就是要有效控制国有企业和地方政府债务,降低金融风险。"降成本",主要是降低企业的税费、降低要素成本和物流成本,切实降低企业负担。"补短板",当前重点是抓好脱贫攻坚、环境保护和生态修复工作。

第二,实施新型城镇化战略。诺贝尔经济学奖获得者、世界银行前副行长斯蒂格利茨认为:"中国的城市化与美国的高科技发展,是影响21世纪人类社会发展进程的两件大事。"国家统计局数据显示,从1978年到2017年,我国城镇化率从17.9%增长到58.52%,城镇常住人口从1.7亿人增加到8.1亿人,年均提高1.04个百分点。纵向比进步不小,但横向比还有较大的潜力和空间。发达国家城市化水平大多在75%以上,发展中国家的平均水平也在60%左右,美国城镇化率达到90%、韩国达到80%。新型城镇化是拉动内需、促进产业升级的强大动力。有经济学家估算,新型城镇化率每提高一个百分点,能带动我国居民消费总额增加1200亿元。2013年12月12日,中央召开了城镇化工作会议,对推进新型城镇化进行安排部署。2014年3月,《国家新型城镇化规划(2014—2020年)》正式发布。该规划提出:到2020年,常住人口城镇化率达到 60% 左右,户籍人口城镇化率达到 45% 左右。城镇化格局更加优化,东部地区城市群一体化水平和国际竞争力明显提高,中西部地区城市群成为推动区域协调发展的新的重要增长极。城市发展模式科学合理,人均城市建设用地严格控制在 100 平方米以内,稳步推进义务教育、就业服务、基本养老、基本医疗卫生、保障性住房等城镇基本公共服务覆盖全部常住人口,户籍管理、土地管理、社会保障、财税金融、行政管理、生态环境等制度改革取得重大进展,阻碍城镇化健康发展的体制机制障碍基本消除。要实施差别化落户政策,以合法稳定就业和合法稳定住所(含租赁)等为前置条件,全面放开建制镇和小城市落户限制,有序放开城区人口 50 万—100 万的城市落户限制,合理放开城区人口 100 万—300 万的大城市落户限制,合理确定城区人口 300 万—500 万的大城市落户条件,严格控制城区人口 500 万以上的特大城市人口规模。为此,先后印发实施《国务院关于进一步推进户籍制度改革的意见》《居住证暂行条例》《国务院关于实施支持农业转移人口市民化若干财政政策的通知》,有关部门印发《关于建立城镇建设用地增加规模同吸纳农业转移人口落户数量挂钩机制的实施意见》,人口管理向自愿落户和自由流动迈出了一大步。推动人口净流入的大中城市探索优化住房租赁市场,广州、深圳等 12 个城市开展住房租赁试点,北京、上海等 13 个城市开展集体建设用地建设租赁住房试点。探索运用 PPP 模式,投融资渠道不断拓宽。2014 年 12 月,国家发改委等 11 个部委联合下发了《关于印发国家新型城镇化综合试点方案的通知》,将江苏、安徽两省和宁波等 62 个城市(镇)列为国家新型城镇化综合试点地区。到 2017 年,试点城市达到 246 个。到 2020 年,试点经验将在我国全面铺开。2016 年 2 月,《国务院关于深入推进新型城镇化建设的若干意见》(国发〔2016〕8 号)明确提出:充分发挥市场主体作用,推动小城镇发展与疏解大城市中心城区功能相结合、与特色产业发展相结合、与服务"三农"相结合。发展具有特色优势的休闲旅游、商贸物流、信息产业、先进制造、民俗文化传承、科技教育等魅力小镇。此后,住建部、国家发改委、财政部等中央部委出台系列文件对特色小镇建设提出了许多指导性意见和工作要求。

第三,实施区域协调发展战略。区域协调发展战略最早由党的十六届三中全会提出:"积极推进西部大开发,振兴东北地区等老工业基地,促进中部地区崛起,鼓励东部地区率先发展,继续发挥各个地区的优势和积极性,通过健全市场机制、合作机制、互助机制、扶持机制,逐步扭转区域发展差距拉大的趋势,形成东中西相互促进、优势互补、共同发展的新格局。"①党的十八大以来,区域协调发展战略实施上升到了新的高度。首先,在发展格局上有新提升,形成了"3+4"的区域发展总体格局,即以"一带一路"建设、京津冀协同发展、长江经济带发展"三大战略"为引领,统筹推进西部大开发、东北振兴、中部崛起和东部率先四大板块发展。"一带一路"建设统筹国内国际两个大局,成为我国统筹对外开放的总引领,使我国的新疆、广西、云南等内陆地区成为开放前沿,以对外开放促进改革发展的地区发展机制正在逐步形成。京津冀协同发展以疏解北京非首都功能为核心,探索出了经济人口密集地区优化发展的新模式,打破行政壁垒,实现跨行政区域的要素有序流动,为区域协同发展提供了生动范本。长江经济带发展推动沿江11个省市联动发展,通过长江黄金水道串联起长三角地区、长江中游地区、成渝经济区,有效发挥了各地区的比较优势,共抓生态环境大保护,加快统一市场建设,有力推动东中西协调发展。其次,内涵有新拓展。

---

① 《十七大以来重要文献选编》,中央文献出版社2011年版,第541页。

党的十九大报告中提到的"三大战略"、粤港澳大湾区建设、泛珠三角区域合作等,本质上都是为了深化区域合作,促进要素有序流动,还包括近些年开展的对口支援、东北和东部地区对口协作、跨区域生态补偿等,都在优化区域关系方面做了积极探索。再次,体现了新发展理念。党的十九大报告中新增加了"加大力度支持革命老区、民族地区、边疆地区、贫困地区加快发展"的内容,体现了"共享发展"的理念;实施主体功能区制度,体现了"绿色发展"的理念。

第四,实施创新驱动发展战略。抓创新就是抓发展,谋创新就是谋未来。党的十八大以来,中央密集出台了一系列落实创新驱动发展战略的政策文件。2015 年,《中共中央 国务院关于深化体制机制改革加快实施创新驱动发展战略的若干意见》发布,同年中共中央、国务院办公厅印发《深化科技体制改革实施方案》;2016 年 5 月,中共中央、国务院印发了《国家创新驱动发展战略纲要》;2017 年 7 月 27 日,《国务院关于强化实施创新驱动发展战略 进一步推进大众创业万众创新深入发展的意见》对外发布。2017 年 10 月召开的党的十九大提出,要坚定实施创新驱动发展战略,加快建设创新型国家。《国家创新驱动发展战略纲要》提出的战略目标是:到 2020 年,进入创新型国家行列,基本建成中国特色国家创新体系。若干重点产业进入全球价值链中高端,成长起一批具有国际竞争力的创新型企业和产业集群。科技进步贡献率提高到 60% 以上,知识密集型服务业增加值占国内生产总值的 20%。研究与试验发展(R&D)经费支出占国内生产总值比重达到 2.5%。到 2030 年,跻身创新型国家前列,主要产业进入全球价值链中高端。研究与试验发展经费支出占国内生产总值比重达到 2.8%。到 2050 年,建成世界科技创新强国。科技和人才成为国力强盛最重要的战略资源,劳动生产率、社会生产力提高主要依靠科技进步和全面创新。国防科技达到世界领先水平。拥有一批世界一流的科研机构、研究型大学和创新型企业，涌现出一批重大原创性科学成果和国际顶尖水平的科学大师，成为全球高端人才创新创业的重要聚集地。

《国家创新驱动发展战略纲要》提出了八项战略举措：一是推动产业技术体系创新。包括发展新一代信息网络技术、智能绿色制造技术、现代农业技术、现代能源技术、资源高效利用和生态环保技术、海洋和空间先进适用技术、智慧城市和数字社会技术、健康技术、现代服务技术、颠覆性技术等。二是强化原始创新。加强面向国家战略需求的基础前沿和高技术研究，大力支持自由探索的基础研究，建设一批支撑高水平创新的基础设施和平台等。三是优化区域创新布局，打造区域经济增长极。四是深化军民融合。五是壮大创新主体。培育世界一流创新型企业，建设世界一流大学和一流学科，建设世界一流科研院所，发展面向市场的新型研发机构，构建专业化技术转移服务体系。六是实施重大科技项目和工程，实现重点跨越。七是建设高水平人才队伍。加快建设科技创新领军人才和高技能人才队伍，建设专业化、市场化、国际化的职业经理人队伍。八是推动创新创业，激发全社会创造活力。包括发展众创空间，孵化培育创新型小微企业等。

第五，实施精准扶贫战略。消除贫困、改善民生、逐步实现共同富裕，是社会主义的本质要求。党的十八大以来，党中央高度重视扶贫工作，把脱贫攻坚摆在治国理政的突出位置，作为"十三五"期间头等大事和第一民生工程来抓。小康不小康，关键看老乡。农村贫困人口如期脱贫、贫困县全部摘帽、解决区域性整体贫困，是全面建成小康社会的底线任务，是我们作出的庄严承诺。全面建成小康社会，一个不能少；共同富裕路上，一个也不能掉队。扶贫攻坚的目标，就是到2020年，帮助7000万贫困人口全部脱贫，贫困县全部摘帽，稳定实现农村贫困人口不愁吃、不愁穿,义务教育、基本医疗和住房安全有保障。同时,实现贫困地区农民人均可支配收入增长幅度高于全国平均水平,基本公共服务主要领域指标接近全国平均水平。

主要举措有五项:一是实施精准扶贫、精准脱贫,做到扶持对象精准、项目安排精准、资金使用精准、措施到户精准、因村派人精准、脱贫成效精准。二是坚持党对脱贫攻坚的领导。发挥社会主义制度可以集中力量办大事的政治优势,坚持党委总揽全局、协调各方,动员全社会力量广泛参与,形成大扶贫格局。三是尊重贫困群众的主体地位和首创精神,坚持扶贫先扶智、扶贫先扶志,注重"激发内生动力",帮助贫困群众提高增收致富的能力,实现贫困地区群众稳定脱贫可持续发展。四是坚持分类施策,通过发展生产、扶持就业脱贫一批,异地搬迁脱贫一批,生态补偿脱贫一批,发展教育脱贫一批,低保政策兜底一批。五是严把脱贫质量关。强调扶贫工作必须务实,脱贫过程必须扎实,脱贫结果必须真实,对贫困县、贫困户退出进行最严格的考核评估验收,让脱贫成效真正获得群众认可、经得起实践和历史检验。

第六,实施乡村振兴战略。实施乡村振兴战略是党的十九大作出的一项重大战略决策。城乡发展不平衡不协调,是现阶段我国经济社会发展中最为突出的结构性矛盾。这些问题不仅制约农业农村发展,也制约城镇化水平和质量的提升。实施乡村振兴战略,就是要坚持农业农村优先发展,按照"产业兴旺、生态宜居、乡风文明、治理有效、生活富裕"的总要求,建立健全城乡融合发展体制机制和政策体系,加快形成城乡经济社会发展一体化新格局,加快推进农业农村现代化,切实改变农业农村的落后面貌,让农业成为有奔头的产业,让农村成为安居乐业的家园,让农民成为有吸引力的职业。

与此相适应,需要深入推进农村各项改革。一是巩固和完善农村基本经营制度,深化农村土地制度改革,完善承包地"三权分置"制度。土地问题是关系农村改革的核心问题。2014 年中央一号文件对农村改革进行了全面部署,提出在稳定承包权的同时,放活经营权的改革思路。具体来说,就是在落实农村土地集体所有权的基础上,稳定农村土地承包关系并保持长久不变,在坚持和完善最严格的耕地保护制度前提下,赋予农民对农村承包地占有、使用、收益、流转及承包经营权抵押、担保权能。实行以家庭承包经营为基础,统分结合的双层经营体制,是我国农村改革的重大成果,是党的农村政策的基石,实践证明,这一制度符合我国国情和农业生产特点,具有广泛适应性和强大生命力,广大农民群众衷心拥护,期盼长期坚持。党的十九大报告明确提出:"保持土地承包关系稳定并长久不变,第二轮土地承包到期后再延长三十年。"另一方面,现阶段深化农村土地制度改革,顺应农民保留土地承包权、流转土地经营权的意愿,将土地承包经营权分为承包权和经营权,实行所有权、承包权、经营权分置并行,是继家庭联产承包责任制后农村改革又一重大制度创新,有利于促进土地资源合理利用,构建新型农业经营体系,发展多种形式适度规模经营,提高土地产出率、劳动生产率和资源利用率,实现农业现代化。

二是稳妥推进"三项试点"改革。2014 年 12 月,中央全面深化改革领导小组第七次会议审议通过了《关于农村土地征收、集体经营性建设用地入市、宅基地制度改革试点工作的意见》。该意见要求,建立城乡统一的建设用地市场,引导和规范农村集体经营性建设用地入市;提高农村土地征收的补偿标准;改革农村宅基地制度,完善农村宅基地分配政策,在保障农户宅基地用益物权前提下,选择若干试点,慎重稳妥推进农民住房财产权抵押、担保、转让。

三是深化农村集体产权制度改革,保障农民财产权益,壮大集体经济。2017年2月5日,中共中央一号文件指出:支持有条件的乡村建设以农民合作社为主要载体、让农民充分参与和受益,集循环农业、创意农业、农事体验于一体的田园综合体,通过农业综合开发、农村综合改革转移支付等渠道开展试点示范。2017年5月24日,财政部下发《关于开展田园综合体建设试点工作的通知》,决定在河北、山西、内蒙古、江苏、浙江、福建、江西、山东、河南、湖南、广东、广西、海南、重庆、四川、云南、陕西、甘肃18个省份开展试点工作。

四是构建现代农业产业体系、生产体系、经营体系,完善农业支持保护制度,确保国家粮食安全。

五是促进农村一二三产业融合发展,支持和鼓励农民就业创业,拓宽增收渠道。

六是加强农村基层基础工作,健全自治、法治、德治相结合的乡村治理体系。

第七,形成全面开放新格局。首先,积极推行和落实"一带一路"倡议。2013年9月和10月,习近平主席在出访中亚和东南亚国家期间,先后提出共建"丝绸之路经济带"和"21世纪海上丝绸之路"的重大倡议,得到国际社会高度关注和积极响应。2015年3月,我国发布了《推动共建丝绸之路经济带和21世纪海上丝绸之路的愿景与行动》,为共建"一带一路"提供了行动指南。共建"一带一路",旨在促进沿线国家经济要素有序自由流动、资源高效配置和市场深度融合,推动沿线各国实现经济政策协调,开展更大范围、更高水平、更深层次的区域合作,共同打造开放、包容、均衡、普惠的区域经济合作架构,共同维护全球自由贸易体系和开放型世界经济。"一带一路"是促进共同发展,实现共同繁荣的合作共赢之路。它以"开放合作、和谐包容、市场运作、互利共赢"为共建原则,以"政策沟通、设施联通、贸易畅通、资金融通、民心相通"为主要内容,致力于建立沿线国家的利益共同体、命运共同体、责任共同体。2014 年 12 月 29 日,我国设立丝路基金,按照市场化、国际化、专业化的原则,为"一带一路"倡议开展实质性项目投资。2015 年 12 月 25 日,我国发起设立亚洲基础设施投资银行,为亚洲基础设施和"一带一路"倡议提供资金支持。"一带一路"倡议的落实,带来一种全新的和平发展、共赢的新秩序新格局,不仅符合我国自己的利益,能够打造一个国际和平的发展环境,让中国能够更好地利用国内国际两个市场,也给其他发展中国家带来千载难逢的发展机遇,助推其实现工业化、现代化的梦想。

其次,加快建设自由贸易区。自由贸易区是指两个或两个以上的国家(包括独立关税地区)根据世界贸易组织的相关规则,为实现相互之间的贸易自由化所进行的地区性贸易安排的缔约方所形成的区域。这种区域性安排不仅包括货物贸易自由化,而且涉及服务贸易、投资、政府采购、知识产权保护、标准化等更多领域的相互承诺。2013 年 8 月 22 日,党中央、国务院决定设立中国(上海)自由贸易试验区。2014 年 12 月 12 日,新设立中国(广东)自由贸易试验区、中国(天津)自由贸易试验区、中国(福建)自由贸易试验区三个自贸区。2016 年 8 月 31 日,党中央、国务院决定设立中国(辽宁)自由贸易试验区、中国(浙江)自由贸易试验区、中国(河南)自由贸易试验区、中国(湖北)自由贸易试验区、中国(重庆)自由贸易试验区、中国(四川)自由贸易试验区、中国(陕西)自由贸易试验区七个自贸区。2018 年 4 月 13 日,习近平总书记在庆祝海南建省办经济特区 30 周年大会上宣布,党中央决定支持海南全岛建设中国(海南)自由贸易试验区。这一事件具有里程碑式的意义。

第三节　经济体制改革的成效

一、解放和发展了生产力

一是经济保持中高速增长。虽然中国经济增速相比过去有所下降,但在当今世界范围内仍然属于较高速度。从 2012 年到 2017 年,中国经济平均增速为 7.1%,同期世界平均水平不到 3%。2017 年 12 月 11 日,联合国在纽约发布的《2018 年世界经济形势与展望》报告显示,2017 年全球经济平均增速达到 3%,这是自 2011 年以来的最快增长,中国对全球经济增长的贡献率约占 1/3。二是结构持续优化升级。从产业构成看,服务业比重不断提高。据国家统计局新近公布的数据,2018 年上半年,三次产业增加值占 GDP 的比重分别为 5.3%、40.4% 和 54.3%,与上年同期相比,第一产业比重下降 0.5 个百分点,第二产业和第三产业比重分别提高 0.2 个百分点和 0.3 个百分点。从需求结构看,固定资产投资结构不断优化,居民消费不断升级,贸易结构不断改善。2018 年上半年,制造业投资和民间投资增速回升,分别增长 6.8%、8.4%,比去年同期提高了 1.3 个百分点和 1.2 个百分点。高技术制造业投资增长 13.1%,大大快于全部投资的增长。最终消费支出对 GDP 增长的贡献率为 78.5%,与上年同期相比上升 14.2 个百分点,消费成为拉动我国经济增长的最重要引擎。从地区看,2018 年上半年,东部地区投资同比增长 5.5%,中部地区投资增长 9.1%,西部地区投资增长 3.4%,中部地区投资增速领先全国。三是发展质量明显提高。淘汰落后过剩产能取得阶段性胜利。据国家发改委公布的相关数据,仅 2016—2017 年,我国化解过剩钢铁产能 1.2 亿吨,全部取缔了地条钢。化解过剩煤炭产能 5.4 亿吨;淘汰、停建缓建的煤电企业产能超过 6500 万千瓦。通过"瘦身健体",企业降低了成本,增添了活力。2017 年国民经济和社会发展统计公报显示,全国全年工业产能利用率为 77%,比上年提高 3.7 个百分点。经济发展的新动能持续增强。2014—2017 年,高技术制造业占制造业投资的比重分别为 10.6%、11.1%、12.1% 和 13.5%,2018 年上半年进一步提高至 17%,对制造业投资增长的贡献率为 30.9%。①

二、建立了市场经济国家

一是市场在资源配置中起决定性作用。市场经济是以价格为信号、清晰产权为基础的竞争性经济。让市场经济在资源配置中起决定性作用,就得让价格信号灵敏、让各类产权归属清晰、让市场正常新陈代谢。目前,我们已基本上形成了由市场决定商品价格的制度,90% 以上的生产资料价格和农产品价格,以及 95% 以上的工业消费品价格,都由市场来决定。党的十九大审议通过的《中国共产党章程(修正案)》,把"发挥市场在资源配置中的决定性作用"写入党章,进一步确认了市场在配置资源中的基础性地位。二是法律成为经济运行的规制准则。社会主义市场经济本质上是法治经济。《中共中央关于全面推进依法治国若干重大问题的决定》强调指出:"使市场在资源配置中起决定性作用和更好发挥政府作用,必须以保护产权、维护契约、统一市场、平等交换、公平竞争、有效监管为基本导向,完善

---

① 国家统计局:《经济结构优化升级　质量效益稳步提升》,《经济日报》2018 年 7 月 18 日。

社会主义市场经济法律制度。"在保护产权方面,我国出台了《物权法》;在维护契约方面,制定了《合同法》并致力于建立全社会个人信用体系。在统一市场方面提出:"要实行统一的市场准入制度,统一的市场监管,清理和废除妨碍全国统一市场的各种规定和做法。"在执法机制上规定:"坚决排除对执法活动的干预,防止和克服地方和部门保护主义。"在平等交换方面,2017 年修订的《民法通则》强调:"民事主体在民事活动中的法律地位一律平等。"在公平竞争方面,制定了《反垄断法》和《反不正当竞争法》。在构建市场主体的法律地位方面,先后制定了《公司法》《合伙企业法》《企业破产法》《个体工商户条例》等,形成了比较完整的市场经济法律体系。① 三是建立了比较成熟完善的宏观调控体系。党的十八大以来,党中央始终坚持稳中求进的工作总基调,着力创新和完善宏观调控方式,始终保持战略定力,发挥国家发展规划的战略导向作用,实施积极的财政政策和稳健的货币政策,坚持保障基本民生和重点项目,把有限的资金投入到推动质量变革、效率变革、动力变革的方向,努力增强经济发展后劲和发展动力。面对国内外不确定性风险和挑战,确立区间调控的思路和方式,加强定向调控、相机调控、精准调控,加强财政、货币、产业、区域等政策工具的协调配合,形成了政策合力。在供给侧结构性改革、实体经济发展、国企改革、企业减负等重点领域持续发力,较好地发挥了政府"有形之手"的作用,经济发展呈现出增长与质量、结构、效益相得益彰的良好局面。②

---

① 李林主编:《中国依法治国二十年(1997—2017)》,社会科学文献出版社 2017 年版。

② 张苇杭:《创新完善宏观调控 引领经济提质增效》,《经济日报》2018 年 3 月 20 日。

三、建成了开放型经济体

"一带一路"建设取得丰硕成果。在政策沟通方面，截至 2017 年，中国已经同 68 个国家和国际组织签署了合作协议，同 30 多个国家开展机制化产能合作。在设施联通方面，一批标志性项目有序实施，中欧班列累计开行 3900 多列，通达俄罗斯、德国、波兰、西班牙等 11 个国家 29 座城市。在贸易畅通方面，中国同"一带一路"沿线国家贸易总额超过 3 万亿美元，中国对"一带一路"沿线国家投资累计超过 500 亿美元，中国企业已在 20 多个国家建设了 56 个经贸合作区。在资金融通方面，中国倡议成立亚洲基础设施投资银行，设立丝路基金，为亚欧有关国家急需项目已经提供了数十亿美元贷款。仅 2016 年亚洲基础设施投资银行就为"一带一路"建设参与国的 9 个项目提供了 17 亿美元贷款。截至 2016 年年底丝路基金投资达 40 亿美元，中国同中东欧"16+1"金融控股公司正式成立。这些新型金融机制同世界银行等传统多边金融机构各有侧重、互为补充，形成了层次清晰、初具规模的"一带一路"金融合作网络。在民心相通方面，中国政府与有关国家相互开展文化年、旅游年、艺术节等各种人文合作项目，每年向相关国家提供 1 万个政府奖学金名额，来华留学生中近一半来自"一带一路"沿线国家。

自贸区建设取得显著成效。一是初步形成了周边自贸平台和全球自贸区网络。根据商务部发布的数据，截至 2018 年 7 月 26 日，我国已经与 24 个国家和地区签订了 16 个自由贸易协定，自贸伙伴遍及亚洲、大洋洲、南美洲和欧洲。目前，我们正在进行的自贸区谈判有 13 个，包括《区域全面经济伙伴关系协定》、中日韩自贸协定、中国—挪威自贸协定、中国—以色列自贸协定、中国—巴拿马自贸协定、中国—新加坡自贸协定的升级等相关的谈判。此外,我们还在与 10 个国家开展自贸协定联合可研或升级联合研究。① 二是我国自贸协议的利用水平逐步提高。通过签署自贸协定,中国与自贸伙伴实现了更高水平的相互开放,对双方或多方贸易产生了积极的促进作用。2017 年,中国与自贸伙伴的贸易投资额占中国对外货物贸易、服务贸易、双向投资的比重分别达到 25%、51%、67%。三是协议关税水平逐步下降。随着自贸区建设的不断推进,中国自贸协议项下关税水平逐步下降,使自贸区伙伴的出口企业以及中国双边和多边合作的进口企业降低了成本,增强了在当地市场的竞争力,也使中国消费者能够以更低廉的价格获得更丰富的商品。根据财政部的统计数据,2013 年,中国对港澳地区全部产品均已实现零关税;对东盟国家、新西兰、智利的平均关税已降至 1% 以下,基本实现自由化;对哥斯达黎加、秘鲁、巴基斯坦的平均关税也降至 5% 以下。

四、城乡面貌发生了巨大变化

一是人口、土地、投融资等领域改革取得突破性进展。国家统计局数据显示,从 2012 年到 2017 年,户籍和常住人口城镇化率分别从 35.3%、52.6% 提高到 42.35%、58.52%,户籍和常住人口城镇化率差距缩小 1.1 个百分点,八千多万农业转移人口成为城镇居民,武汉、成都、西安、郑州等特大城市大学生落户实现零门槛。以居住证为载体,加快义务教育、职业技能培训、基本养老、基本医疗、保障性住房等覆盖常住人口,随迁子女在流入地公办学校就读率达到 80% 左右,大病保险覆盖 10 亿城乡居民,每年培训农民工 2000 万人次以上。二是以城

---

① 《我国自贸协定战略加速推进　13 个协定正在谈判》,《经济参考报》2018 年 7 月 30 日。

市群为主体的城镇化格局持续完善。国务院先后批复了长三角、长江中游、成渝、哈长、中原、北部湾、关中平原、呼包鄂榆、兰州—西宁城市群规划,省域内城市群规划也已基本完成编制工作,京津冀、长三角、珠三角、长江中游、成渝五大城市群,以 10.4% 的国土面积集聚了 38.9% 的人口,创造了 45.5% 的国内生产总值。三是城市功能和宜居性稳步提升。国家发展和改革委员会组织编写的《国家新型城镇化报告2017》显示,截至 2017 年年底,多数城市形成了以服务业为主导的产业结构,城市众创空间数量达到 4300 家左右。城市治理水平逐步改善,295 个地级及以上城市建成区黑臭水体整治开工率达到 90%、完工率过半,2/3 左右的地级市整合形成数字化城市管理平台,开工建设地下综合管廊超过 4000 公里。通过城中村改造,1200 多万农民就地转为市民。四是大批贫困地区和贫困人口成功实现脱贫。改革开放以来,我国已经实现了 7 亿多农村人口脱贫。党的十八大以来,中国年均减少贫困人口 1370 万,贫困发生率从 2012 年年底的 10.2% 下降到 2017年年底的 3.1%,为如期打赢脱贫攻坚战奠定了坚实基础,也为全球贫困治理贡献了中国方案和中国智慧,得到了国际社会的充分肯定和高度评价。联合国秘书长古特雷斯指出:"精准脱贫方略是帮助贫困人口、实现《2030 年可持续发展议程》宏伟目标的唯一途径。中国已实现数亿人脱贫,中国的经验可以为其他发展中国家提供有益借鉴。"[1]

---

[1] 刘永富:《脱贫攻坚的科学指引和行动指南》,《求是》2018 年第 16 期。

第四章　市场决定：
充分发挥市场机制作用

　　市场和计划是资源配置的两种方式,改革开放的 40 年是市场和计划博弈的 40 年,也是市场经济本土化的 40 年。一个健全的市场需要制度的支撑,需要活跃的市场主体,需要健全的市场体系,更需要厘清政府和市场的关系,让市场在资源配置中发挥决定性作用,同时更好地发挥政府的作用。经过风风雨雨的 40 年,市场经济在中国扎根并枝繁叶茂,嫁接中国国情形成了具有中国特色的社会主义市场经济,成为改革开放的一抹亮色。

第一节　构建中国特色的社会主义
市场经济制度

　　改革开放并不等于简单照搬其他国家的做法,而是将市场经济运作的一般规律与我国的具体国情密切结合,走具有中国特色的改革开放之路。在经济领域,从高度集中的计划经济体制到充满活力的社会主义市场经济体制尤其是这样。1978 年,以市场为导向,中国从农村到城市采取了一系列的改革，冲破了计划经济的藩篱。20世纪90年代初期确立了建立社会主义市场经济体制的目标，不断深化改革，最终确立了以公有制为主体、多种所有制经济共同发展的基本经济制度，资源配置由原来的行政分配逐步过渡到市场发挥决定性作用。社会主义市场经济体制的建立，极大地调动了全社会发展经济的积极性，为经济繁荣发展提供了制度保障。

一、改革背景和模式选择

改革开放的40年里，世界经济也发生了翻天覆地的变化，中国从计划经济到市场经济的转型中脱颖而出，成为不可多得的成功样本。将时间轴拉长去观察市场经济的演化史，会发现从微观到宏观经济基础理论和指导思想也在不断变化成熟，研究如何更好地配置有限的资源创造更大的财富是改革成功的先导。

第一，市场经济是一个不断发展变化的过程。自从亚当·斯密以后，放任的自由市场理论曾在一个相当长的时期占主导地位，政府只是承担"守夜人"的角色。以1929年西方经济大危机和随后的罗斯福新政为标志，现代市场经济制度开始重新思考政府和市场的关系，在理论上也诞生了以凯恩斯主义为核心的宏观经济学，并从各个方面总结提炼出了一整套政府对经济运行实行宏观管理和干预的经济思想。到了20世纪70年代以后，由于外部输入性压力等多重原因，美国等主要经济体进入了滞胀时期。根据凯恩斯理论制定的政府宏观调控政策失灵了，于是主张市场调节的芝加哥学派成为政策制定的依据。2008年金融危机，由次贷危机引发的金融海啸席卷全球再次从反面证明了市场的巨大力量，对市场加强监管成为共识。市场经济体制在每个国家的运作模式也不尽相同，主要有美国混合市场经济、德国社会市场经济、法国计划市场经济、日本政府主导型市场经济,这些都为中国的经济改革提供了有益的借鉴。我们究竟要采用何种模式的市场经济?计划和市场都是资源配置的一种方式,又如何在二者中取得平衡实现资源的有效配置是需要思考的问题。

第二,计划经济到市场经济的转型多数国家以失败告终。计划经济初期对政权巩固、国民经济体系构建起到了巨大的作用,后期弊端日益暴露迫使各国着手进行改革。中国选择的是渐进式改革道路,先易后难,从农村到城市,从增量到存量,先体制外再体制内,并且注重营造较稳定的宏观经济和政治社会环境,最终消除计划经济体制的固有制度缺陷,建立以市场为取向的经济体制。中国的经济改革无论在世界范围还是在经历过计划经济转型的国家中都是一次成功的探索,市场使中国经济重新焕发了活力。吴敬琏曾将经济改革分为三个阶段:1958—1978年,行政性分权改革,重点是中央政府向下属各级政府放权让利。1979—1993年,增量改革,以民营经济的成长壮大来支持和带动整个国民经济的发展。1994年至今,整体推进,逐步全面建立市场经济体制。党的十八大以来,在各个主要领域开展"四梁八柱"性改革,进一步完善了现代市场经济的基础性制度。

二、从市场在资源配置中起辅助性作用到起决定性作用

市场经济是生产社会化和商品经济发展到一定高度的产物,是与计划经济相对应的一种经济范畴。市场经济不反映社会基本制度,是资源配置的一种方式;主要解决经济运行的三个问题,即生产什么、怎样生产、为谁生产。

早在改革开放初期,邓小平同志就明确强调:"说市场经济只存在于资本主义社会,只有资本主义的市场经济,这肯定是不正确的。社会

主义为什么不可以搞市场经济,这个不能说是资本主义。"①只要市场经济是作为一种经济运行机制在发挥作用,市场经济的一般性原理适用于世界上任何经济体,诸如价值规律、竞争规律、供求规律、利润最大化、优胜劣汰、竞争与垄断理论、经济危机理论等,社会主义市场经济同样可以采用。

价值规律是基础。商品的价值量决定于生产商品的社会必要劳动时间,商品交换以商品的价值量为基础,市场主体根据价值进行等价交换。价值规律通过价格机制起作用,市场价格和价值的矛盾运动形成市场均衡价格。供求规律是主要渠道。当某种商品供过于求时,市场价格低于价值,投资减少;当供不应求时,市场价格高于价值,投资增加,进而对商品生产和商品流通的调节,使市场供求趋于均衡。竞争规律是重要特征。竞争是市场经济特有的一种社会现象,各经济主体进行一系列的博弈促使有限的资源流向最高效的领域,所以说没有竞争就没有真正的市场经济。三大规律应用到商品、劳动力、资本、资源要素等不同市场中,演变成风险机制、工资机制、利率机制、价格机制等不同的规律发生作用。

三、市场经济和中国实践的成功结合

在尊重规律的共性时,也要重视规律的个性。"正是由于中国有着不同于西方的文化、历史、哲学传统与环境,使得一些西方经济学的理论原理、管理方法和技术手段在引进中国之后,往往难以取得预期的效果,有些甚至失灵或者发生了反作用。""在经济领域中出现的大量问题都证明,只要将人的因素掺和进去,就可以将复杂的事情搞简单,

---

① 中央财经领导小组办公室:《邓小平经济理论学习纲要》,人民出版社1997年版,第56页。

将简单的事情搞复杂;将不能办的事情办成能办的,将能办的事情办成不能办的;将好事办坏,将坏事办好;将大事办小,将小事办大。"①"经济是政治的基础,政治是经济的集中体现,经济决定政治,政治也会反作用于经济,二者之间是一种既互相依存、互相促进又互相对立、互相制约的辩证关系。""就是要促进社会主义市场经济的健康发展,仅靠某个方面的'单打一'是不行的,必须善于充分发挥社会主义和市场经济两个方面的最大优势。"②在实践中,一是经济的改革要符合中国文化、历史、社会经济结构等特征,建立并不断完善具有中国特色的社会主义市场经济体制。二是要划清市场和政府的界限,厘清相互之间的关系。必须积极稳妥地从广度和深度上推进市场化改革,大幅度减少政府对资源的直接配置,推动资源配置依据市场规则、市场价格、市场竞争实现效益最大化和效率最优化。政府的职责和作用主要是保持宏观经济稳定,加强和优化公共服务,保障公平竞争,加强市场监管,维护市场秩序,推动可持续发展,促进共同富裕,弥补市场失灵。市场经济是根,只有市场经济体制健全,体系完备,经济才能根深叶茂。中国特色是源,只有从实际出发,政府和市场各司其职相互配合,中国经济才能源源不竭。

第二节　市场经济主体和基本经济制度

改革开放风风雨雨 40 年,闯过了一个又一个难关,取得了辉煌的经

---

① 习近平:《关于社会主义市场经济的理论思考》,福建人民出版社 2003 年版,第78、79 页。

② 习近平:《关于社会主义市场经济的理论思考》,福建人民出版社 2003 年版,第54、81 页。

济成就,其主要根基就是确立了公有制为主体、多种所有制经济共同发展的基本经济制度。只有根基稳健,才能在此基础上构建其他的制度,市场各个主体才能有序参与竞争,市场经济才能有效运行。推进经济体制以及其他各方面体制改革,使我国成功实现了从高度集中的计划经济体制到充满活力的社会主义市场经济体制、从封闭半封闭到全方位开放的伟大历史转折,实现了人民生活从温饱到小康的历史性跨越,实现了经济总量跃居世界第二的历史性飞跃,极大调动了亿万人民的积极性,极大促进了社会生产力发展,极大增强了党和国家生机活力。

一、基本经济制度的形成过程和评价

新中国成立初期基本实现国家工业化和对农业、手工业、资本主义工商业的改造,使生产资料的社会主义所有制成为我们国家和社会的唯一的经济基础。1955 年,国家所有制和准国有的集体所有制成为国民经济的唯一基础,并在此基础上建立了苏联式的集中计划经济体制。一直到改革开放前,计划经济体制帮助中国构建了较为完备的国民经济体系,但经济主体单一、效率低下严重阻碍了经济的进一步发展甚至威胁到政权的稳定。1978 年,邓小平同志在党的十一届三中全会闭幕式上做了题为《解放思想,实事求是,团结一致向前看》的重要讲话,开启了改革开放的征程。各种经济形式开始复苏,乡镇企业、民营经济开始快速发展。在实践的基础之上,党的十二大三中全会首次提出"坚持多种经济形式和多种经营方式的共同发展,是我们长期的方针,是社会主义前进的需要"统一了思想。党的十五大把"公有制为主体、多种所有制经济共同发展"确立为我国的基本经济制度,明确提出"非公有制经济是我国社会主义市场经济的重要组成部分"。党的十六大提出"毫不动摇地巩固和发展公有制经济","毫不动摇地鼓励、支持和引导非公有制经济发展"。党的十八大进一步提出"毫不动摇鼓励、支持、引导非公有制经济发展,保证各种所有制经济依法平等使用生产要素、公平参与市场竞争、同等受到法律保护"。党的十八届三中全会提出,公有制经济和非公有制经济都是社会主义市场经济的重要组成部分,都是我国经济社会发展的重要基础;公有制经济财产权不可侵犯,非公有制经济财产权同样不可侵犯;国家保护各种所有制经济财产权和合法利益,坚持权利平等、机会平等、规则平等,废除对非公有制经济各种形式的不合理规定,消除各种隐性壁垒,激发非公有制经济活力和创造力。党的十八届四中全会提出要"健全以公平为核心原则的产权保护制度,加强对各种所有制经济组织和自然人财产权的保护,清理有违公平的法律法规条款"。党的十八届五中全会强调要"鼓励民营企业依法进入更多领域,引入非国有资本参与国有企业改革,更好激发非公有制经济活力和创造力"。① 从无到有,从实践到理论,基本经济制度的内容被确定为公有制为主体、多种所有制经济共同发展的基本经济制度,是中国特色社会主义制度的重要支柱,也是社会主义市场经济体制的根基。必须毫不动摇巩固和发展公有制经济,坚持公有制主体地位,发挥国有经济主导作用,不断增强国有经济活力、控制力、影响力。必须毫不动摇鼓励、支持、引导非公有制经济发展,激发非公有制经济活力和创造力。

制度是否成功取决于设计的合理性和可行性,主要体现在两个方面:一是生产力决定生产关系。公有制为主体、多种所有制经济共同发展的基本经济制度是根据生产关系一定要适应生产力发展状况、我国社会主义初级阶段的国情确立的。从改革开放初期到现在的阶段,中

---

① 习近平:《习近平谈治国理政》第二卷,外文出版社2017年版,第258—259页。

国都存在部门、地区发展不平衡,社会化程度很高的社会化大生产和生产力水平很低的小生产方式并存,客观上要求建立不同性质和公有化程度的所有制形式。二是制度能够规范有效运行。基本经济制度从构建到完善,都充分调动一切积极因素,广泛动员社会闲散资金,充分挖掘劳动潜力,同时吸收国外资金,引进国外的先进技术、设备和管理经验,极大促进生产力的提升。从这个角度分析,基本经济制度是成功的,充分调动市场的力量并且符合中国国情,是改革开放在经济领域取得巨大成功的根本性保障。

二、以国有企业改革巩固和发展公有制经济

企业是劳动分工和社会生产力发展到一定水平而产生的一种高效率的经济组织。增强企业活力特别是增强国有大中型企业活力是公有制经济乃至整个经济体制改革的中心环节。

在计划经济模式下,我国实行的是高度集中的国有企业管理体制,保证国民经济迅速恢复,建立完整的工业体系。但是国家管得过死,集所有权、经营权和剩余所有权于一身,而作为行政机关附属物的企业,缺乏生产经营自主权和激励机制,还承担着经济、社会、政治等多重角色。与此同时,管理模式是自上而下多层级代理,代理链条长、成本高,信息容易不对称失真,由于所有权按照隶属关系,由各级政府管理,在每一级政府,经营国有企业的权力又被各行政部门分割,缺乏明确的负责主体。总体来说,整个运作机制笨重而且缺乏效率,国有企业也不是一个独立的市场主体。

改革开放的一个重要领域就是提升国有企业活力,主要在以下方面开展了各项改革促使国有企业成为富有竞争力的市场主体。

一是放权让利,提高国有企业活力。20 世纪 70 年代末期到 80 年

代,放权让利成为国企改革的主线,主要是调整政府和企业内部人员(管理人员和职工)之间权责利的分配,向企业内部人员放权让利以增加企业活力。1984年,国家见证了农村家庭联产承包责任制取得成功,城市工商业也开始全面推行企业承包制。基本原则是所有权与经营权相分离,"包死基数、确保上缴、超包全留、欠收自补"。① 这一阶段的改革成效,使国有企业逐步脱离了传统的集中计划经济体制,开始参与和适应市场经济的竞争模式,也出现了一些业绩较好的企业,但是没有改变国有企业的基本制度,缺乏有效的激励机制,造成了产权关系的混乱和内部人员控制的问题,导致腐败和国有资产的流失,一些深层次的问题有待解决。

二是建立现代企业制度,提升企业公司治理能力。公司治理是以公司价值最大化为目标的一整套约束激励手段和制衡机制,主要包括全面、准确、及时的信息披露,健全董事会的治理结构,高效的执行机构。1994年,国务院选择100家国有企业进行公司制改制试点。1999年,党的十五届三中全会《中共中央关于国有企业改革和发展若干重大问题的决定》明确了公司化改制,强调要在多元持股的基础上建立有效的公司治理。2003年,组建国资委,强化出资人监管,推进国有大中型企业股份制改革。2007年以来,加快建设国有资本经营预算制度,进一步完善国有资产管理体制,坚持所有权和经营权分离,充分尊重企业的经营自主权和法人财产权。同时完善公司法人治理结构,明确股东会、董事会、监事会和管理层的职责,形成各负其责、协调运转、有效制衡的公司法人治理结构。通过健全现代企业制度,把国有企业真正改造成自主经营、自负盈亏、自我约束、自我发展的市场主体。推进股权多元化和适度分散

---

① 渠敬东、周飞舟:《从总体支配到技术治理——基于中国30年改革经验的社会学分析》,《中国社会科学》2009年第6期。

化。2013 年,党的十八届三中全会强调推动国有企业完善现代企业制度。健全各负其责、协调运转、有效制衡的公司法人治理结构。建立职业经理人制度,更好发挥企业家作用。深化企业内部管理人员能上能下、员工能进能出、收入能增能减的制度改革。

三是布局调整,国有资本逐步从一般性竞争领域退出。关于国有经济的定位,改革过程中争论不断。有观点认为,国有企业应该遍布国民经济的方方面面,作为社会主义的保障,必须在数量和质量上不断加强。但是,经过一系列实践探索逐步形成了理论共识,即凡是民间资本能够很好发挥作用的领域,国有经济要尽量退出;凡是民间资本不能很好发挥作用的领域,外部性大的、存在自然垄断的领域,国有经济就应该发挥主要作用。1997 年,党的十五大《高举邓小平理论伟大旗帜,把建设有中国特色社会主义事业全面推向二十一世纪》对此做了明确的阐述,确定公有制为主体、多种所有制经济共同发展的制度,否定了国有经济的比重和社会主义性质强弱的直接联系。国有经济布局有进有退,国家只需控制关系国民经济命脉的重要行业和关键领域公有制经济,不仅包括国有经济和集体经济,要努力寻找能够极大促进生产力发展的公有制实现形式。非公有制经济是我国社会主义市场经济的重要组成部分,对个体、私营等非公有制经济要继续鼓励、引导,使之健康发展。党的十八大以来,推动国有企业战略性重组,聚焦发展实体经济、突出主业、做强主业,加快推进横向联合、纵向整合和专业化重组,提高国有企业核心竞争力,增强国有经济活力、控制力、影响力、国际竞争力、抗风险能力。[1] 至此,国有企业找准定位,精准发力,与非公有制经济共同构成中国市场经济的主体力量。

---

① 　肖亚庆:《深化新时代国有企业改革》,《先锋队》2018 年第 2 期。

　　四是转变管理方式,由管企业过渡到管资本。改革开放之前,中央政府和各级政府对所属的国有企业进行行政化管理,管人、管事、管生产,造成了政企不分、效率低下。之后下放权力,出现了一管就死,一放就乱的怪圈。如何走出这个怪圈,找到管理的平衡点,政府进行了一系列的探索。2003 年,国务院国有资产监督管理委员会成立,代表国家履行出资人职责,主要任务是调整国有经济的布局,提高国有企业的公司治理结构,在减少对国有企业具体业务干预的同时保证国有资本的保值增值。党的十八届三中全会更加明确了完善国有资产管理体制,以管资本为主加强国有资产监管,改革国有资本授权经营体制,组建若干国有资本运营公司,支持有条件的国有企业改组为国有资本投资公司。

　　五是丰富公有制实现形式,发展股份制和混合所有制经济。在市场经济条件下,公有制的实现形式可以而且应当多样化,凡是符合市场规律的经营方式和组织方式都可以而且应该大胆利用。改革开放 40 年最重要的两个探索就是股份制和混合所有制经济。党的十六大以来,不断推进国有大中型企业股份制改革。规范国有企业改制和产权转让,国有产权交易普遍进入产权交易市场公开操作。党的十八届三中全会指出"积极发展混合所有制经济。国有资本、集体资本、非公有资本等交叉持股、相互融合的混合所有制经济,是基本经济制度的重要实现形式,有利于国有资本放大功能、保值增值、提高竞争力,有利于各种所有制资本取长补短、相互促进、共同发展。允许更多国有经济和其他所有制经济发展成为混合所有制经济。国有资本投资项目允许非国有资本参股。允许混合所有制经济实行企业员工持股,形成资本所有者和劳动者利益共同体"。①

---

　　① 《中共中央关于全面深化改革若干重大问题的决定》,人民出版社 2013 年版,第14 页。

三、发展非公有制经济调动各种市场力量

国有企业属于全民所有,是推进国家现代化、保障人民利益的重要力量。但是不可否认,非公有制经济也是市场经济的重要主体,在中国改革历程中扮演着不可替代的作用。一方面创造就业,拉动 GDP 增长;另一方面对国有企业形成加快改革和发展的压力,激活整个市场的活力。非公有制经济这个市场从无到有,总结 40 年的发展历程可以发现以下关键点。

一是逐步解放思想,形成共识。新中国成立后,《中国人民政治协商会议共同纲领》中表述:"经济建设的根本方针,是以公私兼顾、劳资两利、城乡互助、内外交流的政策,达到发展生产、繁荣经济之目的。"①但之后因为各种原因而中断,走上了苏联模式,强调社会主义必须建立在国家所有制基础上、国有制一统天下而非公有制的观念基本绝迹。改革开放之后,邓小平等领导采取"不争论"策略,民营经济破茧而出,在经济活动中逐步松动国有经济的统治。从 20 世纪 70 年代末开始,个体经济逐步开放,个体工商业主允许雇佣工人,在农村开始普遍建立农民家庭农场,乡镇企业蓬勃发展形成苏南模式、温台模式、珠三角模式,外国资本开始进入投资设厂。20 世纪 90 年代,非公有制经济蓬勃发展,创造了大量的财富和就业,但是对于非公有制的性质还存在争议,在此背景下开展的所有制问题论战统一了认识,最终确立了非公有制经济的合法地位。

二是坚持产权保护制度是核心。产权是所有制的核心,市场经济的良性运转需要健全归属清晰、权责明确、保护严格、流转顺畅的现代

---

① 赵美玲:《建国以来我国对非公有制经济的认识及政策变化》,《中共天津市委党校学报》1998 年第 3 期。

产权制度。公有制经济财产权不可侵犯,非公有制经济财产权同样不可侵犯。根据科斯的产权理论,明确产权是通过市场交易实现资源最优配置的一个必要条件,只有产权确定,才能在比较交易成本之后进行交易进而实现个体和社会整体的帕累托最优。改革开放40年,从认识产权的重要性到赋予产权应用的市场地位,各种要素流动重组日趋频繁,为市场注入了活力。党的十九大报告更是指出经济体制改革必须以完善产权制度和要素市场化配置为重点,实现产权有效激励、要素自由流动、价格反应灵活、竞争公平有序、企业优胜劣汰。

三是充分调动多方面力量。非公有制经济有多种存在形式,主要包括个体所有制经济、私营经济及外资经济。个体所有制,存在于城乡的手工业、农业、商业、交通运输业和服务行业中,门槛低、活跃度高,为国家特别是县、乡两级财政提供了大量的收入。私营经济,是天生的商品生产者,经营规模大、技术水平高,创造了大量的就业岗位和财富。外资经济则帮助中国融入世界经济体系,提供了大量的资金、技术和管理经验。40年来,各种经济主体参与到中国的改革进程中,既获得自身丰厚的利润回报,也助力中国经济实现赶超。

四是重视中小企业发展。很多大型企业都是从中小企业发展起来的,改革开放时期也是第三次产业革命迅速发展的时期,以信息产业为代表的高新技术产业发展最适合采取小企业的形式。英国经济学家舒马赫在《小的是美好的》中强调:企业、城市、国家都不是越大越好,大型化导致效率降低、环境污染、资源枯竭。相反,小企业有自身的优势,处理好企业内部关系,充分调动每一个员工的创造力,形成更大的合力。改革开放的40年见证了众多的中国企业从无到有,从小到大,为经济发展提供动力,促进创新保持经济活力,进而构建支撑整个产业发展的基础。

第三节 坚持"两个毫不动摇" 重视民营经济发展

坚定不移贯彻社会主义基本经济制度,坚持两个毫不动摇,强调非公有制经济的健康发展不仅是重大经济问题,也是重大政治问题。从40年的改革开放实践看,民营经济和国有经济融合发展取得历史性成就,实现了综合国力和国际影响力的历史性跨越。其中,民营经济的历史贡献不可磨灭,民营经济的地位作用不容置疑。但是,在当前复杂多变的国内外形势下,民营经济在适应经济新常态、推动高质量发展中遇到了不少新机遇、新问题、新挑战。站在中国发展历史的新方位,我们要始终坚持两个毫不动摇,对民营经济作用、地位、认识再深化,开创非公有制经济和公有制经济融合发展的新境界,推动新时代中国民营经济的高质量发展。

一、民营经济和公有制经济融合发展取得的历史性成就

改革开放以来,我们党毫不动摇坚持基本经济制度,逐步形成了非公有制经济和公有制经济融合发展的新格局,同时二者也取得了长足发展,促进中国经济取得了历史性成就。

第一,中国的综合国力和国际影响力实现了历史性跨越。从中国国情看,公有制经济和非公有制经济共同发展,符合社会分工发展的基本规律,也充分调动了各种社会要素的积极性,是解放和发展社会生产力的具体而有实效的路径,更是适合中国国情的社会主义基本经济制度。20世纪90年代初以来,民营企业实现了由弱到强、由

小到大、逐步崛起的发展历程。民营企业的发展也推动了不同所有制之间的竞争合作,倒逼国有企业改革提质增效。统计数据显示,在1997—1999 年的国企改革浪潮中,其中实现再就业的 2100 万人的群体中,近 95％由民营经济承接。一直以来,民营经济在稳定增长、促进创新、增加就业、改善民生等方面发挥了重要作用,已经是中国特色社会主义市场经济的重要组成部分,是经济社会发展的重要推动力量。

第二,多种经济成分自身取得了巨大发展。改革开放以来,我国公有制经济与市场经济体制的结合,市场化改革的扎实有序推进,充分释放了经济发展的活力。一方面,国有经济不断做强做优做大,已经成为国民经济的中坚力量。从发展实践看,我国公有制经济与市场经济体制的结合是中国特色社会主义理论的重大创新,正是在这一伟大理论的指导下,明晰了国有经济的改革发展方向,加快了市场化改革进程,建立了现代企业制度、完善法人治理结构等一系列措施的陆续落地。尤其是党的十八大以来,以习近平同志为核心的党中央对全面深化国有企业改革作出了一系列新的部署,提出了一系列新的思路,采取了一系列新的举措,使得国有资本运营效率和国有企业竞争实力得到大幅度提升,在追赶国际科技和产业发展前沿、维护国家经济安全稳定、提升国家核心竞争力等方面都发挥了重大作用。2017 年,进入《财富》世界 500 强的中国企业有 115 家,其中国有企业有 82 家。另一方面,民营经济不断焕发生机活力,在稳增长、促就业、调结构、惠民生等方面作用凸显。1992 年,邓小平同志南方谈话终结了姓"社"还是姓"资"的争论,我国非公有制经济发展开始步入正常轨道,这是中国特色社会主义理论突破和实践创新的重要成果。从发展实践看,通过支持引导民营经济发展,充分调动了人民群众的积极性、创造性,拓展了人民群众参与社会主义经济建设的渠道和方式,激活了社会资本等各种要素,推动了市场有效竞争。党的十九大以来,民营经济在国民经济全局中占据了重要地位,其历史性贡献可以概括为"56789",即贡献了50%以上的税收,60%以上的GDP,70%以上的技术创新,80%以上的城镇劳动就业,90%以上的新增就业和企业数量。可以说,没有民营企业的发展,就没有整个经济的稳定发展。

第三,多种经济成分之间的融合发展不断加强。在社会化大生产中,多种经济成分之间的深度融合发展形成富有成效的社会分工体系和产业链条,所有制的多样性既促进了人民群众参与经济建设渠道和方式的多样性,也提供了人民群众自主追求和实现利益诉求的渠道和方式的多样性。据此,当前推动混合所有制改革既符合经济社会治理的大逻辑,也符合历史发展的必然规律。两者的融合发展有助于推进社会分工体系、上下游产业链条的互补性、延伸性,既彰显公有制经济适应和促进社会化大生产的优越性、保障国家经济安全和公共服务供给,也充分发挥了多种多样、自由灵活的非公有制经济的优越性。党的十八届五中全会强调要"鼓励民营企业依法进入更多领域,引入非国有资本参与国有企业改革,更好激发非公有制经济活力和创造力"。近年来,随着改革的深化,混合所有制经济发展成果凸显。截至2017年年底,中央企业及各级子企业中混合所有制企业户数占比达到68.9%,中央企业新增混合所有制企业户数超过700户,其中通过资本市场引入社会资本超过3386亿元,中央企业在产权层面已与社会资本实现了较大范围的混合。国内一些知名民营企业,如阿里巴巴、京东等,也积极参与中央企业的混合所有制改革,与公有制企业实现了优势互补、融合发展。

二、当前我国民营经济发展面临的历史机遇与挑战

中国特色社会主义进入新时代,民营经济发展既面临着空前的历史机遇,也面临着适应经济新常态和外部极端贸易保护主义不断升级的压力。

一方面,我国民营经济发展面临重大战略机遇。进入新时代以来,中国民营企业高质量发展面临着前所未有的历史机遇。一是党中央、国务院支持保护民营经济发展上升到新的历史高度。习近平总书记多次给民营经济和中小企业加油鼓劲,从广东考察,到辽宁调研,再到给企业家回信,多次重申坚持"两个毫不动摇",为民营企业发展营造良好的法治环境和营商环境,依法保护民营企业权益,为新时代民营经济的繁荣发展注入强大的信心和动力。李克强总理也强调要加大优化营商环境工作力度。国家相关部门也在紧锣密鼓、扎实有力地推动中央一系列支持政策的落地和实施。二是党的十九大为民营经济发展指明了方向。党的十九大报告明确提出了要支持民营企业发展,再次重申坚持"两个毫不动摇",提出"要支持民营企业发展,激发各类市场主体活力,要努力实现更高质量、更有效率、更加公平、更可持续的发展"。三是全面深化改革红利逐步释放。深化供给侧结构性改革在"三去一降一补"方面取得了阶段性成果,促进资源要素高效流动和优化资源配置,推动产业链再造和价值链提升,充分释放有效供给,大大改善了供给质量,实现供需匹配和动态均衡发展,使得民营企业有效投资空间逐步拓展。同时,加强知识产权保护,逐步优化民营经济发展的法治环境;持续推动"放管服"改革,不断消除影响民营经济发展的各种体制机制障碍,进一步降低民营企业的制度性交易成本,健全民营企业营商环境。

另一方面,中国民营经济发展也存在一定的困难和挑战。一是中国的市场化改革不彻底,民营企业地位歧视依然存在。一些垄断性行业对民营经济进入设置了较高的门槛,金融、电力、电信、军工、公共服务等领域的投资对民间投资较为排斥。例如,民营电力企业在招投标中仍然存在地域性和所有权歧视。同时,由于市场化改革不彻底和所有权歧视导致民营企业的经营成本较高,民营企业的融资难、融资贵的"顽疾"依然没有缓解。二是政府诚信不足、效能偏低影响了民营企业的投资信心。政府的诚信和效能问题是当前民营企业关注的两个重要问题,主要表现在:不少地方依然存在新官不理旧账问题,因政府换届、领导人员更替等随意变更已有的规划设计、政策承诺、相关合同,使得一些政策缺乏连续性和稳定性,制度性交易成本居高不下。三是严峻的国内外经济形势极大地冲击了民营企业的健康持续发展。尤其是2018年3月以来中美贸易摩擦不断升级,对国内的贸易出口、股市、汇市带来一定冲击,波及企业正常的生产经营活动,使得民营企业的资金流动性受限、出口市场不断萎缩、投资信心不足等压力持续发酵。国际货币基金组织2018年10月份发布报告称,由于紧张贸易局势的升级,美国2019年的增长预期由2.7%下调至2.5%,中国2019年的增长预期由6.4%下调至6.2%。部分民营企业家感到生产经营前景黯淡,投资信心严重不足。四是金融去杠杆、严监管导致民营企业的融资问题更为突出。据全国工商联的调研资料显示,2017年,我国民营企业的用工成本上升、税费负担重、融资难融资贵仍然是制约民营经济发展的三大影响因素,分别占比61.4%、54.8%和50.8%。五是民营企业的产权保护法不健全。当前国家层面还缺乏民营企业产权保护法,无法给予民营企业经营权、财产权的有效保护,在对民营企业及其负责人采取行政、刑事等措施缺乏严格的合规合法程序。

三、坚持"两个毫不动摇"发挥民营经济的比较优势

我们要牢牢把握历史性新机遇,对未来作出精准的预判,把握融合之道。以民营经济和公有制经济融合发展为导向,坚持"两个毫不动摇",有效破解民营经济面临的诸多问题和挑战。

第一,要坚持"两个毫不动摇",打造民营经济和公有制经济深度融合的"升级版"。坚持"两个毫不动摇"是民营经济健康发展的政治保障,客观上要求必须深化认识民营经济与国有经济的互补共生关系,进一步深化混合所有制改革。一是公有制经济发展离不开非公有制经济的促进。目前国有企业和民营企业已经形成了完整的产业链。国有企业多处于产业链上游,在基础产业和重型制造业等领域发挥作用,民营企业越来越多地提供制造业产品特别是最终消费品,二者是互补共生的关系。事实上,没有非公有制经济的存在和平等发展,公有制经济将缺乏有益的必要的补充。诸如非公有制经济的有效竞争的"鲶鱼效应"倒逼国有企业改革,不断提质增效。二是非公有制经济发展离不开公有制经济的支持。国有经济在社会化大生产和非社会化大生产、保障国家经济安全和集中力量办大事、公共产品与非公共产品供给的功能性分工和协作过程中发挥了不可替代的作用,为民营经济的发展创造了必要的和基础性条件。二者相互依存、相互竞争、共同发展,谁也离不开谁。三是深入推进混合所有制改革。抓紧建立更加完善的公司治理结构,强化内部激励机制建设,提高核心竞争力。鼓励非公有制企业参与国有企业改革,鼓励发展非公有资本控股的混合所有制企业,尤其是允许混合所有制经济实行企业员工持股,形成资本所有者和劳动者利益共同体,扎实推进公有制经济和非公有制经济在"命运共同体"中利益共享、共同发展。

第二，全面提升政府效能，打造更加公平有序竞争的营商环境。一是继续深化"放管服"改革，打破行政性垄断、加快要素价格市场化改革，全面实施市场准入负面清单制度，清理废除妨碍统一市场和公平竞争的各种规定和做法，培育更加公平的竞争环境和创新发展的土壤。进一步减少社会资本市场准入限制，进一步压减行政许可等事项，进一步简化企业投资审批，进一步提高政务服务效能。二是加快构建"亲""清"的新型政商关系。进一步深化研究中小微企业发展的政策措施，加快建立规范企业依法经营和诚信经营的制度，尽快出台惩戒"为官不为"、鼓励"为官有为"的措施，使政府主动作为，躬身亲行，引导帮助，解决困难。三是打造诚信政府高效政府。积极开展政府清债、清欠行动，对拖欠民企的工程款、材料款、保证金、奖励资金等制定清偿行动计划，切实取信于民、取信于企。要采取更精准、更有效的措施，减少因政府换届、人员调整对已有的规划、政策、合同、债权随意变更，稳定民营企业的市场预期和投资信心。

第三，正确认识中美贸易摩擦影响，用国内发展的确定性对冲外部不确定性的影响。一是要正确认识中美贸易摩擦的负面影响，尽管外部压力加大，但根据国家统计局第三季度数据表明，当前外贸形势总体好于预期，经济总体平稳、稳中有进的基本面还在持续，我国经济运行的韧性和优势可以很好地应对外部冲击。刘鹤副总理认为，心理影响大于实际影响，外部不确定性因素越是加大，中国人越是要办好自己的事，以国内发展的确定性对冲外部不确定性的影响，我们遇到的困难和问题都是前进中的困难和问题。二是全面提升民营企业转型升级能力和抗风险能力。根据马克思内因和外因辩证法，一件事情的成败总是内因在起主导作用，注重内因分析，才能发现问题的症结，找到解决问题的方法。据此，肩负新时代经济繁荣昌盛重任的民营企业家，绝不能有半点观望、懈怠、游离的心态,必须苦练内功,加快提升企业自身发展和治理能力,建立健全现代企业制度,加快实现企业治理机制专业化和产权结构多元化。大力发展新兴产业,加大科技创新投入,不断增强自身转型升级能力。

第四,切实落地减税控费举措,完善提升民营企业融资能力的配套政策。一是要重视"减税""简税""均税"并行,既要继续降低名义税率,又要归并简化增值税、所得税等,均衡行业、地区间税负。要重视降低制度性交易成本,在注册登记环节加快"先照减证";在投资建设环节推行"负面清单+标准+承诺+备案"制;在生产经营环节推进生产经营许可制度和市场认证制度并轨。二是切实统筹好金融去杆杆、严监管的政策节奏和力度,平衡好稳增长与控风险的关系。鼓励金融创新,降低贷款风险和贷款成本。设立民营企业债券融资支持工具,稳定和促进债券融资。围绕维持市场稳定、改善市场预期和提升市场融资功能,抓紧出台一系列配套改革措施,持续性改善融资环境。加快研究推广有关地方建立民营企业贷款风险补偿机制的做法,鼓励地方设立基础设施民间投资基金,引导金融资源流向民营企业。

第五,激发民营企业活力能力,推动高质量发展。一是完善相关立法工作,加大对民营企业的财产权保护。对侵犯民营企业的行为加大惩处力度,依法甄别纠正一批历史形成的涉及民企的冤假错案,并向社会公告、消除影响。健全现代产权制度,加强对非公有制经济产权保护和知识产权保护,增强人民群众财产安全感,不断优化民营企业发展的法治环境和营商环境。二是激发和保护企业家精神。积极贯彻落实《中共中央 国务院关于营造企业家健康成长环境弘扬优秀企业家精神更好发挥企业家作用的意见》,使广大企业家能够更安心、专心、用心地将精力和智慧用于创业创新,坚定民营企业家一心一意创新发展的信心。习近平总书记强调：希望广大民营企业家把握时代大势，坚定发展信心，心无旁骛创新创造，踏踏实实办好企业，合力开创民营经济更加美好的明天，为实现中华民族伟大复兴的中国梦作出新的更大贡献。三是贯彻新发展理念，推动民营经济高质量发展。要深化认识民营经济在新时代国民经济中的地位和作用，深化认识国有企业与民营企业之间的高度互补、互相合作、互相支持的共生关系，用全新的现代化产业链理念来认识国有经济和民营经济，沿着这个方向不断提高，走向高质量发展。坚决抵制社会上片面的、错误的"国进民退"舆论。以新发展理念为引领，全面提高民营经济的自身发展实力，运用现代产业链、价值链、供应链等理念和技术，驱动国有经济和民营经济深度融合发展，加快构建现代化经济体系，推动经济高质量发展。

第四节　现代市场体系构建与完善

党的十八届三中全会指出"建设统一开放、竞争有序的市场体系，是使市场在资源配置中起决定性作用的基础。必须加快形成企业自主经营、公平竞争，消费者自由选择、自主消费，商品和要素自由流动、平等交换的现代市场体系，着力清除市场壁垒，提高资源配置效率和公平性"[①]。市场经济发生作用，除了各种制度的支撑，活跃的市场参与主体，更需要一个健全的市场体系。市场体系是市场经济运行的重要载体，是市场机制发挥作用的基础，企业公平竞争的前提，也是政府进行宏观调控的必要条件。

---

① 《中共中央关于全面深化改革若干重大问题的决定》，人民出版社 2013 年版，第17 页。

一、从无到有社会主义市场体系逐步建立

我国社会主义市场体系的建立是一个循序渐进的过程。1978 年以后,最先发展起来的是商品市场,由消费品市场向生产资料市场扩展。1992 年之后,要素市场开始得到发展,相继成立了深圳、上海证券交易市场。1997 年逐渐开放了劳动力市场、土地市场、技术市场和信息市场。2001 年加入世界贸易组织之后,国内国外两个市场打通,融合度进一步加强。2013 年以来,市场在资源配置中的作用不断强化,重在营造一个企业自主经营、公平竞争,消费者自由选择、自主消费,商品和要素自由流动、平等交换的现代市场体系。

一是市场的重要性逐步提升。改革开放的 40 年也是对市场逐步认识的过程。有了市场就必须有规则,否则市场上的各个主体没有明确的指引就会陷入无序的竞争,造成有限资源的浪费。改革者一直在探索如何利用市场规律,遵守市场规则,释放市场的力量服务于中国经济。1978 年党的十一届三中全会提出"应该坚决实行按经济规律办事,重视价值规律的作用"。1982 年党的十二大提出"发挥市场在资源配置中的辅助性作用"。1992 年党的十四大提出"要使市场在社会主义国家宏观调控下对资源配置起基础性作用"。2012 年党的十八大提出"更大程度更广范围发挥市场在资源配置中的基础性作用"。2013 年党的十八届三中全会提出"核心问题是处理好政府和市场的关系,使市场在资源配置中起决定性作用和更好发挥政府作用"。随着历届党代会的召开,不难发现市场的作用不断被提升。

二是以价格改革为突破口。体系从无到有需要突破口,工作有难有易也需要发展路径。中国的改革前期主要通过价格刺激发掘已经存在但被计划经济消灭或压抑的市场,促进其萌芽发展并走向成熟。改

革开放以前,由于实行计划经济、政府定价,市场体系残缺,随着改革开放的深入,价格改革成为突破口,从农副产品到消费品再到生产资料市场,逐步兴起,农副产品价格和工业消费品价格逐步放开,商品市场逐渐形成并越来越繁荣昌盛。到了改革后期,对于要素市场这块难啃的骨头,自上而下逐步放开政府对价格的控制,给予市场以更大的权利确保要素市场的有序开放。1984 年党的十二届三中全会《中共中央关于经济体制改革的决定》提出:"价格是最有效的调节手段,合理的价格是保证国民经济活而不乱的重要条件,价格体系的改革是整个经济体制改革成败的关键。"2013 年党的十八届三中全会《中共中央关于全面深化改革若干重大问题的决定》第一次提出"使市场在资源配置中起决定性作用",之后开展了一系列的改革,促进商事制度便利化、陆续放开商品和服务价格并推进地方价格。价格改革的深入见证了市场体系从无到有,逐步趋于完善。

三是体系结构日益完善。所谓完善的市场经济体系就是成熟的商品市场、资本市场、劳动力市场已经形成,所有企业根据商品和要素市场的价格决定生产什么、生产多少、怎样生产以及为谁生产。换句话说,市场经济在资源配置中成为自然的主导力量,追求利润最大化成为所有企业甚至政府高度认可的发展经济的动力。相应地,政府作为市场经济的裁判,成为弥补市场经济失灵的调节者。

四是现代化程度不断提升。现代的市场经济体系具有完整性,即市场种类齐全、分布合理,各部门互相配套;统一性,即形成有机的统一体,可以在全国统一的市场自由流动,不存在行政分割和地方保护主义;竞争性,即各个主体之间展开公平竞争,最大限度地防止垄断;有序性,即市场主体行为规范,环境完善管理规范,有明确公正的企业进入、退出和交易活动的规则;开放性,即经济一体化和贸易自由化,国内市场和国际市场相互融通。改革开放的 40 年,中国在构建现代市场经济体系的道路上不断摸索、学习借鉴,未来也会继续推进最终建立与现代经济体制匹配的市场经济体系。

二、分类推进,各市场体系改革持续深化

市场体系主要包括商品市场和生产要素市场等,通过 40 年的努力,各市场体系框架构建已基本完成。

第一,商品市场:由卖方市场向买方市场转变。改革开放前,由于统购统销商品市场和生产能力有限,市场商品短缺交易停滞。20 世纪 90 年代中后期,随着生产力提升和商品市场的开放,卖方市场向买方市场转变,市场上大部分商品供需平衡或者供给大于需求并且交易活跃。经过 40 年的改革,市场结构逐步优化,居民消费比重逐步提升,城乡消费规模趋于平衡。市场化程度不断加深,消费品价格基本由市场决定,价格波动幅度逐渐缩小。消费需求升级,食品消费占居民全部消费的比重下降,医疗保健、教育文化、耐用消费品等高层次需求增加,并且逐步由实物型消费向服务型消费转变。近年来,互联网经济、消费信贷使商品市场呈现出新的业态。

第二,劳动力市场:利用市场机制调节劳动力供求关系。20 世纪 50 年代开始实行的户籍管理制度,城乡劳动力被强制分割,一定程度上阻碍了人口迁移和劳动力的正常流动。国有企业吸纳了大量的劳动力,但用工模式遵循计划模式,劳动力市场并没有突破。20 世纪 80 年代乡镇企业作为一种新颖的组织形式,创造了大量的劳动力需求,吸收了农村潜在的剩余劳动力,劳动力市场初步形成。1993 年党的十四届三中全会,明确了劳动力市场的合法地位,劳动力市场开始蓬勃发展。高校招生和分配制度改革,大学生就业开始实行双向选择;国有企业改

革,推动合同制,解除职工与企业之间的永久就业性质的劳动关系,加强了国有企业用人制度的市场化。随着中国经济外向型增强和加入世界贸易组织,农村剩余劳动力迅速向制造业转移,农民工成为中国劳动力市场的重要组成部分,农民工市民化,逐步融入城市生活。同时,劳动力的结构也发生改变。改革开放之初,我国拥有世界上最多的人口,借助人口红利我国发展劳动密集型产业,实现资本的原始积累。目前已进入刘易斯拐点右侧,劳动力的数量下降但质量提升,无论是劳动力的教育程度还是人口的普遍素质都明显优化。

第三,土地市场:城乡建设用地市场逐步统一。改革开放是由农村家庭联产承包责任制开始的,土地所有权归集体,经营权由集体按户分包给农户自主经营,土地成为重要的生产要素,大大调动了农民的积极性。改革开放前和初期,城镇实行的是实物福利分房制度,1994年发布《国务院关于深化城镇住房制度改革的决定》,逐步实现住房的商品化、社会化,加快住房建设,满足城镇居民不断增长的住房需求,同时促进了城市化的进程。经过20年的发展,城市土地市场基本形成,但农村土地的改革一直停滞。党的十八届三中全会后,各地深化农村集体产权制度改革,最突出的是实行"分置农村土地集体所有权、农户承包权、土地经营权"三权。

第四,金融市场:建立起多层次的融资体系。计划经济下,除货币外没有其他的金融资产,货币也只是表明社会成员在共同产品中占有份额的凭证是不流通的。居民个人除了在银行开设储蓄存款账户外,不得涉足其他金融活动。1978年开始的市场经济改革客观要求金融市场的存在。因为在生产过程中,实物周转和资金周转往往存在时空的不一致,特别是在社会分工和生产专业化程度较高的情况下,起到资金中介和经济润滑剂作用的金融市场成为市场经济的重要组成部分。

市场化程度越高,金融市场体量越大、结构也越复杂。20 世纪 80 年代,政府开始逐步恢复金融体系,建立金融市场,1978 年中国人民银行独立办公,1979 年中国银行从央行独立出来成为外汇专业银行,之后中国农业银行、中国建设银行等专业银行从中国人民银行分离,还开始建立多种形式的银行和非银行金融机构。1980 年,中国人民保险公司恢复保险业务,保险业迅速发展。20 世纪 90 年代逐步规范金融活动,并发展多层次的金融市场。1990 年上海证券交易所、1991 年深圳证券交易所相继成立,直接融资体系开始形成,与中国传统依赖银行的间接融资方式相互补充支持国民经济发展。1990 年开始,以农产品期货交易为主的期货及衍生品市场开始逐步形成。1994 年根据党的十四届三中全会提出的"建立以市场供求为基础的有管理的浮动汇率制度和统一规范的外汇市场"的要求,开始对外汇管理体制进行新一轮改革。2015 年人民币获准成为主要国际储备货币被纳入 SDR(特别提款权),这代表中国新一轮金融改革开始。纵观金融市场的建立过程,初期秩序混乱,市场准入和交易缺乏明确的规定,或者有规定但管理不严,导致大量违约事件发生。后期系统的完备性、风险管理、机构治理结构的健全性都有了提高,监管方式不断完善,更加注重宏观审慎监管和防范系统性金融风险。

第五,信息技术市场:创新逐步成为经济增长的内生动力。改革开放 40 年来,资本投入对 GDP 增长的贡献一直维持在 70%—80% 的水平,综合考虑资本、劳动力对增长的贡献之后,效率改进对 GDP 增长的贡献大致维持在 20%—30% 的水平,而在未来这个比例必须继续提升才能为经济发展提供不竭动力。一国经济增长质量提升需要持续的效率改进,即劳动效率改进和全要素生产率贡献比重的提升。改革初期,通过引进设备完成技术进步的"干中学",推动国内制造业的技术进步和产业升级进入中等收入阶段实现经济赶超，随着先进技术差距缩小和需求多样性，"干中学"技术进步效率迅速下降，但这并不直接导致自主创新比重的提高。为此，国家不断加大对教育和技术创新的投入，提出了"大众创业、万众创新"，促进产学研相结合。信息技术市场的建立，科技成果可以转变为现实生产力并带来经济回报，知识产权制度的完善，保护了科技工作者的智力成果并且可以进行交易，这一切都提升了信息技术市场的重要性，使创新成为市场的活力。

第五节　转变宏观调控方式
提升经济发展质量

党的十九大报告指出："创新和完善宏观调控，发挥国家发展规划的战略导向作用，健全财政、货币、产业、区域等经济政策协调机制。"[1]改革开放的40年，中国宏观调控不断转变，从直接到间接、从行政命令到市场手段、从短期调控到长期指引，形成行之有效具有中国特色的宏观调控体系。

一、宏观调控的必要性

健全的市场经济体制包括市场机制有效、微观主体有活力、宏观调控有度。进入20世纪以来，宏观调控一直是现代市场经济不可或缺的一部分。20世纪30年代的经济危机使宏观调控是一种有别于市场的调节方式成为共识。

---

① 《中国共产党第十九次全国代表大会文件汇编》，人民出版社2017年版，第34页。

第一,宏观调控是各国进行经济管理的常备工具。从长期来看,市场会出清,找到一个均衡价格实现帕累托最优。但从短期来看,均衡是理想状态,企业的生产决策是在分散状态下作出的,很难使供求始终处于均衡状态。因此经济会出现周期性波动,并且通过萧条的方式实现市场出清达到新的均衡,但这会带来不必要的资源浪费和社会动荡,如工人失业、市场萧条,这个过程有可能是痛苦并漫长的,并浪费大量的资源。1930年的经济危机就是例证,各国政府认识到仅靠市场来调节是不够的,强调政府干预刺激有效需求的凯恩斯主义成为主流,属于"分散型市场经济"的美国不断加强宏观调控,德国取消了战时统制经济实行市场加政府的"社会市场经济",日本利用中央政府编制的发展计划对国民经济进行引导,法国建立了中央计划委员会多次制定中长期规划。在各国的经济政策制定和实际运作中,政府这只"有形的手"和市场这只"无形的手"相互配合,共同发生作用。

第二,社会化大生产要求宏观调控。市场往往缺乏一个很好的机制去有效反映社会需求的长期趋势,处理经济主体的短期利益、个体利益和社会的长期、整体利益之间的矛盾。同时资本的二重性需要一个有效的机制去引导其往好的方向发展。一方面,推动人类生产力跃升,另一方面,对利润的追求完成自身的疯狂积累也导致了一系列的问题,如不平等、掠夺、剥削甚至战争。市场机制本身不能解决经济长期发展问题和社会问题,需要宏观调控介入。

第三,市场失灵需要宏观调控纠偏。市场竞争具有不完全性,经济危机一再证明以完全竞争市场为假定的市场理论存在缺陷,市场的信息会存在不对称性并且流动不顺畅,也会形成有定价权卖者和买者最终形成垄断。经济的外部性,经济主体的经济决策或行为给其他的经济主体或社会带来正向或反向的经济影响。公共产品供给因为其非排他性和非竞争性而缺乏有效的供给机制，造成公共需求得不到有效满足。市场失灵时就需要政府补位，实行有效的宏观调控。在发达的市场经济中，市场失灵主要是一种局部的功能性障碍。而在中国这样发展中国家的市场经济中，市场失灵首先是由工业化程度低、市场发育不健全、市场信号扭曲等原因造成的，从而使市场失灵的广度和深度都远远超过了发达的市场经济国家。

第四，有助于更快实现共同富裕。邓小平同志在南方谈话中将社会主义的本质概括为"解放生产力，发展生产力，消灭剥削，消除两极分化，最终达到共同富裕"。① 改革开放使一部分人先富了起来，东南沿海的发展速度明显快于中西部，但改革的最终目标是实现地区间的均衡发展，使所有人都分享改革开放的成果。单纯依靠市场机制有可能造成富者越富、穷者越穷财富高度集中的局面，这是与社会主义本质背道而驰的，所以需要利用宏观调控手段进行二次分配、统筹城乡和区域协调发展。

二、健全宏观调控体系实现多重调控目标

计划经济时代，宏观调控以计划的形式占据主导地位，支配所有的经济活动，就是把整个社会组织成为单一的大工厂，由中央计划机关用行政手段配置资源。这种经济制度有效运转的假设是信息完全和利益主体单一，中央计划机关对全社会的一切经济活动拥有全部信息并且全社会作为共同利益体行动，显然现实中这些前提是不存在的，也就是说这种极端的宏观调控以失败告终。

改革开放之后，计划和市场此消彼长，政府在市场经济的框架下实

---

① 《邓小平文选》第三卷，人民出版社 1993 年版，第 373 页。

施宏观调控,主要有经济增长、物价稳定、增加就业和国际收支平衡四大目标。具体来说,就是保持经济总量平衡,促进重大经济结构协调和生产力布局优化,减缓经济周期波动影响,防范区域性、系统性风险,稳定市场预期,实现经济持续健康发展。健全以国家发展战略和规划为导向、以财政政策和货币政策为主要手段的宏观调控体系,推进宏观调控目标制定和政策手段运用机制化,加强财政政策、货币政策与产业、价格等政策手段协调配合,提高相机抉择水平,增强宏观调控前瞻性、针对性、协同性。形成参与国际宏观经济政策协调的机制,推动国际经济治理结构完善。

三、从行政手段为主向经济手段为主有序转变

直接调控指通过运用行政手段和指令性计划,直接调控国民经济运行和企业微观经济活动。间接调控指运用经济、法律和行政手段,借助市场机制,引导企业的生产经营行为,间接符合宏观经济的总目标。就手段而言,主要有经济、法律和行政手段,经济手段指通过财政、货币、国际收支、产业、收入等经济政策,利用经济杠杆调节国民经济。法律手段主要指通过评判和保障机制规范经济主体行为,调整经济关系。行政手段是依靠行政机构采取强制性的命令、指示、规定等行政方式来调节经济活动,具有统一性、强制性和快速性,但适应性、灵活性较差。三大手段各有局限,以1978年为分界点,宏观调控从直接管理、行政手段为主到间接管理、经济手段为主逐步转变,目前在实际操作中以经济手段为主,综合运用实现总体功能。党的十三大报告明确指出"逐步健全以间接管理为主的宏观经济调节体系""新的经济运行机制,总体上来说应当是'国家调节市场,市场引导企业'的机制"。

但需要注意的是国家宏观调控方式以市场为取向,并有效发挥作

用是有前提条件的,一是市场传导机制健全畅通,价格等市场信号能随市场供求关系的变化而变化,二是企业是真正的商品生产经营者,能够对市场信号作出正常及时的反应。换句话说,中国宏观调控的转变是伴随着市场经济体系和各项经济制度确立并完善实现的,是一个渐进的整体工程建设。

四、创新和完善新时代中国特色宏观调控

党的十八大以来,中国经济发展进入了新时代,我国经济由高速增长阶段转向高质量发展阶段。传统的以经济总量和速度为核心的宏观调控转变为解决发展不平衡不充分问题,在短期需求管理的同时更注重供给侧管理,加强财政、货币、产业、区域等政策协调配合。宏观调控逐渐扩展为稳增长、促改革、调结构、惠民生、防风险,统筹各类长期目标和短期目标。一直以来宏观调控通过逆周期总量调节熨平经济波动周期,开始逐步利用各种政策工具与国家发展战略配合,培育经济发展新动能提高经济增长的内生力量。创造性地确立了区间调控思维,明确经济增长合理区间并在此基础上实施定向调控,精准发力解决经济发展中的问题。这些措施都突破了西方经济学关于宏观调控的理论,是符合中国国情的升级版、优化版,必将助推中国经济在下一个改革开放 40 年持续增长再创辉煌,最终实现到 21 世纪中叶把我国建成富强民主文明和谐美丽的社会主义现代化强国。

第五章　经验分析：
经济体制改革积累的宝贵经验

　　纵观中国改革开放 40 年的发展历程，我们在国际政治经济局势复杂多变、国内发展环境并不宽松的情况下，坚定不移推进经济体制改革，通过实施一系列举措，凝神发展、大步前行，推动了中国经济社会不断发展。改革开放 40 年来，我们在经济建设等各领域取得了历史性的成就，发生了历史性变革，实现了从"站起来"到"富起来"的伟大飞跃，创造了中国奇迹，这其中有很多宝贵的经验值得总结。

第一节　始终坚持和发展中国特色社会主义

　　改革开放 40 年来，中国人民锐意进取，开辟了中国特色社会主义道路。正如习近平总书记所说："中国人民坚持立足国情、放眼世界，既强调独立自主、自力更生又注重对外开放、合作共赢，既坚持社会主义制度又坚持社会主义市场经济改革方向，既'摸着石头过河'又加强顶层设计，不断研究新情况、解决新问题、总结新经验，成功开辟出一条中国特色社会主义道路。"①应该说,经济体制改革的成功既来自对中国特色社会主义的坚守,也来自对中国特色社会主义的发展。

始终把坚持中国特色社会主义作为经济体制改革的前提。在改革开放的历史进程中,我们党把马克思主义基本原理同中国改革开放的具体实际结合起来,团结带领人民进行建设中国特色社会主义的伟大实践,开辟了中国特色社会主义道路,形成了中国特色社会主义理论体系,确立了中国特色社会主义制度,发展了中国特色社会主义文化。坚持中国特色社会主义方向,是我们实施经济体制改革始终坚持的基本前提。邓小平同志指出:我们的"改革是社会主义制度的自我完善,在一定范围内也发生了某种程度的革命性变革"②,改革的目的是要有利于巩固社会主义制度,有利于巩固党的领导,有利于在党的领导下和社会主义制度下发展生产力。这一论断,也将改革和四项基本原则统一于中国特色社会主义建设的伟大实践之中。党的十八大以来,以习近平同志为核心的党中央把坚持、完善和发展中国特色社会主义推到了新的高度,把包括经济体制改革在内的各项改革推向纵深,成立中央深化改革领导小组,习近平总书记亲自任组长,以习近平新时代中国特色社会主义思想为指导,推动各项改革任务部署落地。

始终把发展中国特色社会主义作为经济体制改革的内在要求。1956年,在我国虽然确立了社会主义制度,但是由于"左"的错误思想的影响,我们逐步形成了一整套不符合国情和生产力实际的僵化的社会主义经济体制,严重束缚了经济的发展。这就要求我们必须不断地对经济体制进行改革。但改革并不是要改变我国社会主义制度的性

① 习近平:《开放共创繁荣　创新引领未来——在博鳌亚洲论坛2018年年会开幕式上的主旨演讲》,人民出版社2018年版,第4页。
② 《邓小平文选》第三卷,人民出版社1993年版,第142页。

质,而是社会主义制度的自我完善和发展,是在坚持社会主义基本制度的前提下,改变生产关系和上层建筑中不适应生产力发展的一系列相互联系的环节和方面,主要是从根本上改变束缚我国生产力发展的僵化的旧经济体制,激活社会主义制度的优越性,实现经济快速健康持续发展。改革开放40年来,我们始终高举改革旗帜,始终坚持社会主义的经济改革方向,成功实现了从高度集中的计划经济体制到充满活力的社会主义市场经济体制、从封闭半封闭经济体到全方位开放经济体的历史性转变,使社会主义中国的面貌发生了历史性变化。党的十八大以来,以习近平同志为核心的党中央将经济体制改革推向纵深,所做的工作很多是开创性的,所解决的问题很多是深层次的。深化所有制改革,一方面,毫不动摇巩固和发展公有制经济,坚持公有制主体地位;另一方面,毫不动摇地鼓励、支持和引导非公有制经济的发展。深化财税体制改革,进一步健全财力与事权相匹配的财政体制。深化金融体制改革,切实防范和化解金融风险,构建稳健的金融体系。深化收入分配体制改革,促进改革红利惠及全体人民。深化土地、户籍、社会保障等制度改革,增强改革的综合配套性。应该说,这些成绩的取得,很大程度上要归功于全面深化改革的持续推进,归功于我们始终坚持中国特色社会主义方向不动摇。改革开放40年来,经济体制改革的成功不断赋予科学社会主义以中国特色和时代特征,使我们对社会主义本质的认识更加清晰,对社会主义的发展前景更加充满信心。

第二节　始终坚持解放思想实事求是

改革最重要的是解放思想,实事求是,走具有中国特色的改革开放之路。长期以来我们受到"左"的思想禁锢,计划经济体制根深蒂固。1978年关于真理标准的大讨论,破除了"两个凡是"的思想禁锢,撬动了改革开放的杠杆。回顾我国经济体制改革历程,解放思想实事求是是推进我们行动的先导。邓小平同志曾指出:"一个党,一个国家,一个民族,如果一切从本本出发,思想僵化,迷信盛行,那它就不能前进,它的生机就停止了,就要亡党亡国。""只有解放思想,坚持实事求是,一切从实际出发,理论联系实际,我们的社会主义现代化建设才能顺利进行,我党的马列主义、毛泽东思想的理论才能顺利发展。"①经历了40年波澜壮阔的改革,在新的时代实践中,同样需要新的思想引领。提高资源配置效率,创新思想观念无疑是先导之策;清除市场壁垒,有活跃的思想、开放的思维就有更好的办法;加快转变政府职能,取决于对政府和市场关系与时俱进的把握。不进行思想的大解放,就不会有改革的大突破,更不会有经济的大发展。党的十九大报告明确指出,我国社会主要矛盾已经转化为人民日益增长的美好生活需要和不平衡不充分的发展之间的矛盾。这是关系全局的历史性变化,意味着发展后的生产力对上层建筑提出了新要求,呼唤我们继续推进解放思想,做到新时代的实事求是,推动事业的新发展。

始终坚持把解放思想实事求是作为经济体制改革的先导。回望40年改革开放历程,习近平总书记指出:"中国人民坚持解放思想、实事求是,实现解放思想和改革开放相互激荡、观念创新和实践探索相互促进,充分显示了思想引领的强大力量。"②没有思想的彻底解放,就做不到真正的实事求是。客观实际在不断发展变化,只有不断解放思想,

① 《邓小平文选》第二卷,人民出版社1994年版,第143页。
② 张国玉:《勇于自我革命,推进解放思想和实事求是相统一》,《中国纪检监察报》2018年5月29日。

才能跟上不断发展的时代、符合变化的实际,真正掌握事物发展的客观规律。1978 年 11 月 24 日,安徽凤阳小岗村的 18 个村民饿着肚子签下生死文书,对集体土地实行大包干。他们打破的是实行了 20 年的人民公社"大锅饭"制度,他们建立的是将要在全国推行的家庭联产承包责任制。打破"大锅饭"制度是解放思想,冲破了一些意识形态观念的束缚;建立家庭联产承包责任制是实事求是,符合了当时农民农村农业的实际。雄关漫道真如铁,而今迈步从头越。40 年后,小岗村又掀起了新一轮的解放思想和实事求是,推动土地流转、适度规模经营、发展合作经济、创新乡村治理模式。当年土地由"合"到"分",是解放生产力的必然要求;现在土地由"分"到"合",也是现代农业发展的内在需求。小岗村的发展历程告诉我们,解放思想和实事求是相统一要敢于自我否定,自以为非,自我超越。

始终把尊重规律循序渐进作为经济体制改革的原则。在经济体制改革进程中,我们不断转变计划经济的传统观念,提倡积极探索,敢于试验,既继承优良传统,又勇于突破陈规,从中国国情出发,借鉴世界各国包括资本主义发达国家的一切反映社会化生产和市场经济一般规律的经验。经济体制改革是一个系统工程,所以我们始终坚持统一规划,配套进行。同时,考虑到我国地域辽阔、生产力发展水平和体制基础不平衡的现实情况,我们又在整体规划的前提下,分领域、分部门、分地区、分行业等有重点、有步骤地不平衡推进。经济体制改革先从农村起步后向城市拓展,实现城乡改革结合,微观改革与宏观改革相配套,对内搞活与对外开放紧密联系、互相促进。重大经济体制的改革举措,根据不同情况,有的先制定方案,在特定领域的相关方面配套展开;有的先在局部试验,取得经验后再推广。既注意改革的循序渐进,又不失时机地在重要环节取得突破,带动改革全局。实践证明,这种将整体规划与局部推进有机结合的改革方略是符合我国国情的。此外,我们还注重尊重群众的首创精神,重视群众切身利益,及时总结群众创造出来的实践经验,尊重群众意愿,把群众的积极性引导好、保护好、发挥好。在深化改革和发展经济的过程中,妥善处理积累和消费、全局和局部、长期利益和近期利益的关系,不断提高群众生活水平,使改革赢得广泛而深厚的群众基础。

第三节　始终坚持以经济建设为中心

我国的改革开放,既注意借鉴国际范围内各国的经验,又不盲目照抄照搬,既坚持社会主义基本经济制度,又不拘泥于传统的计划经济模式,在改革开放的历史进程中,我们始终坚持解放和发展生产力,始终坚持以经济建设为中心,促进改革开放、经济发展和社会稳定相互统一。坚持把改革开放和转变经济发展方式结合起来,坚持以是否有利于发展社会主义社会的生产力,是否有利于增强社会主义国家的综合国力,是否有利于提高人民的生活水平,作为决定各项改革措施取舍和检验其得失的根本标准。坚持发展是硬道理,紧紧抓住有利时机,深化改革,扩大开放,加快发展,巩固安定团结的政治局面。坚持四项基本原则,坚持两手抓,保持社会政治稳定,有力地保证改革开放和经济发展的顺利推进。在积极发展经济和改革开放的过程中,注意社会的承受能力,避免大的损失和社会震动。

始终把坚持解放和发展生产力作为经济体制改革的重点。解放和发展社会生产力是解决社会基本矛盾的根本手段,是促进社会进步的根本动力。中国共产党在社会主义建设时期,受到苏联模式的影响,片面追求一大二公,脱离了生产力实际,唯心主义、教条主义地理解社会主义本质。后来,在社会主义本质问题上,邓小平同志从功能的角度深度诠释了社会主义的本质,即"解放生产力,发展生产力,消灭剥削,消除两极分化,最终达到共同富裕"。改革开放以来,我们摒弃了苏联人的结构化叙述,从马克思主义的基点出发,始终不渝地坚持解放和发展社会生产力,不断满足人民群众日益增长的物质文化需要,为实现人民幸福、人的全面自由发展奠定了坚实的基础。正是由于生产力的解放和提高,中国经济进入了高速发展的快车道。40年改革积蓄,中国经济实现了巨大飞跃。正如习近平总书记所说:"40年来,中国人民始终艰苦奋斗、顽强拼搏,极大解放和发展了中国社会生产力。""今天,中国已经成为世界第二大经济体、第一大工业国、第一大货物贸易国、第一大外汇储备国。40年来,按照可比价格计算,中国国内生产总值年均增长约9.5%;以美元计算,中国对外贸易额年均增长14.5%。中国人民生活从短缺走向充裕、从贫困走向小康,现行联合国标准下的7亿多贫困人口成功脱贫,占同期全球减贫人口总数70%以上。"①这些巨大成就的取得,离不开以经济建设为中心的改革坚守。

始终把以人民为中心作为经济体制改革的评判标准。40年的改革开放史,也是一部民生不断改善的发展史。从自行车到高级小轿车,从雪花膏到世界名牌化妆品,从山区学校到出国留学,从手绢包着的硬币到无处不在的移动支付……人民群众的生活发生了翻天覆地的变化。而这一切皆因经济体制改革实施伊始,我们就把坚持以人民为中心作为经济体制改革成败与否的评判标准,始终把增进人民利益和福祉当作经济体制改革的长期任务和持续推进的目标,把经济建设与人

---

① 习近平:《开放共创繁荣 创新引领未来——在博鳌亚洲论坛2018年年会开幕式上的主旨演讲》,人民出版社2018年版,第3页。

民利益紧紧地联结在一起。道理很简单,不进行经济体制改革,改革开放没有了重心,经济就要滑坡。走回头路,人民生活质量就要下降。坚持以人民为中心就是要把以人民为中心的发展思想体现在经济社会发展各个环节,做到老百姓关心什么、期盼什么,改革就要抓住什么、推进什么,通过改革给人民群众带来更多获得感。正是秉持着维护和发展人民利益的观念,确立并践行了人民利益至上的思想观念,中国的经济体制改革才激发和调动了广大人民群众的参与感,赢得了人民群众的支持和拥护,保障了改革开放和中国特色社会主义建设的顺利进行。

第四节　始终坚持顺应和把握世界大势

40 年改革开放的历史经验表明,改革的成功必须坚持实事求是、顺应大势。只有坚持一切从基本国情出发、从国际形势出发,大胆探索、敢闯敢干,才能确保改革的可持续性和改革举措的生命力。顺应和把握世界大势,就要把经济体制改革和经济对外开放更好地结合起来,根据国际国内环境的变化拓展开放的形式、内容和重点,牢牢把握对外开放的主动权,让经济体制改革与对外开放在良性互动中形成合力,共同促进经济社会的全面发展。

始终坚持把扩大对外开放作为经济体制改革的根本方向。对外开放是世界文明强盛发达的一般规律,也是中国社会主义改革的基本经验。40 年来,我们在经济建设领域取得的发展成就,就是在准确判断和平与发展的时代主题,积极把握、主动谋划全球化、多极化、信息化的世界大势,坚持对外开放的基本国策的前提下开展的。对外开放有利于解决国内各地发展不平衡问题。改革开放以来,之所以沿海地区发展快、西南等地区欠发达,主要原因之一就是各地对外开放的程度不同。因此,问题的出路也在于坚持对外开放。转变经济发展方式需要对外开放的倒逼效应。作为与改革相辅相成的发展手段,对外开放极大促进了改革的进展,也将继续成为全面深化改革的重要动力。同时,通过对外开放,也有利于推动出口与进口、货物贸易与服务贸易相互促进,实现贸易大国向贸易强国的转型。从过去几十年来看,一方面,全球化、信息化、多极化的基本趋势没有改变;另一方面,在世界经济发展过程中,也表现出了一些新变化、新现象。为了赢得新一轮国际竞争,有必要根据国家利益和国家实际对开放的重点、方式、内容进行调整,补足短板,开拓创新。党的十八大以来,以习近平同志为核心的党中央顺应区域经济一体化进程加快的客观实际,积极倡议建设"丝绸之路经济带"和"21世纪海上丝绸之路",为沿海地区、东部地区、西南地区、西部地区与中亚、南亚、西亚等地搭建合作平台,为增强政治互信、拓宽区域经济合作、探索新型增长方式、开展多边人文交流提供了难得的历史机遇。

始终坚持处理好对外开放与独立自主的关系。对外开放不是没有方向,不能随波逐流。西亚北非乱局表明,经济全球化是一把"双刃剑",丢失了对外开放的领导权、主动权,就等于自废武功。经过40年经济体制改革与对外开放的良性互动,国家综合实力显著提高,国际地位不断上升。总结成功经验,最根本的就是把开放的主动权牢牢掌握在自己的手里,坚持把对外开放和独立自主、自力更生结合起来,通过对外开放解放和发展生产力,提高人民生活水平。经济全球化、多极化的持续深入发展,对独立自主、自力更生提出了新的要求。为此,应从三个方面入手。一是要在重塑全球经济制度中转变发展方式,调整产业结构,提高发展的效率和质量。二是要在扩大技术引进中加强自主创新,打破核心技术受制于人的局面。三是要在拓展人文交流中巩固社会主义核心价值体系,增强道路自信、理论自信、制度自信、文化自信。越是扩大文化交流和人员往来,越有利于讲清楚一个事实——发达国家的成功经验,有的未必适用于中国;中国经过历史积淀形成的观念、文化与制度,有着独特的价值。对待外来思想和做法,绝不能照搬照抄,而要根据自己的需要进行加工和再创造,形成符合我国实际情况的方法。

第五节　始终坚持改革发展稳定相统一

处理好改革、发展和稳定的关系,是总结改革开放以来经济建设历程的一条基本经验。改革、发展和稳定作为相互包含、相互对立的整体,初步揭示了中国特色社会主义运行的动力、前提、机制等具体问题,是对马克思主义社会发展理论的重大贡献,也被认为是经济体制改革的最重要的经验。① 改革、发展和稳定是贯穿新中国各个历史时期的主题,是建设中国特色社会主义的根本,是事关经济体制改革和经济建设成败的关键。对改革、发展和稳定的正确认识,决定了经济体制改革的稳步推进。

始终坚持把改革发展稳定作为事关经济体制改革全局的关键问题。改革开放以来,我们之所以在经济建设领域取得飞速发展,就是因为坚持从社会主义建设全局的高度来认识改革、发展和稳定的重要地位。我们党根据不同阶段的形势特点,在改革、发展和稳定问题上均采用过"压倒一切"的表达方式。20 世纪 80 年代初,农村经济体制改革

---

① 黄宗良、项佐涛:《正确认识和妥善处理三组关系——中国共产党领导改革开放的重要经验》,《新视野》2014 年第 6 期。

取得巨大成功,党的十二届三中全会作出实行经济体制改革的决定,改革的重点从农村转入城市,试办经济特区显现初步成效。在改革形势高涨的同时,也出现了一些物价上涨、经济过热的现象,社会发展受到一定影响。1985年,邓小平同志在会见外宾时明确指出,"进行全面的经济体制改革……是我们党和国家当前压倒一切的最艰巨的任务"。①这段话反映出党中央对推进经济体制改革的坚定决心。20世纪80年代中后期,农村经济体制改革的成功实践,带动了乡镇企业的异军突起和沿海地带的对外开放,并为城市企业改革提供了宝贵经验。然而,当时社会总供给暂时不能满足总需求,国家财政也出现赤字,商品价格上涨比较明显,企业的承包制改革成效不大。所以,确保经济"持续稳定"成为党和国家工作的主要目标。1987年6月,邓小平同志在呼吁加快改革步伐时指出:"从1978年我们党的十一届三中全会开始,确定了我们的根本政治路线,把四个现代化建设,努力发展社会生产,作为压倒一切的中心任务。"②这表明改革的成效必须要体现在解放和发展生产力上。1989年10月,邓小平同志意味深长地指出,"没有安定团结的政治环境,没有稳定的社会秩序,什么事也干不成。稳定压倒一切。"③此后,"稳定"与"改革""发展"一道成为事关社会主义事业兴衰成败的重大课题,为一代又一代共产党人所继承、所实践。当前,全面深化改革进入新时期,党的十八届三中、四中、五中全会分别以全面深化改革、全面依法治国、新发展理念为主题,对事关改革、发展和稳定的若干重大问题进行了详细部署。更重要的是,在"四个全面"战略布局的基础上,习近平总书记总结改革开放的基本经验,指出必须坚持改革

---

① 《邓小平文选》第三卷,人民出版社1993年版,第130页。
② 《邓小平文选》第三卷,人民出版社1993年版,第237页。
③ 《邓小平文选》第三卷,人民出版社1993年版,第331页。

发展和稳定的统一,提出"只有社会稳定,改革发展才能不断推进;只有改革发展不断推进,社会稳定才能具有坚实基础。"①这是对改革、发展、稳定三者重要性的最新认识,是指导当前和今后一个时期正确认识和把握改革发展稳定关系的理论依据。

始终把坚持改革发展稳定相统一作为经济体制改革的基本遵循。改革、发展和稳定是一组相互促进、相互对立的有机整体。打个比方,三者的关系就像骑自行车一样,"骑得太慢不动会摔下来,骑得太快也容易栽跟头。只有明确目标、根据不同的路况、把握不同的速度,才能骑得又快又稳,掌握平衡。"②正确认识改革、发展和稳定的关系,就是要坚持全面、运动、联系的观点。一是改革是发展和稳定的动力。在改革、发展和稳定的问题体系内,改革是实现其他内容的动力。忽视改革的作用,要么发展停滞,要么封闭僵化。1978 年年底,党的十一届三中全会作出了把工作重心转移到经济建设上来的决定,通过调动生产者积极性、主动性和创造性,激发社会活力,基本解决了十三亿人的温饱问题,赶上了 20 世纪发展的末班车。正如邓小平同志指出的,"社会主义制度确立以后,还要从根本上改变束缚生产力发展的经济体制,建立起充满生机和活力的社会主义经济体制,促进生产力的发展,这是改革,所以改革也是解放生产力"。③ 改革还能从新的实际出发,打破思想禁锢,让社会制度焕发出新的生机活力,让一切创造社会财富的源泉充分涌流,让人们怀抱对美好生活的向往勤奋劳动,这就是改革对于稳定的重要作用。二是稳定是改革和发展的前提。如果说改革是自行车的

---

① 习近平:《习近平谈治国理政》第一卷,外文出版社 2018 年第 2 版,第 68 页。

② 《24 亿人的梦想——记国家主席习近平非洲之行》,《人民日报》2015 年 12 月 7 日。

③ 《邓小平文选》第三卷,人民出版社 1993 年版,第 370 页。

传动系统,稳定就是制动系统。习近平总书记指出,"中国是一个大国,决不能在根本性问题上出现颠覆性错误,一旦出现就无法挽回、无法弥补。"①我们在社会主义经济建设过程中,经历过一些反复折腾的时期,出现过几次大的经济波动。例如"大跃进"、大炼钢铁、"人民公社"运动,都是"忽上忽下。上得很猛,跌得很凶,不但损失很大,而且往往要花几年的时间来恢复元气。"②我们在改革过程当中,也有过 1991 年前后关于改革姓"资"姓"社"的争论,导致一些农村地区重提阶级斗争口号。因此,经济建设必须要有安定团结的稳定局面,稳定对经济体制改革具有重大意义。三是发展是最终目的。无论改革还是稳定,与发展相比都处于从属地位。改革开放旗帜鲜明地指向现代化建设、指向经济发展、指向社会主义制度的自我完善。党的十一届三中全会的最大成绩,就是把工作重点转移到经济建设上来,正式启动了经济体制改革的伟大进程;之后,我们党对国有经济布局进行战略性调整、提出国有资本有进有退,既是对社会主义所有制理论的重大突破,也是建立现代企业制度、发展国有企业的必由之路;世纪之交恢复世界贸易组织成员国身份,由政策性的有限开放转入制度化的全面开放,也是为了在公平互惠的国际平台上开展国际贸易、扩大外汇储备、提高国家实力……可见,发展贯穿改革始终。

第六节　始终坚持党对经济体制改革的领导

党的领导是确保经济体制改革目标方向和成功实施的基本保障。

---

① 习近平:《习近平谈治国理政》第一卷,外文出版社 2018 年第 2 版,第 348 页。
② 《李先念文选(一九三五——一九八八年)》,人民出版社 1989 年版,第 396 页。

习近平总书记在庆祝海南建省办经济特区 30 周年大会上掷地有声地说:"海南等经济特区的成功实践,充分证明了党的十一届三中全会以来形成的党的基本理论、基本路线、基本方略是完全正确的,中国特色社会主义道路是实现社会主义现代化、创造人民美好生活的必由之路;充分证明了无论改什么、改到哪一步,都要坚持党的领导,确保党把方向、谋大局、定政策,确保党始终总揽全局、协调各方;充分证明了改革开放是决定当代中国命运的关键抉择,是当代中国发展进步的活力之源,是党和人民事业大踏步赶上时代的重要法宝,是坚持和发展中国特色社会主义、实现中华民族伟大复兴的必由之路。"①

始终坚持党的领导才是作出经济体制改革的正确决策。改革也是一场革命,这是回顾 40 年改革历程之后的一条主要经验。当代中国历史上的伟大革命,无不发动于中华民族存亡危急之际。经济体制改革也不例外。"文化大革命"结束之初,中国不仅已经两次与世界现代化浪潮擦肩而过,还由于"四人帮"的破坏,经济比例严重失衡,农业和科技基础比较落后,经济濒临崩溃边缘。如果再不彻底改变落后局面,社会主义事业岌岌可危。中国何去何从,中国经济如何恢复发展,是党内外、国内外当时十分关心的一个问题。事实证明,回头来看当时经济体制改革的启动,无愧于重大历史关头的伟大决策。在中国共产党的领导下,经济迅速腾飞,人民生活水平大幅提高,国家综合实力显著增强,成功赶上了 20 世纪世界发展潮流的末班车,免除了被"开除球籍"的危险,社会主义制度焕发出新的强大生命力,粉碎了自东欧剧变以来唱衰社会主义的论调。应该说,经济体制改革也是一场革命,是在党的领导下作出的正确抉择。中国共产党取得革命胜利,靠的是不拘泥于经

---

① 习近平:《在庆祝海南建省办经济特区 30 周年大会上的讲话》,新华网,2018 年 4 月 14 日。

院哲学的只言片语,而是从实际出发,坚持马列原则,探索本国道路,经济体制改革也不例外。如果说马列经典对革命理论还有所涉及,在经济建设理论方面则几乎是一片空白。我们正是在反思苏联经济模式弊端、探索适合我国的社会主义经济建设方案的过程中,作出了经济体制改革的一系列正确决策。

始终坚持党的领导才保证了经济体制改革的正确方向。改革是为了巩固社会主义制度,增强社会主义制度的生机活力,这是由"改革"这个范畴的固有属性决定的。经济体制改革也是为了激发经济发展活力、提高经济发展水平。凡属"改革",必然体现"改"与"不改"的矛盾统一。只有搞清楚哪些"不改",才能放手去"改"。在当代中国,能够在改革的这个辩证关系中把握好分寸,进退有度,只有依靠中国共产党。改革是社会主义经济制度的自我完善。毛泽东同志指出,社会主义社会的基本矛盾仍然是生产力与生产关系、经济基础与上层建筑之间的矛盾,只不过这种矛盾不是对抗性的,可以通过社会主义制度的自身调节去解决。新中国成立以来的建设和改革历程充分说明,毛泽东同志的判断是正确的,包括斯大林本人在晚年也结合对苏联社会主义实践的认识,修正了自己的一些错误看法。毛泽东同志关于社会主义社会基本矛盾的论述,是中国共产党总结改革经验的原初成果。在这个基础上,邓小平同志把解放和发展生产力作为解决社会主义社会基本矛盾的途径,通过改革与生产力发展要求不相适应的那一部分生产关系和上层建筑,实现了社会主义制度的一次自我完善。此后,党的历届中央领导集体都把改革的着眼点放在解放和发展生产力上,对生产关系和上层建筑进行了不同程度的局部性的调整。所以说,只有坚持中国共产党的领导,才能保证经济体制改革的正确方向。

始终坚持党的领导体现了经济体制改革的最大特征。改革开放

40年取得的一个基本经验,就是要有领导、有步骤、有秩序地进行,不能一哄而上,要保证各个环节相互配合、相互协调。最开始,党的十一届三中全会决定结束以阶级斗争为纲、解决历史遗留问题,作出改革开放的伟大决策,靠的是中国共产党的领导;面对农村困难的经济形势,允许家庭联产承包责任制,兴办乡镇企业,把农村试点的成功经验上升为中央政策、全国推广,靠的是中国共产党的领导;改革从农村转入城市,国有企业改革从政策性调整转向所有制调整,靠的是中国共产党的领导;南方谈话、党的十四大、十四届三中全会将市场与资本主义区分开来,得出社会主义市场经济体制的改革目标,靠的是中国共产党的领导;面对资源消耗严重、环境问题突出,提出全面协调可持续的发展理念,靠的是中国共产党的领导;面对国内外复杂多变的形势,全面推进"五位一体"总体布局,协调推进"四个全面"战略布局,提出中国经济进入新常态、新发展理念和供给侧结构性改革,推动我国国际地位实现前所未有的提升,党的面貌、国家的面貌、人民的面貌、军队的面貌、中华民族的面貌发生了前所未有的变化,靠的还是中国共产党的领导。正如习近平总书记在党的十九大报告中所说:"中国特色社会主义最本质的特征是中国共产党领导,中国特色社会主义制度的最大优势是中国共产党领导。"只有坚持中国共产党的领导,才能保证经济体制改革的成功推进,才能实现中国经济的健康稳定持续发展。

第六章　历史方位：
从经济大国走向经济强国

　　党的十八大以来，以习近平同志为核心的党中央提出了我国经济发展进入新常态的重要判断，提出了"加快从经济大国走向经济强国"的努力方向和"两个一百年"的奋斗目标。当前以党的十九大为标志，我国正式进入了新时代，也进入了全面认识新常态、适应新常态、把握新常态、引领新常态和全面建成小康社会的重要战略机遇期，我们要坚持以人民为中心的发展，深化改革、不断创新，筑牢经济强国基石，为实现全面建成小康社会和中华民族伟大复兴的中国梦奠定坚实的经济基础。

第一节　从经济大国走向经济
强国的时代背景

　　从新中国成立之初的百废待兴，到改革开放时期的奋起直追与赶超，再到今天的世界第二大经济体，中国人民生活显著改善，综合国力、国际竞争力、国际影响力迈上一个大台阶，成为名副其实的经济大国。

站在新的历史起点上,中国正在努力克服前进道路上的困难和挑战,加快从经济大国走向经济强国,进而实现中华民族的伟大复兴。

一、改革开放风雨历程铸就世界经济大国地位

中国人民在历经近代以来一百多年艰苦斗争后,终于在 20 世纪中叶迎来了中华民族浴火重生的曙光,开启了实现国家富强、民族振兴、人民幸福的伟大征程。从那以后,中国共产党团结带领全国各族人民,把积贫积弱、满目疮痍、百废待兴的旧中国建设成团结统一、繁荣富强、蒸蒸日上的社会主义新中国,实现了综合国力和国际影响力的历史性跨越。40 年前以党的十一届三中全会为标志,党领导人民开展了改革开放这场中国的第二次革命,我们始终坚持以经济建设为中心,积极应对前进道路上的各种矛盾、问题和风险,取得了举世瞩目的成就。40 年的光辉历程深刻地改变了中国,也深刻地改变了世界。历史证明,坚持改革开放是马克思主义基本原理同我国社会主要矛盾这一最现实国情相结合的必然结论,是我国社会主义现代化建设正确的总方针、总政策。改革开放的总设计师邓小平同志曾说:不改革开放,就是死路一条。经过 40 年众志成城的奋勇拼搏、40 年不忘初心的砥砺奋进、40 年自力更生的艰苦奋斗,今天的中国取得了举世瞩目的成就,成为世界经济大国,并深度融入全球经济体系,对世界经济的影响力日益增加。具体来看,我国的国民生产总值从 1978 年的 3679 亿元增长到 2017 年的 827122 亿元,人均 GDP 以美元计算达到了约 8826 美元,经济总量从 2010 年开始稳居世界第二,220 余种主要工农业产品生产能力达到世界第一的水平,多种重大科技项目取得了突破性进展。公共服务体系基本建立、覆盖面持续扩大,贫困人口大幅减少,人民生活水平和质量加快提高。对外开

放不断深入,中国已成为全球第一货物贸易大国和主要对外投资大国。综合来看,我国改革开放40年来创造了世界经济史上的发展奇迹,已成为名副其实的经济大国,为向经济强国迈进奠定了前提基础和准备。回顾过往,我们已走过万水千山,展望未来,仍需要不断跋山涉水。在新时代,中国人民将继续自强不息、自我革新,坚定不移全面深化改革,逢山开路,遇水架桥,敢于向多年留存的顽瘴痼疾开刀,勇于突破利益固化藩篱,沿着迈向经济强国的步伐奋勇前进。

二、社会主要矛盾变化指明经济强国主攻方向

改革开放的不断推进和深化历程中,我国面临的世情国情党情发生了很大变化,这种变化体现在经济、政治、文化、社会、生态等各个方面。以党的十八大开启的新时代同以往相比,出现了许多新情况、新特征、新问题。针对中国特色社会主义在新时代的基本国情,党的十九大指出:"我国社会主要矛盾已经转化为人民日益增长的美好生活需要和不平衡不充分的发展之间的矛盾。"社会主要矛盾的主要方面是"不平衡不充分的发展",深刻指出了发展中的不协调、不充分、不平衡、不可持续问题依然突出,特别是在经济发展中:城乡之间、区域之间、不同群体之间的收入水平差距依然很大;一些资源密集型、能源消耗型产业产能过剩;高精尖产业诸如机械、电子、军工产业在技术层面的发展受到制约;大量"僵尸企业"高负债、高库存、高风险运营;人均GDP依然低于世界平均水平;农业农村、生态保护、公共服务等方面的短板亟待加强;主要民生领域:就业、教育、医疗、居住、养老等方面的短板没有解决;在市场和政府、质量和数量、短期和长期、传统和创新、国内和国外这几个关乎经济发展的重大关系上,没有形成统一高效的协调机制和有效定型的政策方略。建设经济强国就必须深深立足于这些现实问

题,既不能调高"胃口",也不能降低预期。发展是解决我国一切问题的基础和关键,为实现这个目标,必须坚定不移贯彻"创新、协调、绿色、开放、共享"的新发展理念,从经济发展以总量扩张为导向稳步转变为以经济结构的优化、经济质量的提升、经济内生性驱动,来实现宏观经济健康持续发展,也就是从"有没有"向"好不好"迈进。加快从经济大国走向经济强国的跨越式发展步伐。

三、贯彻新发展理念,构建经济强国指标体系

建立多元化的经济强国指标体系,要充分理解经济强国的目标和标准,积极应对经济新常态的特点和趋势,认真学习新发展理念的深刻内涵,找准从哪些方面去理解、考察、实现经济强国。经济强国就是要突出对于"大"和"强"的理解和把握,总目标是为了满足人民日益增长的美好生活需要,具体的指标建立内容要完整体现"创新、协调、绿色、开放、共享"的新发展理念。一是要使创新成为经济强国的第一核心动力。以创新引领提高全要素生产率,用全要素生产率的指标来替代单纯经济总量的扩大和增长,从而直观呈现出各个生产要素的配置情况和使用效率。同时要注重人均专利发明数量的提高和科技成果转化成功率,使科技创新的成果让全社会受益,形成实实在在的发展原动力,真正满足人民日益增长的美好生活需要。二是要使协调成为经济强国的内在要求。重点促进城乡协调发展、区域协调发展和产业协调发展,让率先取得发展优势的地区反哺还不够充分发达的地区,促进收入分配的公平合理,不断优化经济发展的整体性和协调性。三是要使绿色成为经济强国的基本遵循。坚持绿色发展,意味着要解决好工业文明和生态文明和谐共生问题,意味着要对过去能源消耗型的发展方式进行反思,意味着不能以牺牲子孙后代的生态环境利益为代价来实

现经济短期繁荣。因此,就要对全社会关心的环境污染问题建立预警机制,把环境污染的现状和环境治理的改善实时地向全社会公布,让人民群众成为环境治理的监督者和受益者。同时不断优化能源消耗结构,加大新能源产业补贴力度。四是要使开放成为经济强国的必由之路。坚持开放发展,就是要坚持奉行互利共赢的开放战略,坚定不移把改革开放的旗帜举得更高,增强中国品牌国际市场占有率,扩大已经在国际市场取得优势产业的领先地位,以开放带动创新、推动改革、促进发展。辩证合理地看待对外贸易依存度,既要坚持敞开开放的大门,绝不退回闭关锁国的孤岛,又要警惕对外贸易依存度过高带来的系统性风险。五是要使共享成为经济强国的根本目的。坚持共享发展,意味着处理好把"蛋糕做大"和把"蛋糕分好"的关系,意味着让改革开放的红利更多更公平惠及全体人民,意味着人民的获得感、幸福感、安全感更加充实、更有保障、更可持续。

第二节 从经济大国走向经济强国的思想内涵

面对纷繁复杂的国内外形势,以习近平同志为核心的党中央积极应对各种困难和挑战,提出一系列重大改革创新举措,加快转变经济发展方式,调整结构开拓空间,中国经济在自身经济基数庞大、世界经济增长放缓的大背景下,仍然运行在合理区间,增速居全球前列。这些都向世界传递了中国从经济大国走向经济强国的能力和决心,也向世界展现了中国的自信和担当。

一、更加注重实施强国战略，立下实现中华民族伟大复兴的雄心壮志

新中国成立以来，历届中央领导集体孜孜以求，致力于建设、发展、改革、稳定，为从大国向强国迈进奠定了重要的基础。21 世纪以来，强国战略不断推进并付诸实施，客观上推动了中国经济社会快速发展。以习近平同志为核心的党中央，在实施强国战略上高瞻远瞩，注重总体设计和谋划，进一步推动了强国战略的实施。作为全面建成小康社会收官规划的"十三五"规划纲要，更是多次提出"强国"概念，明确提出"科技强国""人才强国""知识产权强国""制造强国""网络强国""海洋强国""贸易强国""质量强国""人力资本强国""文化强国"等内容。在其他场合，强国战略也被不同程度提及。一系列强国战略的提出，表达了新一届领导集体带领人民从经济大国走向经济强国、建设社会主义现代化强国的雄心壮志。

二、更加注重经济社会自然发展规律，适应把握引领经济新常态

习近平总书记特别强调将经济规律与自然规律、社会规律结合起来。2014 年 7 月 28 日，习近平总书记在主持召开经济形势专家座谈会时指出，发展必须是遵循经济规律的科学发展，必须是遵循自然规律的可持续发展，必须是尊重社会规律的包容性发展。[①] 这一概括和提升，体现了尊重历史经验、尊重人类规律的可贵品质。特别是针对中国经济发展的阶段性特征和趋势，习近平总书记概括提出"经济新常态"

---

① 人民日报评论员：《发展必须是遵循经济规律的科学发展——新常态下我们怎样发展》（上），《人民日报》2014 年 8 月 26 日。

概念,这是基于对国际国内经济形势深刻变化的战略分析,是对国内经济中长期潜在增长率放缓的深刻揭示。当前,我国经济正在向形态更高级、分工更复杂、结构更合理的阶段演化,经济正从高速增长转向中高速增长,经济发展方式正从规模速度粗放增长转向质量效率集约增长,经济结构正从增量扩能为主转向调整存量、做优增量并存的深度调整,我国经济发展已进入新常态。认识新常态,适应新常态,引领新常态是当前和今后一个时期我国经济发展的大逻辑。

三、更加注重发展的质量和效益,推动经济迈向中高端水平

发展是当今世界潮流,发展是当代中国主题。处在社会主义初级阶段的中国,经济发展是一切发展的基础,必须毫不动摇坚持以经济建设为中心,以加快转变经济发展方式为主线,按照稳中求进的工作总基调,推动经济健康发展。中国经济发展正在从以往过于依赖投资和出口拉动向更多依靠国内需求拉动转变,我们再不能简单以国内生产总值增长率论英雄,而是强调以提高经济增长质量和效益为立足点。要创新的GDP,要绿色的GDP。要正确处理好经济发展同生态环境保护的关系,牢固树立保护生态环境就是保护生产力、改善生态环境就是发展生产力的理念,更加自觉地推动绿色发展、循环发展、低碳发展,绝不以牺牲环境为代价去换取一时的经济增长。要通过发展创新推动经济可持续增长,大力调整经济结构改革,激发市场活力,增强经济竞争力。要追求实实在在、没有水分的生产总值,追求有效益、有质量、可持续的经济发展。

四、更加注重全面深化改革,使市场在资源配置中起决定性作用

站在时代的潮头,习近平总书记以务实的思想作风强调,改革开放是

党在新的历史条件下带领人民进行的新的伟大革命,是决定当代中国命运的关键一招,也是决定实现"两个一百年"奋斗目标、实现中华民族伟大复兴的关键一招。改革开放只有进行时没有完成时,要坚定不移深化改革开放,坚持摸着石头过河的改革方案,尊重人民群众的首创精神。如何把握政府与市场关系,习近平总书记坚持运用马克思主义世界观和方法论,他强调:"各级干部特别是领导干部要坚持在实践中深化学习、在学习中深化实践,不断研究新问题、总结新经验,学会正确运用'看不见的手'和'看得见的手',成为善于驾驭政府和市场关系的行家里手。"[1]党的十九大报告也提出,要建设充分发挥市场作用、更好发挥政府作用的经济体制,实现市场机制有效、微观主体有活力、宏观调控有度。这就要求在市场和政府关系问题的界定上,坚持两点论、重点论为分析的根本方法,真正将要素资源配置的功能交给市场,不断推动市场调节机制向纵深发展,提高全要素生产率,减少政府以行政手段直接干预市场主体。现代化经济体系的建设也同时需要政府更好地发挥宏观调控的作用,以现代化的标准推进政府职能转变,加强建立统一、透明的市场监管机制,切实以增进国家和社会福利为出发点,让市场主体焕发出活力、创造力。

五、更加注重人民群众获得感,坚持以人民为中心的发展思想

习近平总书记在党的十八大后的首次公开讲话中,就鲜明宣示:"人民对美好生活的向往,就是我们的奋斗目标。"[2]他提出坚持以人民为中心的发展思想,把增进人民福祉、促进人的全面发展作为发展的出

---

[1]　《正确发挥市场作用和政府作用推动经济社会持续健康发展》,《人民日报》2014年5月28日。

[2]　李维编著:《习近平重要论述学习笔记》,人民出版社2014年版,第2页。

发点和落脚点,发展人民民主,维护社会公平正义,保障人民平等参与、平等发展权利,充分调动人民的积极性、主动性、创造性。他了解群众疾苦,高度重视"三农"工作,他始终关注粮食安全和耕地保护,始终关心环境生态保护治理,始终关心老少边穷欠发达地区,始终关注脱贫攻坚工作,提出要打赢扶贫开发攻坚战,到 2020 年要使我国现行标准下农村贫困人口实现脱贫。

第三节　从经济大国走向经济强国的改革重点

党的十九大对我国全面深化改革问题,作出了全面的战略部署和顶层设计,这也为我国进一步释放大国红利,加快从经济大国走向经济强国提出了时间表和路线图。事实上,改革开放是决定当代中国命运的关键一招,是决定实现"两个一百年"奋斗目标、实现中华民族伟大复兴的关键一招,也是我们释放大国红利的关键一招。当前,中国经济已逐步进入由高速向中高速转换的"新常态",我们必须以党的十九大为契机,以经济体制改革为重点,积极落实重要领域和关键环节的战略任务,加强改革的系统性、整体性和协同性,为我国加快迈向经济强国保驾护航。

一、坚持和完善经济制度,推进国家经济治理体系和治理能力现代化

当一个低收入经济体发展到一定阶段时,如果其不能够及时对政策举措加以调整,就有可能出现权贵资本控制国民经济命脉的状况,并导致寻租和垄断的大量发生,最终造成掉入"中等收入陷阱"的风险。从我

国的经济发展实践看,以公有制为主体、多种所有制经济共同发展是我国社会主义市场经济的基本经济制度,也是中国特色社会主义制度的重要支柱。我国要实现跨越"中等收入陷阱",迈向经济强国的历史性转折,就必须有效推进经济体制改革,充分发挥各种所有制经济的比较优势,必须充分发挥一切劳动、知识、技术、管理、资本的活力,必须充分发挥一切创造社会财富主体的积极性、主动性和创造性,坚决防止权贵资本渗入国民经济领域。同时,要通过不断完善国有资本、集体资本、非公有资本等交叉持股、相互融合的混合所有制经济形式,推进国家经济治理体系和经济治理能力现代化,以真正激发各种所有制经济的活力和创造力,为释放大国红利,加快迈向经济强国提供可靠的制度保障。

二、深化科技体制改革,坚持走中国特色自主创新道路

应当说,具有强大的科技创新能力是我国释放大国红利,加快迈向经济强国的战略支撑,必须摆在核心位置。事实上,技术创新具有很强的外部扩散性,这种"创新红利"能够很快地使其他国家受益。具有强大的科技创新能力是迈向经济强国的战略支撑,必须摆在建设经济强国的核心位置。我国已实施了863计划、国家科技支撑计划、科技重大专项等科技计划,设立了科技型中小企业技术创新基金、科技型中小企业创业投资引导基金等重大政策举措,但客观上讲,我们的很多产业竞争力不强、核心技术受制于他人,仍然是不争的事实。研究表明,2013年中国的科技创新能力世界排名仅为第12位,这与中国的经济大国地位极为不相配。同时,物理、化学、医学等领域的诺贝尔奖至今与中国无缘。课题组建议国家层面重点推进"三个强化":一是强化对企业技术创新的源头支持,鼓励企业围绕市场需求建立研发机构;二是强化对发展科技服务行业的支持,为从产品研发到走向消费终端提供市场化

服务;三是强化开放式科技创新,以全球视野谋划和推动创新。

三、加快完善现代市场体系,发挥市场在资源配置中的决定性作用

从世界经济史的角度看,实现经济强国目标的国家都是市场经济发育很完善的国家,只有具有完备的市场体系,才能够有效释放市场红利,从而带动大国红利的释放。事实上,市场决定资源配置是市场经济的一般规律,市场经济本质上就是市场决定资源配置的经济。使市场在资源配置中起决定性作用,这对于进一步理顺政府和市场关系,加快转变政府职能,激发市场活力具有重要意义。按照党的十九大的战略部署,加快完善现代市场体系,我们要逐步建立公平开放透明的市场规则,完善主要由市场决定价格的机制,注重发挥市场在形成价格中的作用,逐步建立城乡统一的建设用地市场,积极完善金融市场体系等重大举措,这是我国释放大国红利,实现从经济大国迈向经济强国的重要路径选择。

四、加快转变政府职能,更好发挥政府在经济治理中的作用

从经济体制改革的历程看,我国 40 年改革历程的实质就是:从高度集中的计划经济体制向充满活力的社会主义市场经济体制转变,而这个过程本身也是不断转变政府职能,更好发挥政府在经济治理中作用的过程。当前,我国正在深入推进"放管服"改革,将那些含金量高的、管用的、真正能激发市场活力的审批事项逐步放给市场、放给企业,激发经济增长的内在活力和内生动力。我们还进一步在全国范围内实施工商登记制度改革,逐步落实注册资本改革措施,要将企业年检制度改为年报公示制度,坚持宽进严管原则,从而不断强化政府服务管理职能,加强事中事后监管,不断创新监管和服务方式,逐步转变服务管理

方式、提高服务管理效能,为成功跨越"中等收入陷阱",加快走向经济强国提供一个法治政府、阳光政府和善治政府。

五、深化财税体制改革,进一步健全现代财政制度

2014 年 6 月 30 日,中央政治局召开会议,审议通过了《深化财税体制改革总体方案》。这是我国深化财税体制改革,促进经济治理现代化的重要举措。从整体上看,经济体制改革是全面深化改革的重点,而财税体制改革则是经济体制改革的重中之重。深化财税体制改革的目标是建立统一完整、法治规范、公开透明、运行高效,有利于优化资源配置、维护市场统一、促进社会公平、实现国家长治久安的可持续的现代财政制度。我们重点改进预算管理制度,强化预算约束、规范政府行为、实现有效监督,加快建立全面规范、公开透明的现代预算制度;要优化税制结构、完善税收功能、稳定宏观税负、推进依法治税,建立有利于科学发展、社会公平、市场统一的税收制度体系,要充分发挥税收筹集财政收入、调节分配、促进结构优化的职能作用;要进一步调整中央和地方政府间财政关系,在保持中央和地方收入格局大体稳定的前提下,逐步理顺中央和地方收入划分,合理划分政府间事权和支出责任,促进权力和责任、办事和花钱相统一,建立事权和支出责任相适应的制度,这是我国加快从经济大国迈向经济强国的重要体制改革举措。

第四节　从经济大国走向经济
强国的战略保障

要在"四个全面"战略布局下,坚持"五位一体"的发展思路,全面

推进和落实"新发展理念",正确处理各种重大关系,解决各种突出问题,为"加快从经济大国走向经济强国"提供坚强保障。

一、更加注重从严治党,提高党领导经济工作的能力和水平

党的领导是中国特色社会主义制度的最大优势,是实现经济社会持续健康发展的根本政治保证,也是实现加快从经济大国走向经济强国的首要前提。要从严治党,加强党的领导,就要坚决拥护以习近平同志为核心的党中央,始终在思想上政治上行动上同党中央保持高度一致。要确保党的领导核心地位,进一步坚定理想信念,补足精神之钙;进一步加强纪律建设,提高党的凝聚力和战斗力;进一步坚持高压惩治腐败,全面加强和巩固党的执政基础;进一步加强学习,提高党驾驭复杂问题的能力和水平。要把党的领导体现和落实到经济、政治、文化、社会、生态文明建设和国防军队、祖国统一、外交、党的建设等各个方面。在经济建设方面,习近平总书记强调:"经济工作是中心工作,党的领导当然要在中心工作中得到充分体现,抓住了中心工作这个牛鼻子,其他工作就可以更好展开""能不能驾驭好世界第二大经济体,能不能保持经济社会持续健康发展,从根本上讲取决于党在经济社会发展中的领导核心作用发挥得好不好。"[①]要加强党对经济社会发展的领导,坚持党总揽全局、协调各方,发挥各级党委(党组)领导核心作用。要加强党在把握方向、谋划全局、提出战略、制定政策、推动立法、营造良好环境方面的决定性作用,加强和改进党对经济社会重大事务的综合协调,精心组织实施,强化督促检查,确保中央方针政策和各项部署的贯彻落实。要进一步提高党领导经济工作的制度化、法治化、专业化

---

① 中共中央文献研究室编:《习近平关于全面建成小康社会论述摘编》,中央文献出版社2016年版,第193页。

水平,加强科学决策能力和全球战略思维,不断提高能力和水平,促进经济的规模、质量和效益的提升。

二、更加注重依法治国,推进国家治理体系和治理能力现代化

法治是现代社会最核心的价值、最突出的标志,也是现代国家治国理政的最基本方式、最鲜明特征。[1] 全面推进依法治国是建设社会主义法治国家的必由之路,是建设经济强国的基本保障。要加强和改进党对全面依法治国的领导,完善以宪法为核心的中国特色社会主义法律体系。要加快建设法治政府,进一步完善立法体制机制,把公正、公平、公开原则贯穿立法全过程。加强重点领域立法,加快完善体现权利、机会和规则公平的法律制度。完善司法管理体制和司法权力运行机制,规范司法行为,加强对司法活动的监督,努力让人民群众感受到公平正义。推进严格司法,实行办案质量终身负责制和错案责任倒查问责制。保障人民群众参与司法,加强人权司法保障。要加强对司法活动的监督,绝不允许法外开恩,绝不允许办关系案、人情案、金钱案。要增强全民法治观念,推进法治社会建设。加强法治工作队伍建设,提高法治工作队伍思想政治素质、业务工作能力、职业道德水准。提高国家治理能力和治理水平现代化,是我国社会主义社会发展规律的客观要求,是人民安居乐业、社会安定有序、国家长治久安的重要保障。要实现从经济大国走向经济强国,必须要有好的社会治理体系和高水平的社会治理能力保障。要推动中国特色社会主义制度更加成熟、定型,为党和国家事业发展提供一套更完备、更稳定、更管用的制度体系。要

---

[1]　辛鸣:《中国战略新布局》,中国社会科学出版社 2016 年版,第 101 页。

完善党委领导、政府主导、社会协同、公众参与、法治保障的社会治理体制,激发社会自主、自发参与社会治理。要推进社会治理法治化,积极运用法治思维和法治手段解决社会发展过程中的问题。要推进社会治理精细化,努力培育以尊重事实、推崇理性、强调精确、注重细节为主要特征的"数据文化"。要健全利益表达、协调、保护机制,畅通群众利益表达渠道。要进一步改革社会组织管理制度,激发社会组织活力。要切实加强和改善城乡社区管理服务工作,支持和发展社区志愿服务组织,不断深化城乡居民自治。

三、更加注重加强统筹协调,把全面深化改革推向前进

全面深化改革是为了全面建成小康社会、进而实现中华民族伟大复兴的中国梦,也是实现加快从经济大国走向经济强国的根本保障。全面深化改革以来,各项改革措施不断推出,一些重点领域有了重大突破,老百姓的获得感不断加强。下一步,还要把全面深化改革推向纵深,重视各领域、各层次改革的统筹、系统、集成推进,重视重点领域、关键环节的强攻、点穴、持续推进,做到点面联动、以点带面、以面促点。当前和今后一个时期,是落实全面深化改革任务的攻坚期。要把抓改革作为一项重大政治责任,牢牢扭住全面深化改革各项目标,厘清责任链条,拧紧责任螺丝,提高履职效能,打通关节、疏通堵点、激活全盘,努力使各项改革都能落地生根。要强化推动改革的基础支撑,把各领域具有"四梁八柱"性质的改革明确标注出来,排出优先序,重点推进,特别是要把国有企业、财税金融、科技创新、土地制度、养老就业、医药卫生等领域具有牵引作用的改革牢牢抓在手上。要把住顶层设计和路线图,注重改革举措配套组合,使各项改革举措有规划、能落地。要完善工作机制,划清不同主体的责任,确保既各司其职、各负其责又相互协

作配合,既鼓励创新、表扬先进,也允许试错、宽容失败,最大限度调动广大干部的积极性、主动性、创造性。要严格督察落实,确保改革方向不偏离、改革任务不落空,使改革精准对接发展所需、基层所盼、民心所向。

四、更加注重坚持基本经济制度,依法保护市场主体的产权不受侵犯

坚持和完善基本经济制度,是全面深化经济体制改革的关键环节,对加快完善社会主义市场经济体制具有重大意义。坚持和完善基本经济制度,也是中国从经济大国走向经济强国的制度性保障。实行公有制为主体、多种所有制经济共同发展的基本经济制度,是中国共产党确立的一项大政方针,必须毫不动摇巩固和发展公有制经济,毫不动摇鼓励、支持、引导非公有制经济发展。坚持公有制为主体,充分发挥国有经济的主导作用,不断增强我国经济实力、国防实力和民族凝聚力,防止两极分化、实现共同富裕。激发非公有制经济活力和创造力,充分发挥非公有制经济在支撑增长、促进创新、扩大就业、增加税收等方面的重要作用。要在坚持基本经济制度的大前提下,加强产权保护。当前我国产权保护与建立统一开放、竞争有序的现代市场经济体系还有相当大的距离,特别是未能实现对不同所有制经济产权的平等保护。公权力侵害私有产权和民营企业资产等现象时有发生,一定程度上损害了人民大众、企业家的财产安全感,消磨了企业家投资兴业的积极性,对经济社会发展造成负面效应。下一步,要积极贯彻落实《关于完善产权保护制度依法保护产权的意见》,进一步完善产权制度,推进产权保护法治化。坚持对不同所有制经济实行平等保护,公有制经济财产权不可侵犯,非公有制财产权同样不可侵犯。要统筹研究、废止按照所

有制不同类型制定的市场主体法律法规和行政法规,加大对非公有产权的刑法保护力度。要坚持有错必纠,对涉及重大财产处置的产权纠纷申诉案件、民营企业人和投资人违法申诉案件依法甄别,确属冤假错案的,要依法纠正并赔偿当事人。要按照不溯及既往的原则,以发展的眼光客观看待和妥善处理改革开放以来各类企业特别是民营企业经营过程中存在的不规范问题。

五、更加注重分配中效率和公平关系,着力补齐民生短板

经济增长和收入分配的关系,是效率与公平关系的主要表现。效率在经济方面主要体现为经济增长,公平在经济方面主要体现为收入分配。在全面建成小康社会、加快从经济大国走向经济强国的关键时期,要认识到经济增长与收入分配是相辅相成的,一定的经济增长是改善收入分配的必要前提,而改善收入分配状况需要以雄厚的经济基础为支撑,进一步正确处理经济增长与收入分配的关系。在收入分配领域,也存在效率与公平的关系。从初次分配看,市场是资源配置的基本渠道和激励机制,要关注将经济蛋糕做大,所以更注重效率原则。从二次分配看,其要义在于还富于民,弥补贫富差距过大这一市场失灵问题,更注重公平原则。处理好效率与公平的关系,核心还是要把经济社会发展的成果更合理地分配到群众手中,使全体社会成员逐步实现共同富裕。关注公平,核心是把贫困这一最大的民生短板补齐。经过改革开放40年的努力,7亿多农村贫困人口成功脱贫,为全面建成小康社会打下了坚实基础。但也要清醒地认识到,当前我国脱贫攻坚形势依然严峻。各级党委和政府必须坚定信心、勇于担当,把补齐民生短板作为工作的重中之重。要进一步加大中央财政对贫困地区转移支付力度,积极引导资金、土地、人才、技术、管理等各种要素向贫困地区聚集。

要着力增强集中连片特困地区发展能力，国家"十三五"规划中确定的重大基础设施项目和重大生态工程要向这些地区倾斜。要加快推进农村危房改造，全面提升农村基础设施和基本公共设施条件。要发挥好新型城镇化战略对脱贫的辐射带动作用，让符合条件的贫困地区农业转移人口及其家属落户。要以精准帮扶促进贫困地区民生改善，通过输出劳务、发展产业、加强培训、推动创业促进有劳动能力的贫困人口就业。加强教育扶贫，推进大病医疗保险全覆盖，提高贫困地区教育和医疗服务能力。

第七章　指导思想：
构建中国特色社会主义政治经济学

　　中国特色社会主义政治经济学是我们党将马克思主义政治经济学的基本原理与我国社会主义经济建设的具体实践相结合,不断推动马克思主义政治经济学中国化,也是习近平新时代中国特色社会主义思想的重要有机组成部分。随着中国特色社会主义发展进入新阶段,习近平总书记结合我国经济建设实践发展的总体性和阶段性深刻指出:"要立足我国国情和我国发展实践,揭示新特点新规律,提炼和总结我国经济发展实践的规律性成果,把实践经验上升为系统化的经济学说,不断开拓当代中国马克思主义政治经济学新境界。"[1]这一论断揭示了坚持好、发展好中国特色社会主义政治经济学的重要遵循,它表明以习近平同志为核心的党中央,不仅将我国改革开放的经济发展实践和思想理念上升到理论层面,同时也上升到学科高度,是对马克思主义政治经济学说的巨大创新,极大丰富了中国特色社会主义理论体系。

---

　　[1] 《习近平在中共中央政治局第二十八次集体学习时强调　立足我国国情和我国发展实践　发展当代中国马克思主义政治经济学》,《人民日报》2015 年 11 月 25 日。

第一节　理论来源与实践基础

历史上任何一个创造奇迹的国家都形成过自己的经济理论,中国作为有世界影响力的大国更不能例外。改革开放40年来,尤其是党的十八大以来,我国经济实力不断增强,经济发展质量不断提升,为推动世界经济发展所作出的贡献也不断增多,进而创造了享誉全球的"中国奇迹"。在此情形下,中国特色社会主义政治经济学顺势而生,这既是马克思主义政治经济学中国化的最新版本,也是中国特色社会主义经济建设的理论结晶。可以说,中国特色社会主义政治经济学的形成是理论创新和实践呼唤的必然要求。

一、理论母体:马克思主义政治经济学

早在170年前,马克思和恩格斯通过对资本主义生产方式及其发展趋势的历史考察,揭示了未来共产主义社会的基本经济特征。尤其是在《资本论》中,马克思、恩格斯将唯物史观贯穿于该经典著作分析的全过程,从分析商品开始,借助对资本主义生产方式全方位的解剖来揭示其生产关系的本质和运动规律,并对未来社会经济关系的基本特征作了描述。在此基础上,马克思还对商品生产和市场经济的一般规律作了深刻论证,认为"如果我们把工资和剩余价值,必要劳动和剩余劳动的独特的资本主义性质去掉,——那么,剩下的就不再是这几种形式,而只是它们的为一切社会生产方式所共有的基础"①。马克思的这

---

① 《马克思恩格斯全集》第46卷,人民出版社2003年版,第992页。

些重要论述,从经济哲学层面揭示了市场经济的逻辑规律,说明商品经济、市场经济本身并不具有任何社会性质,可以和不同的社会制度结合在一起,这对我国建立和发展社会主义市场经济,探索公有制与市场经济的对接、结合、磨合、兼容融合和亲和这一世纪性和世界级的难题而言,具有重要的思想启迪。因此,习近平总书记指出"有人说,马克思主义政治经济学过时了,《资本论》过时了。这个说法是武断的……国际金融危机发生后,不少西方学者也在重新研究马克思主义政治经济学、研究《资本论》,借以反思资本主义的弊端"①,并先后多次强调,"坚持和发展中国特色社会主义政治经济学,要以马克思主义政治经济学为指导"②。

二、基础来源:毛泽东社会主义经济思想

新中国成立后,毛泽东同志对我国如何进行大规模的社会主义经济建设展开了积极探索,提出了建设和发展社会主义经济的一系列开创性观点,如"提出社会主义社会的基本矛盾理论,提出统筹兼顾、注意综合平衡,以农业为基础、工业为主导、农轻重协调发展等重要观点。这些都是我们党对马克思主义政治经济学的创造性发展"③。1959 年年底,毛泽东同志还明确提出"社会主义政治经济学教科书,究竟怎样写才好?"④这一重大的现实问题,开启了对我国社会主义政治经济学的最初探索。同时,毛泽东同志在借鉴苏联经验教训的基础上,结合新

---

① 习近平:《在哲学社会科学工作座谈会上的讲话》,人民出版社 2016 年版,第 14—15 页。

② 习近平:《在经济形势专家座谈会上的讲话》,《人民日报》2016 年 7 月 9 日。

③ 习近平:《习近平主持中共中央政治局第二十八次集体学习时的讲话》,《人民日报》2015 年 11 月 25 日。

④ 《毛泽东文集》第八卷,人民出版社 1999 年版,第 137 页。

中国成立十年来我国在社会主义经济建设过程中所取得的成就及出现的失误,初步探讨了社会主义政治经济学研究的对象和研究方法,指出:"政治经济学研究的对象主要是生产关系,但是,政治经济学和唯物史观难得分家。不涉及上层建筑方面的问题,经济基础即生产关系的问题不容易说得清楚。"①毛泽东同志的这一重要论述表明生产力与生产关系、经济基础与上层建筑是有机统一、密不可分的,对生产关系的研究不能脱离生产力的发展水平,强调要从发展生产力的角度来研究生产关系,这就避免了对生产关系孤立、静止的研究,从而突破了苏联的《政治经济学教科书》的局限性,拓展了政治经济学的研究范围和视野;从而为我们构建中国特色社会主义政治经济学提供了基础性思路。

三、有益借鉴:国外经济学理论中的有益成分

中国特色社会主义政治经济学既具有中国特色、中国风格、中国气派的特殊性,也具有人类文明的一般性。世界各国经济学长期的探索和取得的成果,虽然都具有各自具体条件的适应性,但也包含人类文明的一般性,借鉴和吸收世界各国经济学的有益成分,为我所用,对构建中国特色社会主义政治经济学是大有裨益的。对此,习近平总书记在哲学社会科学工作座谈会上的讲话中明确指出:"国外哲学社会科学的资源,包括世界所有国家哲学社会科学取得的积极成果,这可以成为中国特色哲学社会科学的有益滋养。"②以西方发达国家的经济学为例,它的许多概念、论点、观念有助于说明建立在社会化大生产基础上的商品经济的某些一般的共同性的特征,尤其是西方微观经济学对商品的供给与需求、

---

① 《毛泽东文集》第八卷,人民出版社1999年版,第138—139页。
② 习近平:《习近平谈治国理政》第二卷,外文出版社2017年版,第339页。

价格与售量、竞争和垄断等有关市场机制的分析,这对我们研究如何发挥市场对经济生活的调节作用,显然具有参考价值;同时,西方宏观经济学对总供给与总需求均衡条件、经济增长、财政与货币政策的分析,及其所得出的有关经济变量之间的相互关系的研究、经济调节手段和管理方法的研究等,都具有一定的合理因素,这对于我国发展完善社会主义市场经济,丰富和发展中国特色社会主义政治经济学理论,是有益的。

四、丰厚滋养:中国传统文化中的优秀经济思想

我国是有着数千年悠久历史的文明古国,曾经有过经济繁荣发展的辉煌,特别是农耕文明长期居于世界领先水平。在经济发展的基础上,我国产生了富有中国特色的丰硕经济思想,体现了中华民族几千年聚集的知识和智慧。早在春秋战国时期,诸子百家争鸣就在各自的学说中杂糅着富有针对性的经济思想,比如在《论语》《老子》《孟子》《墨子》《管子》《韩非子》等著作中,关于人性论、义利观、奢俭论、轻重论、富国强民论等思想就有专段论述。西汉初期,推行"无为而治"的"与民休息"政策,主张自由放任的经济思想,反映了封建经济上升时期的积极要求,对此,司马迁在《史记》中提出了"善因论",主张"善者因之,其次利道之,其次教诲之,其次整齐之,最下者与之争",它反对封建国家对国民经济的过多干预和控制;在西汉中后期,桓宽写就的《盐铁论》反映了自由放任主义与政府干涉主义两大经济思想的争锋,它不仅是中国古代经济思想发展史上的一个重要界碑。总之,中华民族的深厚文化传统,是我国的独特优势。继承优秀的历史文化遗产,"是发展民族新文化提高民族自信心的必要条件"①。构建中国特色社会主

① 毛泽东生平和思想研讨会组织委员会编:《毛泽东百周年纪念:全国毛泽东生平和思想研讨会论文集》(中),中央文献出版社1994年版,第389页。

义政治经济学,要加强对中华优秀传统文化中经济思想的挖掘与阐发,把具有当代价值的经济思想弘扬起来,使中华民族优秀的经济思想,与当代经济思想相适应,与现代经济发展相协调,从而不断增强文化自信。

五、实践基础:改革开放以来中国特色社会主义经济建设实践

"时代是思想之母,实践是理论之源。"当代中国社会主义经济建设的伟大实践,是不断开辟中国特色社会主义政治经济学新境界的广阔历史舞台与动力源泉。改革开放以来,以邓小平同志为代表的中国共产党人在推进马克思主义政治经济学中国化的历史进程中,创立了社会主义市场经济理论,标志着马克思主义政治经济学中国化的一次重大突破,实现了对中国特色社会主义政治经济学的破题。以江泽民同志为代表的中国共产党人在领导我国进行社会主义经济建设和改革的过程中,提出了"三个代表"重要思想,强调了建立和完善中国市场经济体制的历史任务,促进了中国特色社会主义政治经济学在理论和实践上的深化。以胡锦涛同志为代表的中国共产党人提出了科学发展观,创造性地回答了如何驾驭和发展社会主义市场经济这一重大历史课题,使我国社会主义政治经济学的研究视域大大拓展。党的十八大以来,随着中国经济发展进入新常态,为有效应对我国发展起来以后新出现的风险和挑战,以习近平同志为代表的中国共产党人提出了一系列重大论断。[①] 党的十八大以来的成功实践,体现着当代中国社会主义经济建设实践发展的新要求,为促进中国特色社会主义政治经济学

---

① 中共中央文献研究室编:《习近平关于社会主义经济建设论述摘编》,中央文献出版社 2017 年版,第 1—2 页。

的形成奠定了深厚的实践基础。

第二节 重大的理论价值和实践意义

中国特色社会主义政治经济学是适应新时代中国国情和时代特征的政治经济学,是习近平新时代中国特色社会主义思想的重要组成部分,它不仅有力指导了我国经济发展实践,而且开拓了马克思主义政治经济学的新境界,丰富了人类经济思想宝库。

一、理论意义:拓展了马克思主义政治经济学在 21 世纪发展的新视野和新境界

习近平总书记指出:"我们要以更加宽阔的眼界审视马克思主义在当代发展的现实基础和实践需要……不断开辟 21 世纪马克思主义发展新境界,让当代中国马克思主义放射出更加灿烂的真理光芒。"[1]发展 21 世纪马克思主义,开辟 21 世纪马克思主义新境界,是哲学社会科学的重要任务,政治经济学作为马克思主义的重要组成部分,应该为发展 21 世纪马克思主义,开辟 21 世纪马克思主义新境界作出新贡献。中国特色社会主义政治经济学体现了社会经济发展的一般规律,同时又超越了传统社会主义政治经济学的理论框架,积极应对 21 世纪全球经济发展的时代挑战,主动回应了发展 21 世纪马克思主义政治经济学的现实基础和实践需要。尤其是在经济全球化深入发展,世界各国应对新挑战的关键时刻,中国特色社会主义政治经济学主张"一带一路"

---

[1] 习近平:《习近平谈治国理政》第二卷,外文出版社 2017 年版,第 34 页。

倡议、建立人类命运共同体,改善全球经济治理模式,推动世界和平、发展、互利、共赢,这是马克思主义经济全球化思想在新时代背景下的现实体现,反映了全世界人民的共同心声。可以说,中国特色社会主义政治经济学,在继承马克思主义政治经济学固有立场的基础上,反映了21世纪经济发展的本质要求,揭示了21世纪全球经济发展的共同规律,形成了21世纪马克思主义政治经济学的最新成果。

二、时代意义:坚定了中国特色社会主义政治经济学的理论自觉和理论自信

在推进马克思主义政治经济学中国化的过程中,中国经济总量已跃居世界第二,人均GDP迈进中等收入国家;工业规模跃居世界第一,成为制造业第一大国;成功融入世界经济主流,"中国声音"在国际舞台上更加响亮……这一系列重要成就表明,中国40年来所走的道路是正确的,中国的改革,中国的开放,中国的发展之所以成功最重要的是有自己的理论,这个理论就是中国特色社会主义理论。在这种情况下,我们应该对中国自己的理论高度自信,这个自信就是中国特色社会主义的理论自信,具体到经济学理论,就是中国特色社会主义政治经济学的理论自信。我们要构建自己的经济学话语体系,首先要增强中国特色社会主义政治经济学的理论自觉与理论自信。即:一方面,中国经济社会的发展需要马克思主义经济学的指导;另一方面,马克思主义政治经济学又需要中国经济社会的实践去检验和发展,这就需要在新时期进一步推进马克思主义政治经济学中国化,从而通过马克思主义政治经济学中国化的理论成果和实践成果进一步增强我们的理论自觉与理论自信,从而增进我们的制度自信及道路自信。中国特色社会主义政治经济学作为马克思主义政治经济学中国化、时代化的最新成果,它既超越了传统社会主

义政治经济学的理论范式,又突破了西方政治经济学理论,解决了社会主义与市场经济兼容结合后的理论难题,使中国社会主义市场经济体制改革在基本理论及其合法性上彰显了马克思主义的理论自觉与理论自信,成为中国特色社会主义道路最鲜明的理论诠释,丰富了中国化马克思主义政治经济学的理论宝库,这对于我们增强理论自觉和理论自信,努力在经济学理论上跻身世界强国之林,具有极强的感召力和示范作用。

三、实践意义:为新时代中国特色社会主义经济建设提供理论指引和方向遵循

中国特色社会主义政治经济学系统总结了新时代实践经验,揭示了经济建设的规律性,为加快新时代中国特色社会主义经济建设、推动我国经济从高速增长阶段转向高质量发展阶段提供了科学的理论指引。党的十九大报告明确指出,我国经济已由高速增长阶段转向高质量发展阶段。[①] 随着中国经济发展进入新常态,迫切需要通过转化经济增长动力,优化经济结构、提高发展的质量和效益,这也是适应新常态、引领新常态的内在要求。可见,促进我国经济转向高质量发展阶段,需要准确把握我国社会主要矛盾的转换,紧紧围绕供给侧结构性改革这条主线,充分发挥市场在资源配置中的决定性作用,通过市场的力量来淘汰落后过剩产能,推进"三去一降一补",使生产要素在各部门之间自由流动,调动微观市场主体的活力和创造力,使创新驱动成为经济发展的内生动力,同时更好发挥政府作用,不断创新和完善宏观调控,为实现我国经济高质量发展保驾护航。上述重要举措,本身就是中国特色社会主义政治经济学的有机组成部分。总之,在决胜全面建成

---

① 习近平:《决胜全面建成小康社会 夺取新时代中国特色社会主义伟大胜利——在中国共产党第十九次全国代表大会上的报告》,人民出版社 2017 年版,第 30 页。

小康社会和开启全面建设社会主义现代化国家新征程中,中国特色社会主义政治经济学作为习近平新时代中国特色社会主义思想的重要组成部分,是我们在经济建设领域的理论指引和行动指南。

四、国际意义:为世界经济发展、经济学发展贡献了中国方案和中国智慧

党的十九大报告指出,"中国共产党是为中国人民谋幸福的政党,也是为人类进步事业而奋斗的政党。中国共产党始终把为人类作出新的更大的贡献作为自己的使命"①。从这一使命的世界意蕴来看,中国特色社会主义政治经济学包含着人类共同的价值追求,具有世界范围经济学理论的一般性和普遍性。具体而言,中国特色社会主义政治经济学坚持以人民为中心的发展思想,以每个人的自由而全面的发展为根本目的,坚持把增进人民福祉、促进人的全面发展,作为经济发展的出发点和落脚点,这反映了人类对美好生活的共同向往。同时,中国特色社会主义政治经济学致力于解放和发展生产力,消除贫困,消除两极分化,朝着共同富裕的方向稳步迈进,而消除贫困,消除两极分化,是当代人类面临的突出问题之一,解决这些问题是人类追求的共同目标。尤其是中国特色社会主义政治经济学重视对经济全球化正负效应的分析,反对贸易保护,倡导互利共赢的开放战略,发展更高层次的开放型经济,致力于和平发展,强调互利互惠,积极参与全球经济治理,构建人类命运共同体,这反映了人类和平发展、平等发展、共同发展的心声。

---

① 习近平:《决胜全面建成小康社会　夺取新时代中国特色社会主义伟大胜利——在中国共产党第十九次全国代表大会上的报告》,人民出版社 2017 年版,第 57—58 页。

第三节　时代特征和突出特色

中国特色社会主义政治经济学是马克思主义政治经济学中国化的最新理论成果,她植根于中国现代化进程的现实土壤,承继社会主义事业发展的历史大逻辑,开拓了马克思主义政治经济学的新境界。尤其是党的十八大以来,习近平总书记关于中国特色社会主义政治经济学的重要论述和在实践中形成的以新发展理念为主要内容的习近平新时代中国特色社会主义经济思想,内在地彰显了中国特色社会主义政治经济学的理论特性。

一、紧扣发展主题的时代性:从"站起来""富起来"到"强起来"

政治经济学本质上是一门历史的科学[①],它在反映时代和实践发展要求的同时,也必然随着时代和实践发展的步伐而不断发展变化。中国特色社会主义政治经济学作为"系统化的经济学说",是以中国社会主义经济建设和现实经济关系为基础,在中国从"站起来"到"富起来"再到"强起来"的历史进程中逐渐形成的。也就是说,新中国成立以来,以1956年中国社会主义经济制度确立为标志,与大规模的社会主义经济建设相联系,构成中国特色"站起来"为主题的政治经济学发展时期;以1978年党的十一届三中全会为起点,与我国改革开放实践过程相联系,构成中国特色"富起来"为主题的政治经

[①] 《马克思恩格斯文集》第9卷,人民出版社2009年版,第153页。

济学发展时期；以 2012 年党的十八大后提出实现中华民族伟大复兴中国梦奋斗目标为界标，进入中国特色"强起来"为主题的政治经济学发展时期，是以"站起来"和"富起来"为主要内容的中国特色社会主义政治经济学在新时代的发展和创新，是中国特色社会主义发展的必然结果，意味着中国特色社会主义发展进入了新时代，对促进当代中国马克思主义政治经济学的重大发展具有划时代的历史意义。

二、保障发展方向的正确性：坚持和完善党对经济工作的集中统一领导

习近平总书记在党的十九大报告中明确指出："中国特色社会主义最本质的特征是中国共产党领导，中国特色社会主义制度的最大优势是中国共产党领导。"[①]这一重要论述深刻揭示了党的领导与中国特色社会主义的关系，反映了"坚持加强党对经济工作的集中统一领导"，这是"中国共产党的领导是中国特色社会主义最本质特征和最大优势"这一性质的规定性在经济工作中的具体要求和生动体现。可以说，坚持党对经济工作的集中统一领导，这是当代中国发展进步的根本保障，也是中国特色社会主义政治经济学最核心、最本质的特征。对此，习近平总书记指出："能不能驾驭好世界第二大经济体，能不能保持经济社会持续健康发展，从根本上讲取决于党在经济社会发展中的领导核心作用发挥得好不好。"[②]党的领导的优越性在哪里？就在于它的先进性和统一性，集政治、思想、组织等一系列优势于一身。中国特

---

①　习近平：《决胜全面建成小康社会　夺取新时代中国特色社会主义伟大胜利——在中国共产党第十九次全国代表大会上的报告》，人民出版社 2017 年版，第 20 页。

②　中共中央文献研究室编：《习近平关于全面建成小康社会论述摘编》，中央文献出版社 2016 年版，第 197—198 页。

色社会主义市场经济的发展历程表明,"坚持党的领导,发挥党总揽全局、协调各方的领导核心作用,是我国社会主义市场经济体制的一个重要特征"①。

三、凸显发展目的的人民性:坚守以人民为中心的发展思想

习近平总书记指出:"要坚持以人民为中心的发展思想,这是马克思主义政治经济学的根本立场"②,这一重要论述表明,坚持以人民为中心也是中国特色社会主义政治经济学的根本立场,意味着中国特色社会主义政治经济学要坚持人民在经济建设中的历史主体地位,把人民作为经济建设的动力源泉,要以实现最大多数人的利益为目标,切实保障人民群众在经济、政治、文化、社会、生态等各方面的基本权益,不断增强人民群众在新时代的获得感、幸福感。在此基础上,习近平总书记在纪念马克思诞辰200周年的大会上进一步强调,"我们要始终把人民立场作为根本立场,把为人民谋幸福作为根本使命"③,这是由"人民性"这一马克思主义最鲜明的品格所决定的。如果说"富起来"的政治经济学强调效率优先,兼顾公平,先富带后富,那么"强起来"的政治经济学则是强调全体人民的共同富裕,让人民共享改革发展的全部成果。与此相反,西方主流经济学过于看重资本的力量和价值,单纯片面强调和追求利润最大化,从而忽视了普通劳动者的真实情况和感受。这一发展观既没有立足于满足人的需求,也没有着眼于充分发挥人的积极性,虽然能在一定程度上促进经济增长,但这样的增长是不健康、不可

---

① 习近平:《习近平谈治国理政》第一卷,外文出版社2018年第2版,第118页。
② 中共中央党校组织:《以习近平同志为核心的党中央治国理政新理念新思想新战略》,人民出版社2017年版,第60页。
③ 习近平:《在纪念马克思诞辰200周年大会上的讲话》,人民出版社2018年版,第17页。

持续的,经常被经济危机打断。法国学者托马斯·皮凯蒂写的《21世纪资本论》用翔实的数据证明,美国等西方国家的不平等程度已经达到或超过历史最高水平,不加制约的资本主义加剧了财富不平等现象,而且将继续恶化下去。

四、彰显发展眼光的世界性:在全面开放新格局的基础上积极参与全球经济治理

习近平总书记在党的十九大报告中明确指出:"中国开放的大门不会关闭,只会越开越大。"[①]坚持打开国门搞建设,是改革开放40年来我国实现历史性发展的基本经验,是面对经济全球化大潮的正确选择。在当今世界面临的主要问题中,南北发展差距和数字鸿沟局限了人类发展潜力的发挥,是全球需求不足、国际投资和贸易萎缩的重要根源。为此,中国将加大对发展中国家的援助力度,促进缩小南北发展差距,推动实现共同发展。经济全球化失速是作为第一轮经济全球化主要动力的发达国家政策逆转的负效应,不仅拖累世界经济恢复增长,而且助推保护主义、孤立主义、民粹主义和反全球化思潮泛滥。针对这种情况,中国坚持打开国门搞建设,支持多边贸易体制,促进自由贸易区建设,推动建设开放型世界经济,推动经济全球化朝着开放、包容、普惠、平衡、共赢的方向发展。各国经济政策失调,关键在于各国面临的经济形势和难题出现分化,政策内顾倾向上升。为此,我国就实现各国政策沟通、促进世界经济增长、推动区域合作、完善全球经济治理先后提出了"一带一路"倡议、创建亚投行、推动G20转型、构建人类命运共同体等一系列"中国方案",促进了中国参与国际合作和全球治理的历史进程。

---

① 习近平:《决胜全面建成小康社会　夺取新时代中国特色社会主义伟大胜利——在中国共产党第十九次全国代表大会上的报告》,人民出版社2017年版,第34页。

第四节 新时代发展的核心
内容与总体架构

党的十八大以来,以习近平同志为核心的党中央立足于马克思主义政治经济学的基本原理,始终把以人民为中心的发展思想摆在治国理政的突出位置,强调"人民对美好生活的向往,就是我们的奋斗目标",并认为"坚持以人民为中心的发展思想,这是马克思主义政治经济学的根本立场"①。以人民为中心的发展思想把增进人民福祉、促进人的全面发展、朝着共同富裕方向稳步前进作为经济社会发展的出发点和落脚点,既凸显了中国特色社会主义政治经济学的时代特征,也是中国特色社会主义政治经济学在新时代发展的核心内容。因为,中国特色社会主义政治经济学的关键词是"中国特色"和"社会主义",而社会主义的本质就是要"解放生产力,发展生产力,消灭剥削,消除两极分化,最终达到共同富裕"②。可见,中国特色社会主义政治经济学强调社会效益和经济效益的统一,其本质属性就是以人民为中心,这个属性与社会主义的本质要求具有内在的逻辑统一性。围绕"坚持以人民为中心"这一核心内容,中国特色社会主义政治经济学紧扣解放、发展和保护生产力,从社会主要矛盾的变化、贯彻新发展理念、推动高质量发展等多个方面赋予了马克思主义政治经济学崭新的中国因素,促进中国特色社会主义政治经济学在新时代背景下形成了系统完整的理论体系。

---

① 中共中央党校组织:《以习近平同志为核心的党中央治国理政新理念新思想新战略》,人民出版社 2017 年版,第 60 页。

② 《邓小平文选》第三卷,人民出版社 1993 年版,第 373 页。

一、要回答:何为新时代我国社会主要矛盾的变化,如何满足人民日益增长的美好生活需要

随着中国特色社会主义发展进入新时代,中国特色社会主义政治经济学的构建也进入一个新的阶段。对此,习近平总书记在党的十九大报告中指出,"我国社会主要矛盾已经转化为人民日益增长的美好生活需要和不平衡不充分的发展之间的矛盾"[①]。我国社会主要矛盾的转化,不仅是中国特色社会主义进入新时代的理论依据,而且也是中国特色社会主义政治经济学有了新发展的标志。因为新时代我国社会主要矛盾的变化是关系全局的历史性变化,处理和解决好这一矛盾,已是新时代中国特色社会主义的主要任务,关涉中国特色社会主义建设的"五位一体"总体布局和"四个全面"战略布局,是对党和国家各方面工作提出的新要求。尤其是"人民日益增长的美好生活需要",这反映了人民不仅对物质文化生活提出更高要求,而且在民主、法治、公平、正义、安全、环境等方面的要求日益增长,昭示着人民对未来中国社会发展的需求和期待将日益提高。站在新的历史起点,面临新的矛盾,承担新的时代任务与历史使命,这些都涉及重大的政治经济认识与战略安排问题,需要新的政治经济学思想作为指导。可见,我国社会主要矛盾的变化是新时代中国特色社会主义政治经济学的理论新起点,是理论变革的新征程。

二、要回答:怎样贯彻新发展理念,建设什么样的现代化经济体系

发展是解决中国一切问题的"金钥匙"。中国特色社会主义政治

[①]　习近平:《决胜全面建成小康社会　夺取新时代中国特色社会主义伟大胜利——在中国共产党第十九次全国代表大会上的报告》,人民出版社 2017 年版,第 11 页。

经济学所包含的新发展理念为我国社会主义现代化拓展了新的实现路径,既拓宽了马克思主义政治经济学的研究对象,也丰富发展了以《论十大关系》为代表的毛泽东社会主义经济建设思想。创新、协调、绿色、开放、共享,体现了新时代的新问题和新发展方向。贯彻新发展理念,建设现代化经济体系,需要推动生产力与生产关系的良性互动,并从这一社会基本矛盾的视角来把握。具体而言,在生产力视角下,现代化经济体系要以现代化生产力为支柱。因而,建设现代化经济体系,核心载体是"四个协同"的产业体系,即实体经济、科技创新、现代金融和人力资源协同发展的产业体系。这就需要将生产要素与经济增长或实体经济发展协同起来,通过每一种生产要素质量的提高、配置结构的优化,来提高经济增长的质量和效益。生产关系视角下,现代化的经济体系意味着国家治理体系和治理能力的现代化,这就要求构建市场机制有效、微观主体有活力、宏观调控有度的经济体制。以上建设现代化经济体系的基本要求对经济的发展动力、发展领域、供给体系、体制保障等方面的理论贡献,涉及现阶段经济发展理论的核心部分,具有深厚的马克思主义政治经济学的理论基础。因而,"新时代中国特色社会主义政治经济学要加强对现代化经济体系的研究"[1]。

三、要回答:如何推动经济从高速增长转向高质量发展,建设社会主义现代化强国

我国经济发展进入了新时代的基本特征就是:我国经济已由高速增长阶段转向高质量发展阶段。从高速增长转向高质量发展,这意味着今后不仅要重视量的增长,更要重视结构的优化;不仅要重视经济的

---

[1] 张占斌:《为中国"强起来"贡献智慧》,《经济参考报》2018年5月16日。

增长,更要重视环境的保护、社会文明的提升,以及社会治理的完善等。实现我国经济的高质量发展,必须加强国家创新体系建设,建立以企业为主体、市场为导向、产学研用深度融合的技术创新体系,倡导创新文化,强化知识产权保护,支持大众创业、万众创新,使科技创新成为产业升级的持续驱动力,从而推动经济发展质量变革、效率变革、动力变革,提高全要素生产率。在新时代背景下,我国经济由高速增长转向高质量发展,是进一步推进我国现代化进程、实现现代化战略目标的必然要求。在现代化建设的新部署中,明确提出了建设社会主义现代化强国的目标。与之前提出的"建设社会主义现代化国家"的目标相比,这一目标更突出了"强国"的建设。中国是一个人口大国,相比建成经济大国,建设成为经济"强国"则更为艰难。现在,中国已经是全球第二大经济体,换言之,已经是名副其实的经济大国。但是由经济大国变为经济强国,道路更为坎坷,任务更为艰巨。因此,我们需要培育新的经济增长点,形成发展的新动能和新优势;需要优化经济结构,在全球价值链体系分工中,占领越来越多的制高点。可见,按照总任务的战略安排,新时代中国特色社会主义政治经济学的主线是实现社会主义现代化强国建设。

四、要回答:如何认识、适应、引领经济发展新常态,推进供给侧结构性改革

在 2014 年 12 月召开的中央经济工作会议上,习近平总书记指出:"认识新常态,适应新常态,引领新常态,是当前和今后一个时期我国经济发展的大逻辑。"①"经济新常态"的提出,既是马克思主义政治经

---

① 习近平:《习近平谈治国理政》第二卷,外文出版社 2017 年版,第 233 页。

济学的新论断、新成果、新范畴,也为我们分析和研判未来中国经济发展趋势提供了新的理论根据和框架。新常态下,我国经济发展呈现出速度变化、结构优化、动力转换三大新特征,增长速度从高速转向中高速,发展方式从规模速度型转向质量效率型,经济结构调整从增量扩能为主转向调整存量、做优增量并举,发展动力从主要依靠资源和低成本劳动力等要素投入转向创新驱动。可见,随着中国经济发展进入新常态后所面临的一系列突出矛盾和问题,表面上看是速度问题,根子上看是结构问题。经济问题的主要原因已经不再需求侧,而是要抓住供给侧做文章,着力通过推进供给侧结构性改革来破解当前中国经济难题。对此,习近平总书记深刻指出,"供给侧结构性改革,重点是解放和发展社会生产力,用改革的办法推进结构调整,减少无效和低端供给,扩大有效和中高端供给,增强供给结构对需求变化的适应性和灵活性,提高全要素生产率"[1]。"供给侧结构性改革"的提出,是中国特色社会主义政治经济学的重要成果,不仅丰富了政治经济学中关于社会主义宏观经济运行的理论范畴,也为中国未来一个时期如何抓好经济工作指明了方向。同时,习近平总书记还强调"从政治经济学的角度看,供给侧结构性改革的根本,是使我国供给能力更好满足广大人民日益增长、不断升级和个性化的物质文化和生态环境需要,从而实现社会主义生产目的"[2],这表明供给侧改革的关键是推进供给的结构性调整,即通过创新供给结构引导需求结构调整与升级,形成优质高效多样化的供给体系,提供更多优质产品和服务,使供给和需求在新的水平上实现均衡,进而更好地满足人民对美好生活的需要,促进我国经济持续健康发展。

---

① 习近平:《习近平谈治国理政》第二卷,外文出版社 2017 年版,第 252 页。
② 习近平:《习近平谈治国理政》第二卷,外文出版社 2017 年版,第 252 页。

五、要回答:如何正确处理政府与市场的关系,不断完善社会主义市场经济体制

政府与市场作为配置资源、发展经济的两种手段,随着社会生产力、生产关系和上层建筑的发展而变化,处于动态的变化过程之中。从以"计划经济为主、市场调节为辅"到"社会主义有计划商品经济"再到"使市场在国家宏观调控下对资源配置起基础性作用"最后到"发挥市场配置资源的决定性作用,更好发挥政府作用",可见,正确处理好政府与市场的关系,一直贯穿于中国特色社会主义政治经济学形成与发展的始终。把市场在资源配置中的"基础性作用"修改为"决定性作用",标志着我们党对现代市场经济建设规律的深刻把握,把对市场作用的认识提高到了一个新高度,是结合我国国情书写的新版马克思主义政治经济学。当然,市场在资源配置中起决定性作用是有明确限定范围的,即市场起决定性作用的范围领域只是在资源配置中,并不是在分配等其他一切社会经济活动中都能起决定性作用;同时,市场在资源配置中只是起决定性作用,而不是起全部作用,更不是不要政府的作用。发展和完善我国的市场经济体制,还需要更好地发挥政府的作用。因为科学的宏观调控,有效的政府治理,是发挥社会主义市场经济体制优势的内在要求。因此,要不断创新和完善宏观调控体系,进一步推进"放管服"改革,打造一个服务型的廉洁的政府,积极构建"亲""清"新型政商关系,实现政府和市场"两只手"的协调配合。

六、要回答:如何大力发展混合所有制经济,不断完善社会主义基本经济制度

习近平总书记在党的十八届三中全会上指出:"要积极发展混合

所有制经济,强调国有资本、集体资本、非公有资本等交叉持股、相互融合的混合所有制经济,是基本经济制度的重要实现形式。"①这一重要论述,既是对经典社会主义的继承、坚持、创新和发展,同时又规定了我国新时代经济建设的发展方向和路径。大力发展混合所有制经济,必须在坚持"两个毫不动摇"的基础上,坚持权利平等、机会平等、规则平等,加强产权保护制度建设,保证各种所有制经济依法平等地使用生产要素、公开公平公正地参与市场竞争,尤其要加大知识产权保护力度,提高知识产权侵权成本,完善涉外知识产权执法机制。另外,混合所有制经济作为我国基本经济制度的重要实现形式,它的发展完善亟须激发和保护企业家精神,壮大企业家队伍,增强企业家信心,要通过各种方式支持实体经济,充分调动民营企业的投资积极性,大力促进民营经济健康发展。总之,积极发展混合所有制经济,能够促进不同性质的所有制资本交叉持股、相互融合,尤其是促进公有制经济资本与非公有制经济资本相互渗透融合,改善公有制企业的产权结构,增强公有制企业的市场竞争力,促进公有制实现形式的多样化,进而不断完善以公有制为主体、多种所有制经济共同发展的基本经济制度,更加夯实社会主义市场经济体制的根基。

七、要回答:如何促进"一带一路"国际合作,推动形成全面开放新格局

推进"一带一路"建设是习近平总书记深刻思考中国及世界发展大势所提出的宏伟构想和中国方案。2013 年 9 月和 10 月,习近平主席在出访中亚和东南亚国家期间,先后提出共建"丝绸之路经济带"和

① 习近平:《习近平谈治国理政》第一卷,外文出版社 2018 年第 2 版,第 78 页。

"21世纪海上丝绸之路"的重大倡议,得到了国际社会的高度关注和积极回应。习近平主席指出:"以'一带一路'建设为契机,开展跨国互联互通,提高贸易和投资合作水平,推动国际产能和装备制造合作,本质上是通过提高有效供给来催生新的需求,实现世界经济再平衡……有利于稳定当前世界经济形势。"①推进"一带一路"建设既是中国扩大和深化对外开放的需要,也是加强和亚欧非及世界各国互利合作的需要。因此,共建"一带一路"倡议的核心内涵,就是促进基础设施建设和互联互通,加强经济政策协调和发展战略对接,促进协同联动发展,实现共同繁荣。为更好地促进"一带一路"建设,"中国人民将继续扩大开放、加强合作,坚定不移奉行互利共赢的开放战略,坚持引进来和走出去并重,推动形成陆海内外联动、东西双向互济的开放格局,实行高水平的贸易和投资自由化便利化政策,探索建设中国特色自由贸易港"②,在此基础上,中国将继续秉持共商共建共享的全球治理观,打造开放型合作平台,加快实施自由贸易区战略,逐步构筑起立足周边、辐射"一带一路"沿线国家、面向全球的自由贸易区网络,积极同"一带一路"沿线国家和地区商建自由贸易区,支持多边贸易体制,共同反对贸易保护主义,真正把"一带一路"建成和平之路、繁荣之路、开放之路、创新之路、文明之路。

八、要回答:如何积极参与全球经济治理,构建人类命运共同体

随着全球化的深入发展,全球经济治理在实现稳定全球经济、促进

---

① 习近平:《习近平谈治国理政》第二卷,外文出版社2017年版,第504页。
② 习近平:《开放共创繁荣　创新引领未来——在博鳌亚洲论坛2018年年会开幕式上的主旨演讲》,人民出版社2018年版,第10页。

全球经济长期可持续发展上的重要作用已经受到广泛的重视。对此，中国通过 20 国集团、国际货币基金组织、世界银行、世界贸易组织等国际组织和国际机制，获得更多参与国际事务的机会以及与其他国家在各个领域合作共赢的机遇，以此推进与世界各国共同发展，推动世界经济实现平衡、可持续发展。尤其是党的十八大以来，习近平主席在不同场合多次提出构建人类命运共同体的理念，体现了新时期中国参与全球治理的原则立场。中国提出构建"人类命运共同体"，并以诸多实际行动践行这一理念，比如：中国坚定维护以联合国为核心的国际体系，设立中国—联合国和平与发展基金，设立"南南合作援助基金"，为世界和平与发展作出新贡献；中国主张通过对话协商共担责任，促进不同安全机制间协调包容、互补合作，实现普遍安全和共同安全；中国发起建立亚洲基础设施投资银行和设立丝路基金，积极推动"金砖+"合作模式，让更多新兴市场国家和发展中国家参与到共同合作、互利共赢的事业中来。总之，中国发挥负责任大国作用，积极参与全球治理体系改革和建设，将构建人类命运共同体理念通过新的国际合作机制转化为实际行动，扩大了各国利益交汇点，有力推动着世界共同发展。正如习近平主席在博鳌亚洲论坛 2018 年年会开幕式上的主旨演讲中指出的那样："我希望，各国人民同心协力、携手前行，努力构建人类命运共同体，共创和平、安宁、繁荣、开放、美丽的亚洲和世界。"[1]

九、要回答：如何坚持问题导向部署经济发展新战略，坚持稳中求进的工作总基调

习近平总书记强调："我们中国共产党人干革命、搞建设、抓改革，

---

[1] 习近平：《开放共创繁荣 创新引领未来——在博鳌亚洲论坛 2018 年年会开幕式上的主旨演讲》，人民出版社 2018 年版，第 7 页。

从来都是为了解决中国的现实问题。可以说,改革是由问题倒逼而产生,又在不断解决问题中得以深化。"①从"问题意识"到"问题倒逼",既是解决中国现实经济发展问题的科学方法,也是中国经济改革的现实路径,同时也彰显了中国发展的政治经济学的重要特色。习近平总书记凸显"问题意识",直面我们经济发展中面临的一系列突出矛盾和问题,深刻回答了新的历史条件下坚持和发展中国特色社会主义的一系列重大理论和现实问题。尤其是实施京津冀协同发展、长江经济带以及乡村振兴战略,根本目的是为了促进区域协调发展,解决发展不平衡不充分的问题。针对我国经济发展中存在的不少突出矛盾和问题,这就需要坚持稳中求进的工作总基调。"稳中求进工作总基调是我们治国理政的重要原则,也是做好经济工作的方法论"②,稳中求进,稳和进都是主基调,都是大局。稳和进是辩证统一的,要作为一个整体来把握,把握好工作节奏和力度。要实现经济发展稳中求进,必须统筹各项政策,加强政策协同。一是宏观政策要稳;二是产业政策要准;三是微观政策要活;四是改革政策要实;五是社会政策要托底。稳中求进同样意味着要更加积极主动地按照党的十九大要求,今后三年要重点抓好决胜全面建成小康社会的防范化解重大风险、精准脱贫、污染防治三大攻坚战,推动高质量发展。

十、要回答:如何加强党对经济工作的领导,保证我国经济沿着正确方向发展

坚持党对经济工作的集中统一领导,这是中国特色社会主义政治

①　习近平:《习近平谈治国理政》第一卷,外文出版社 2018 年第 2 版,第 74 页。
②　中共中央文献研究室编:《在中央经济工作会议上的讲话》(2012 年 12 月 15 日),《习近平关于社会主义经济建设论述摘编》,中央文献出版社 2017 年版,第 325 页。

经济学最核心、最本质的特征。因此,构建中国特色社会主义政治经济学,必须不断改善党对经济工作的集中统一领导,保证我国经济沿着正确方向发展。而要加强和改善党对经济工作的集中统一领导,首先就必须坚持全面从严治党,永葆党的生机与活力。如果纵容腐败盛行,我们党就会变质,经济制度也必然变质,这是整体经济学所不能忽视的。其次要坚持党对国有企业的领导不动摇,发挥企业党组织的领导核心和政治核心作用,把党的领导融入公司治理各环节,把企业党组织内嵌到公司治理结构之中,保证党和国家方针政策、重大部署在国有企业贯彻执行。这是国有企业的"根"和"魂",是我国国有企业的独特优势。再次要在民营企业中建立、加强党的组织建设,通过党建工作的开展,宣传党的新经济政策,保证民营企业沿着社会主义的方向发展,真正成为中国特色社会主义市场经济的重要组成部分。最后要"加强领导干部能力建设,提高领导经济工作科学化水平"①。各级领导干部要围绕经济社会发展重大问题加强学习和调研,提高科学决策、民主决策能力。要从选拔、任用、考核、培训等多方面入手,在各级班子中配备懂经济特别是具备领导科学发展能力的干部。

第五节　政治立场和重大原则

马克思在研究政治经济学的过程中曾明确指出:"我的观点是把经济的社会形态的发展理解为一种自然史的过程。不管个人在主观上

---

① 中共中央文献研究室编:《在中央经济工作会议上的讲话》(2012 年 12 月 15 日),《习近平关于社会主义经济建设论述摘编》,中央文献出版社 2017 年版,第 315—316 页。

怎样超脱各种关系,他在社会意义上总是这些关系的产物。"①作为中国特色社会主义政治经济学的重大原则,就是根源于我国社会主义经济建设的具体事实和发展过程,它是从新时代政治经济学理论原理中概括出来的抽象性准则,体现了中国特色社会主义政治经济学的内涵实质和根本属性,蕴含着探索中国特色社会主义经济运行规律和发展道路的理论逻辑。

一、政治原则:不断改善党对经济工作的集中统一领导

列宁指出,"一个阶级如果不从政治上正确地看问题,就不能维持它的统治,因而也就不能完成它的生产任务"②。这就是说,只有依靠党的正确领导,才能解决好为谁生产、依靠谁生产、怎样生产等问题。中国特色的社会主义是全面发展的社会主义,中国特色的社会主义经济是社会主义的市场经济。坚持党对经济工作的集中统一领导,为经济社会发展提供有力政治保障,这是当代中国社会主义市场经济体制改革成功的根本经验所在。在领导社会主义市场经济方面,党统揽全局,协调各方,既能充分发挥市场机制的积极作用,又能矫正、弥补它的缺陷。回顾改革开放 40 年的历程,我国社会主义市场经济的建立和发展,就是在党的领导下、在社会主义宪法制度基础上对传统计划经济体制进行改革的结果。中国共产党全心全意为人民服务的根本宗旨,能够在生产力迅速发展的基础上使经济社会发展成果由全体人民所共享,消灭资本主义市场经济由于资本的逐利性所诱致的两极分化,从而确保市场经济的发展方向朝着共同富裕不断趋近,以体现社会主义的

---

① 《马克思恩格斯全集》第 42 卷,人民出版社 2016 年版,第 16 页。
② 《列宁选集》第 4 卷,人民出版社 1995 年版,第 408 页。

本质要求。可以说,离开党的领导,离开社会主义基本制度,就必然改变自身的性质,就不是社会主义市场经济了。

二、核心原则:坚持以人民为中心的发展思想

以人民为中心,为人民谋利益,是我们党的宗旨和目标,是支配中国特色社会主义经济发展过程、反映中国特色社会主义经济发展趋势的理论原则。这一重大原则,反映了中国特色社会主义政治经济学的研究立场。中国特色社会主义政治经济学来源于马克思主义政治经济学,贯穿着马克思主义政治经济学的基本原理,反映着以人民为主体的实践经验,并将其上升为系统化的经济学说。因而,研究中国特色社会主义政治经济学必须坚持以人民为中心的研究立场。以人民为中心,就是要坚持人民主体地位,顺应人民群众对美好生活的向往,把增进福祉、促进人的全面发展、朝着共同富裕方向稳步前进作为经济发展的出发点和落脚点。这反映了中国特色社会主义政治经济学研究的方向和重点,体现在基本理论、结构体系、现实问题等方面。因而,以人民为中心研究中国特色社会主义政治经济学,既是把马克思主义经济学原理与当代中国具体实践结合起来,科学解答我国经济发展中的重大理论和实践问题的过程,也是立足于我国国情和发展实践,把人民群众的实践经验上升为系统化的经济学说的过程。由此可见,以人民为中心作为中国特色社会主义政治经济学的重大原则,其科学性就在于它把当代中国马克思主义经济学的政治性,具体化为实现好、维护好、发展好最广大人民根本利益的理论和实践。

三、根本原则:不断解放和发展生产力

解放和发展生产力既是社会主义的根本任务,也是社会主义的

本质要求。它贯穿于我国社会主义经济建设的全过程。马克思主义认为,生产力是生产中最活跃、最革命的因素,生产力的发展是人类社会发展的最终决定力量。以社会主义初级阶段经济关系为研究对象的中国特色社会主义政治经济学,是尊重经济社会发展客观规律,深化人类社会发展一般规律和生产力发展规律认识的结果。随着中国特色社会主义发展进入新时代,为更好地解放和发展生产力,就需要坚定不移地贯彻新发展理念,建设现代化经济体系。只有这样,才能正确处理生产力发展的质与量、中心与全面、重点与非重点、平衡与不平衡的关系,推动我国经济发展从高速增长阶段转向高质量发展阶段,为我国从经济大国走向经济强国、实现新时代中国特色社会主义新征程的宏伟目标打下坚实物质基础。对此,习近平总书记深刻指出:"全面建成小康社会,实现社会主义现代化,实现中华民族伟大复兴,最根本最紧迫的任务还是进一步解放和发展社会生产力。"[1]党的十九大报告也强调:"解放和发展社会生产力,是社会主义的本质要求。我们要激发全社会创造力和发展活力,努力实现更高质量、更有效率、更加公平、更可持续的发展!"[2]可见,解放和发展生产力犹如一根红线贯穿于新时代中国特色社会主义政治经济学的始终。

四、基础原则:坚持社会主义市场经济的改革方向

在改革开放的伟大实践中,我们党创造性地提出"社会主义也可以搞市场经济",逐步实现了从高度集中的计划经济向社会主义市场

---

[1] 习近平:《习近平谈治国理政》第一卷,外文出版社2018年第2版,第92页。
[2] 习近平:《决胜全面建成小康社会 夺取新时代中国特色社会主义伟大胜利——在中国共产党第十九次全国代表大会上的报告》,人民出版社2017年版,第35页。

经济的华丽转身。实践也表明,现阶段在经济建设过程中发挥市场机制的积极作用符合我国经济社会发展实际,也符合经济社会发展的客观规律。发展和完善社会主义市场经济,公有制的主体地位不能削弱,这是体现我国市场经济的"社会主义"属性,否则就会沦为市场原教旨主义,滑向彻底私有化的迷途。因而,中国特色社会主义政治经济学的研究应着力于使公有制与市场经济有机结合起来,努力发挥好这两方面的优势。当然,统一开放、竞争有序的现代市场经济体系的形成,离不开为数众多、富有活力的各种非公有制经济的积极参加。这就需要改进金融服务,拓宽融资渠道,降低融资成本,坚决取消对民间资本单独设置的附加条件和歧视性条款,切实营造权利平等、机会平等、规则平等的投资环境,从而不断促进民营企业的持续健康发展,充分激发各类市场主体活力,切实夯实我国市场经济活动的微观主体。

五、价值原则:坚持按劳分配和实现共同富裕

劳动价值论是马克思主义政治经济学的基石,它揭示了价值的真正来源。对此,党的十九大报告指出,要"使人人都有通过辛勤劳动实现自身发展的机会",要"坚持按劳分配原则",要"鼓励勤劳守法致富",要"坚持在经济增长的同时实现居民收入同步增长、在劳动生产率提高的同时实现劳动报酬同步提高"。[1] 但是,由于每个人的工作能力、家庭状况存在差异,因而按劳分配"这种平等的权利,对不同等的劳动来说又是不平等的权利",即存在事实的收入差距。加之我国在社会主义初级阶段还存在按生产要素分配等多种分配方式,使得社会成员间的收入差距不断扩大。这就必须按照"共同富裕"这一社会主

---

[1] 习近平:《决胜全面建成小康社会 夺取新时代中国特色社会主义伟大胜利——在中国共产党第十九次全国代表大会上的报告》,人民出版社 2017 年版,第 46—47 页。

义的本质要求,深入推进收入分配制度改革,从制度上防止两极分化的出现。在全面建成小康社会的新阶段,习近平总书记指出:"消除贫困、改善民生、逐步实现共同富裕,是社会主义的本质要求,是我们党的重要使命。"[1]共同富裕作为社会主义制度区别于其他社会制度的一个根本特征,是我们党在带领全国人民发展生产力的过程中坚持客观性与价值性的统一。它的实现离不开生产力的高度发达,离不开人人参与、人人尽力、人人共享。只有坚持按劳分配和共同富裕这一重大原则,才能使经济社会发展成果惠及全体人民,体现新时代中国特色社会主义政治经济学的本质属性。

六、重要原则:坚持并扩大对外开放

马克思主义政治经济学认为,人类社会最终将从各民族的历史走向世界历史。中国特色社会主义政治经济学中对外开放原则是根源于事实和发展过程的,是从我国基本国情和经济发展实践中提炼和总结的规律性成果。从创建经济特区到开放沿海地带,从"引进来"到"走出去",从加入世界贸易组织到共建"一带一路"倡议,整个实践发展历程既是马克思经济全球化思想中国化的具体体现,又是中国特色社会主义政治经济学开放观的创新过程。随着资源全球配置的纵深发展,世界各国越来越多地参与到全球产业分工之中,在此情形下,"中国将在更大范围、更宽领域、更深层次上提高开放型经济水平。中国的大门将继续对各国投资者开放"[2]。"人类命运共同体""一带一路""自由贸易区战略"等成为中国实施新一轮高水平对外开放的重大战略构

---

[1]　中共中央党校组织:《以习近平同志为核心的党中央治国理政新理念新思想新战略》,人民出版社 2017 年版,第 104 页。

[2]　习近平:《习近平谈治国理政》第一卷,外文出版社 2018 年第 2 版,第 114 页。

想。"实践证明,过去 40 年中国经济发展是在开放条件下取得的,未来中国经济实现高质量发展也必须在更加开放条件下进行。"①。这深刻反映了对外开放已经深入中国特色社会主义经济发展的实践之中,中国的经济发展、社会进步,中国对世界的贡献,都和实行对外开放分不开。只有坚持对外开放,中国特色社会主义经济才能得到真正发展,统筹国内国际两个大局,利用国际国内两个市场、两种资源,发展更高层次的开放型经济,积极参与全球经济治理才有可能。因而,对外开放作为中国特色社会主义政治经济学的重大原则,它像一根红线贯穿其理论原理之中,推进着中国特色社会主义政治经济学的理论研究及其实践指导。

第六节　坚持和发展中国特色社会主义 政治经济学的基本路径

时代主题的发展变化,迫切要求我们不断推进理论创新。坚持和发展中国特色社会主义政治经济学,要立足于新时代中国特色社会主义经济建设的伟大实践,围绕建设社会主义现代化强国的重大理论及其实践问题,深刻揭示社会主义经济发展的内在规律,从而不断开拓马克思主义政治经济学中国化的新境界。

一、指导思想:习近平新时代中国特色社会主义经济思想

党的十八大以来,以习近平同志为核心的党中央致力于坚持和发

---

① 习近平:《开放共创繁荣 创新引领未来——在博鳌亚洲论坛 2018 年年会开幕式上的主旨演讲》,人民出版社 2018 年版,第 10—11 页。

展中国特色社会主义,在应对中国经济经过多年高速发展进入"新常态"的现实过程中,把马克思主义政治经济学的基本原理和新时代中国特色社会主义经济发展变革的伟大实践相结合,不断提炼和总结我国经济发展实践的规律性成果,把实践经验上升为系统化的经济学说,形成了以"一个理念+七个坚持"为主要内涵的经济思想理论体系——习近平新时代中国特色社会主义经济思想。作为习近平新时代中国特色社会主义思想在经济建设方面的系统化思想理论和系列化重要论述,习近平新时代中国特色社会主义经济思想是基于中国经济发展现实问题的思考而形成的思想精华,也是马克思主义政治经济学中国化的最新理论成果,更是开启全面建设社会主义现代化国家新征程的行动指南。可以说,习近平新时代中国特色社会主义经济思想的提出,极大地拓展了中国特色社会主义政治经济学的研究视域,成为引领"强起来"阶段中国特色社会主义政治经济学理论创新和体系完善的核心指南。

二、重要举措:进一步拓展中国特色社会主义政治经济学的研究对象范围

随着中国特色社会主义发展进入新时代,我国社会主要矛盾的变化,决定了把"着力发展,满足人民需要"作为中国特色社会主义政治经济学的主线。[①] 因而,对于新时代中国特色社会主义政治经济学的发展来说,我国社会主要矛盾的变化意味着"新时代中国特色社会主义政治经济学要'与时俱进',把研究范围从经济领域拓宽到社会领域,从生产力、生产关系、经济基础拓宽到上层建筑的各个领域,不仅研

---

① 逄锦聚:《新时代新课题与中国特色社会主义政治经济学的新使命》,《经济纵横》2018年第1期。

究生产力、生产关系,而且研究经济制度和经济体制、经济运行、经济改革、经济发展、对外经济关系等,研究它们的相互关系及其在社会再生产中表现的规律性,从而把中国特色社会主义政治经济学建设成为真正为中国特色社会主义发展提供理论基础的科学。新时代中国特色社会主义政治经济学要'敞开胸怀',以中国特色社会主义生产方式及与之相适应的生产关系和交换关系为重点,与社会学、政治学、生态学等多学科交叉、融合,吸收相关学科的研究成果,不断丰富自己的研究内容和理论"①。

三、创新机制:把体系创新与运用创新有机结合起来

推进"体系创新",就是要在马克思主义政治经济学的基本理论与中国社会主义经济建设的具体实践之间架设一个桥梁纽带,推动形成当代中国马克思主义政治经济学的理论体系,创造具有中国特色的经济学说,与这种理论体系相适应,还需要不断完善当代中国马克思主义政治经济学的学科体系、学术体系、话语体系和教材体系,从而不断推动中国特色社会主义经济建设中的一些重大理论研究走向深入,以更好地指导新时代的经济发展问题。在注重体系创新的同时,还要与运用创新有机结合起来。2014年7月8日,习近平总书记在主持召开经济形势专家座谈会时指出:各级党委和政府要学好用好政治经济学,自觉认识和更好地遵循经济发展规律。这里的"用好"就是要不断推进应用创新,不断创新马克思主义经济学基本原理的具体运用方式,这就需要坚持马克思主义的本源,把马克思主义政治经济学的基本原理和方法与新时代中国特色社会主义经济建设的具体实践相结合,注重运

---

① 张占斌:《为中国"强起来"贡献智慧》,《经济参考报》2018年5月16日。

用马克思经济中国化的最新理论成果指导新时代的经济发展及其经济学科的构建,使马克思主义政治经济学作为基础学科的关键地位不断得到巩固加强。

四、基本策略:对中国特色社会主义经济建设的重大历史经验进行总结

随着中国特色社会主义的发展进入新时代,中国特色社会主义政治经济学的构建也进入一个新的阶段,在这一重大历史阶段,需要注重对一些重大历史经验的总结,并"把实践经验上升为系统化的经济学说"。一是要注重对改革开放 40 年来的经验进行总结,把我国在建设和发展社会主义市场经济过程中的一些重大理论和实践问题进行系统研究,并上升为系统化的经济学范式,为坚持和发展中国特色社会主义政治经济学提供重要支撑;二是要注重对新中国成立近70 年来我国社会主义经济建设的经验总结,进一步深化对中国发展道路的政治经济学解析,不断增强道路自信;三是进入新时代后,我们即将迎来中国共产党成立 100 周年,在这 100 年的发展历程中,我们党的历代领导人结合各自面临的历史任务,提出了适应不同历史阶段的经济思想,这些经济思想是马克思主义政治经济学中国化的重要组成部分,需要对建党 100 年来不同时期的经济思想加以概括总结,从而为坚持和发展中国特色社会主义政治经济学提供丰厚的历史养分。

五、兼容并包:充分吸收并合理借鉴西方经济的科学成分

坚持和发展中国特色社会主义政治经济学,在纵向上要做好追本溯源工作,在横向上则要处理好同其他经济学流派的关系,这其中最为

重要的是既要立足于建立在中国历史与文化基础上的中国现实,也要吸收借鉴西方主流经济学的理性基因,如西方主流经济学关于供给与需求的理论、垄断与竞争的分析,以及实证方法、统计方法、数学分析方法的运用,对于中国特色社会主义经济的生产、交换和分配过程的完善显然有其借鉴价值。此外,不少西方经济学所揭露的西方工业化社会的种种弊端和缺陷,如资源枯竭、环境污染、生态失衡、分配不均、社会危机等问题,从反面告诫我们,在经济建设过程中必须采取措施,及时预防和消除这些弊端。总之,坚持和发展中国特色社会主义政治经济学,必须在坚持一分为二的基础上,实现对西方主流经济学进行借鉴和批判的辩证统一,从而建立"面向现代化、面向世界、面向未来的,民族的科学的大众的"中国特色社会主义政治经济学理论体系。

第八章　主要任务：
贯彻新发展理念建设现代化经济体系

党的十九大明确指出，我国经济已经由高速增长阶段转向高质量发展阶段。要完成这个历史性的转变，就必须牢牢把握以新发展理念为主要内容的习近平新时代中国特色社会主义经济思想精神实质和丰富内涵，聚焦我国社会主要矛盾的变化和经济发展新常态的特点及趋势性特征，积极应对美国发起的中美贸易摩擦带来的挑战和风险，深化供给侧结构性改革，加快建设现代化经济体系。

第一节　中国经济发展进入新常态

一、立足中国大地实际问题而提出的战略性研判

习近平总书记强调的中国经济新常态，是高瞻远瞩的全局性、方向性、战略性的判断，是立足新时代的一项重大的理论创新，是新版的马克思主义政治经济学。表明党对社会主义市场经济建设规律的把握更加成熟，对科学发展的认识更加自觉。党的十八大以来，面对世界经济

复苏乏力、局部冲突和动荡频发、全球性问题加剧的外部环境,面对我国经济发展进入新常态等一系列深刻的变化,我们坚持稳中求进的工作总基调,迎难而上,开拓进取,经济发展的质量和效益不断提升,取得了改革开放和社会主义现代化建设的历史性成就。

总的来看,经济建设取得巨大成就与我们遵循认识新常态、适应新常态、引领新常态的大逻辑是分不开的。可以说,当前我国已经站在了一个新的发展阶段,已经是一个名副其实的全球经济大国。但是,放眼世界来看,我国还不是真正的世界经济强国。我们要跨越"中等收入陷阱",实现"两个一百年"奋斗目标,实现中华民族伟大复兴的中国梦,还有很长的路要走。站在中国特色社会主义新时代的历史起点,我们更加需要牢牢把握中国经济新常态和特征,坚持贯彻新发展理念,坚持问题导向,敢于担当,汇集智慧,重点突破,依靠全面深化改革和创新驱动着力解决我国发展不平衡不充分的突出问题和矛盾。以习近平新时代中国特色社会主义经济思想和基本方略为指导,全面开启从经济大国走向经济强国的新征程。

二、中国经济新常态的趋势性变化和特征

我国经济发展新常态表现为六个趋势性变化和特征。一是增长速度由高速向中高速转换。这是经济新常态的表象特征。从国际经验看,经济增速的适度回落是一个国家或地区达到中等收入水平之后的普遍规律。从国内经验看,我国经历了三十多年高强度大规模开发建设后,能源、资源、环境的制约影响逐步明显,一定程度上掣肘于经济的可持续增长。可以说,中国经济增速放缓是趋势性的,是符合衍化经济学主要发展逻辑的,为由高速增长阶段向高质量发展阶段的转换创造了调整空间和时间。

二是发展方式从粗放型增长向集约型增长转换。这是经济新常态的基本要求。改革开放40年来，我国经济发展突飞猛进，取得了举世瞩目的成就。但是重规模、重速度导致的发展不平衡、不协调、不可持续等问题依然比较突出。新时期必须加快转变经济发展方式，把提高供给体系质量作为主攻方向，实现经济发展方式向质量效率型集约增长转变，显著增强我国经济质量优势。

三是产业结构由中低端水平向中高端水平转换。这是经济新常态的主攻方向。改革开放40年来，我国产业结构总体上处于中低端水平。经济发展进入新时代以来，我国产业形态呈现出从低级向中级、高级不断攀升的特征，这符合产业结构演变的自然规律。我们必须顺势而为，建设现代化经济体系，加快推动经济高质量发展，促进我国产业企业迈向全球价值链中高端和高附加值环节，积极打造世界级先进制造业集群。

四是增长动力由要素、投资驱动向创新驱动转换。这是经济新常态的核心内涵。过去，我们发展经济更多的是靠大规模的要素投入。当前，我国经济增长的动力正逐渐转入创新驱动发展，一些新技术、新产品、新业态、新商业模式的投资机会大量涌现，新动能新经济呈现蓬勃发展的态势，创新对经济增长的贡献显著增加。科技创新由跟跑为主转向更多领域并跑、领跑。

五是资源配置由市场起基础性作用向起决定性作用转换。这是经济新常态的机制保障。在市场起决定性作用的新常态下，政府不搞强刺激大放水，通过转变政府职能、鼓励创业、支持创新，加快形成统一透明、有序规范的市场环境，将资源配置的决定权交给市场。通过更好地发挥政府的作用，合理运用区间调控、定向调控和结构性改革等方式来弥补"市场失灵"。从2018年政府工作报告来看：我国重要领域和关键环节改革取得突破性进展,政府职能发生了深刻转变,市场活力和社会创造力明显增强。

六是经济福祉由先好先富向包容共享转换。这是经济新常态的发展结果。党的十八大以来,以习近平同志为核心的党中央坚持以人民为中心的发展思想,积极推进精准扶贫和精准脱贫,注重在发展上弥补民生短板,让城乡人民共享经济发展成果,城乡收入差距正在逐步缩小,收入分配制度改革正在朝着积极的方向发展,人民的"获得感""幸福感""安全感"不断增强。

三、中美贸易摩擦的出现是带有标志性的国际环境新常态

2018年3月以来,美国在经贸领域对华奉行强硬路线,正在成为美国朝野两党的共识。2018年3月23日,美国政府宣布基于所谓"301调查"结果,对500亿美元中国输美商品加征25%的关税,由此中美贸易摩擦白热化。此后,对于美方一意孤行、出尔反尔,一再发出贸易摩擦威胁并不断升级事态的行为,中方被迫采取对等反制措施。自2018年7月6日开始,中美双方彼此对价值340亿美元的商品互征关税。2018年8月23日,双方对额外160亿美元的商品互征25%的关税,中美贸易摩擦再次升温。2018年9月24日,美国对产自中国的2000亿元产品加征10%的关税,并在2019年1月1日起将税率提高到25%。

美国启动贸易保护主义的真实意图是什么?一是采用关税手段保护本国产业,引导制造业"回流"美国。在特朗普看来,由于美国对华贸易逆差多,冲击了美国国内的就业和制造业。因此,通过加征关税提高中国商品的出口成本,希望通过关税保护本国的企业,更重要的是希望制造业能够回流到美国。二是阻击中国高新技术产业发展,保持美

国高端产业的领先地位。美国对"中国制造2025"一直颇有微词,特朗普本人和商务部部长罗斯在很多场合曾表示,他们最不能接受的就是在高新技术产业上被中国反超。同时,采取审查等措施限制中国企业投资收购美国高科技企业。三是遏制中国崛起,美国希望继续保持世界霸主地位。不仅仅是中国,美国历史上早已对多国实行过打压遏制。任何一个国家,只要实力接近或超过美国的60%时,美国就一定会下手。这种历史的必然与意识形态、政治制度、关系友好与否无关,仅仅因为美国绝不允许任何国家可以与其匹敌。

中美贸易摩擦背后又有哪些深刻根源呢? 一是美国寻求全球利益分配格局的重新调整。现在,美国不满意现有的利益分配格局,想重构传统以美国为主导的世界经济政治体系,通过重构秩序重新调整分配利益,目的是让自己能够从全球化中获得更多的利益。二是特朗普推行"美国利益至上"战略的体现。美国希望代表自己利益的规则、法律凌驾于国际组织之上,但是当这些国际组织开始真正发挥公平公正、维护世界各国利益功能的时候,美国就着手抛弃这些组织,准备另起炉灶了。三是中美两种体制冲突在经济领域的表现。美国认为中国没有像设想的那样走向西方式的市场经济和民主道路,反而沿着自己的道路越走越远,中国特色社会主义焕发出强大生机和活力。

基于以上分析,可以对中美关系作出几个重要判断:一是中美两国全面竞争的局面已经由暗到明。2018年美国对中国政策发生根本性改变,《国防战略报告》将中国首次定位为"战略性竞争对手"也说明了这点。二是美国开启了明确遏制中国发展的一个新起点。当前贸易摩擦只是一个开始绝不会是终点,美国已经视中国为最重要的竞争对手。因此,未来美国在经济、科技、军事、国际社会等领域的遏制将会越来越明确与频繁。三是中美贸易摩擦可能具有长期性。从以上种种迹象来看,美国"逆全球化"的举动不仅对中美经贸关系产生巨大破坏,使中国发展面临的国际环境不确定性增大,对全球经济和治理体系也将产生长期、持续、负面的影响。据此,以美国为主导的新一轮贸易保护主义和"逆全球化"现象可能成为世界经济秩序的"新常态"。

第二节　新发展理念与习近平新时代中国特色社会主义经济思想

一、新发展理念的提出及与高质量发展的互动关系

新发展理念是针对新常态下中国发展环境、条件、任务和要求的新趋势、新变化和新特点提出的重要论断。新理念聚焦破解发展的明显短板,强调厚植发展优势,明确全面完成"十三五"时期的目标、任务和要求,指出决胜全面建成小康社会阶段的基本思路和根本方法,是新一届中央领导集体治国理政的主方略。党的十八大以来,以习近平同志为核心的党中央为适应新时代发展的新要求,始终坚持用发展的眼光看待问题和解决问题,并将发展尤其是促进经济高质量发展贯穿于历史发展逻辑的始终。2015 年党的十八届五中全会提出了以"创新、协调、绿色、开放、共享"为主要内容的新发展理念,从中国经济社会发展战略全局的高度,深刻揭示了"十三五"乃至更长时期实现更高质量、更有效率、更加公平的宏观路径,丰富了马克思主义发展观的深刻内涵。

关于新发展理念与高质量发展的逻辑关系,具体来说,创新是促进

经济高质量发展的第一动力,全面体现了人的发展、物的改进、人和物结合方式改进的要求,诸如制度创新、文化创新不仅可以激发劳动者推动生产力发展的积极性和主动性,还可以推进人和物结合方式的改进,提高全要素生产率;科技创新可以提高劳动者的劳动技能和创造能力。利用新技术改进生产工具,及时把技术创新产品用作生产资料和劳动对象,是创新发展推进生产力系统中物的改进的重要途径,也是我国经济转向高质量发展阶段、迈向中高端水平的必由之路。协调是促进经济高质量发展的内在要求,重在正确处理发展中的重大关系,改进生产力系统中人和物的结合方式,只有坚持协调发展,才能解决发展中的不平衡不充分问题,推动新型工业化、信息化、城镇化、农业现代化同步发展,使我国经济转型升级、提质增效的路径更可持续。绿色是促进经济高质量发展的必要条件和人民对美好生活向往的重要体现,把节约资源和保护环境的基本要求植入生产力系统,重在改进物、改进人和物结合方式。只有坚持绿色发展,树立和践行绿水青山就是金山银山的理念,才能建设美丽中国、解决人与自然和谐共生问题。开放是促进经济高质量发展的必由之路,重在拓展改进物、改进人和物结合方式的地理空间。只有坚持开放发展,才能进一步提升开放型经济水平,更好利用两个市场、两种资源,解决发展内外联动问题。共享是中国特色社会主义的本质要求,也是促进经济高质量发展的根本目的所在,它重在通过公平、公正的发展成果分配,调动人推动生产力发展的积极性和主动性。只有坚持共享发展,共享改革红利,才能不断增进人民福祉,促进社会公平正义。

可见,新发展理念集发展动力、发展机制、发展条件、发展环境、发展目标等为一体,是改革开放 40 年来我国发展经验的深刻总结,更是党的十八大以来党中央治国理政思想的一次全面系统阐述,既反映了促进生产力系统结构优化和功能改善的内在特性、发展生产力的具体路径和保护生产力的现实要求,又体现了应如何调节完善社会主义生产关系,全面构建以促进社会生产力发展水平为中心的新发展理念。

二、习近平新时代中国特色社会主义经济思想

2017年年底的中央经济工作会议指出,党的十八大以来的五年,党中央坚持观大势、谋全局、干实事,成功驾驭了我国经济发展大局,在实践中形成了以新发展理念为主要内容的习近平新时代中国特色社会主义经济思想。可以说,以新发展理念为主要内容的习近平新时代中国特色社会主义经济思想是对党的十八大以来我国经济发展实践的理论概括,是习近平新时代中国特色社会主义思想在经济方面的集中体现,从政治保障、发展目的、发展理念、主要矛盾,到工作主线、发展战略和策略方法,形成了一套完整的理论体系,可以概括为"一个理念+七个坚持"。一个理念就是新发展理念。这里重点阐释"七个坚持"。

第一,坚持加强党对经济工作的集中统一领导,保证我国经济沿着正确方向发展。中国特色社会主义市场经济的发展历程表明,只有坚持党对经济工作的集中统一领导,才能准确把握时代变化的趋势、不断完善社会主义制度,把坚持以经济建设为中心同坚持四项基本原则、坚持改革开放统一起来,充分发挥经济和政治两方面的优势,确保我国经济发展始终沿着正确的方向前进,为解放发展生产力、实现社会主义现代化提供有力政治保障。只有坚持党的领导,才能更好发挥政府作用。因为党统揽全局、统筹布局、协调各方、制定政策,是政府的向导和核心,是实施政府宏观政策、推进新时代国家治理体系和治理能力现代化的组织保证。

第二,坚持以人民为中心的发展思想,贯穿到统筹推进"五位一

体"总体布局和协调推进"四个全面"战略布局之中。2012年,习近平总书记在中外记者见面会时就指出:"人民对美好生活的向往,就是我们的奋斗目标。"①党的十九大报告在关于八个明确中的第二点指出:"明确新时代我国社会主要矛盾是人民日益增长的美好生活需要和不平衡不充分的发展之间的矛盾,必须坚持以人民为中心的发展思想。"②党中央深入推进以供给侧结构性改革,实施精准扶(脱)贫,补齐民生短板,坚持把增进人民福祉、促进人的全面发展、朝着共同富裕方向稳步前进作为经济发展的出发点和落脚点,部署经济工作、制定经济政策、推动经济发展都要牢牢坚持这个根本立场。这些施政思想、导向、举措都印证了坚持以人民为中心的发展思想。另外,我国社会主义经济建设的实践历程表明,在经济发展中任何偏离"以人民为中心"这一根本遵循都不是真正的社会主义市场经济。社会主义市场经济体制是既能促进经济发展,又能使得经济发展成果由全民共享的经济,因为我们的经济发展始终强调的是以共同富裕为目标的发展。

第三,坚持适应把握引领经济发展新常态,立足大局,把握规律。当前,我国经济已由高速增长阶段转向高质量发展阶段,要继续巩固改革发展的良好势头,再接再厉、趁热打铁、乘势而上,要以党的十九大报告精神为指引,积极主动适应和引领经济新常态,推动全面深化改革不断取得新成效。加快推进"三去一降一补",优化存量资源配置,实现供需动态平衡。优化政策供给,改善营商环境,保持经济中高速发展。推动经济平稳增长,要用好用活财政金融产业政策,支持实体经济稳步

---

① 中共中央文献研究室编:《习近平关于全面建成小康社会论述摘编》,中央文献出版社2016年版,第129页。

② 习近平:《决胜全面建成小康社会　夺取新时代中国特色社会主义伟大胜利——在中国共产党第十九次全国代表大会上的报告》,人民出版社2017年版,第19页。

发展。着力防范化解风险,稳定经济发展预期。要适应经济新常态、主动有为,就要对经济新常态阶段各种潜在的经济社会风险如房地产风险、地方政府债务风险、金融风险等保持清醒的认识和正确防范的力措。

第四,坚持使市场在资源配置中起决定性作用,更好发挥政府作用,坚决扫除经济发展的体制机制障碍。从中国特色社会主义市场经济体制建设历程看:从1992年党的十四大明确中国经济体制改革的目标是建立社会主义市场经济体制,到党的十六大提出在更大程度上发挥市场在资源配置中的基础性作用,再到党的十八届三中全会强调使市场在资源配置中发挥决定性作用等,处处彰显着我国坚持市场化的改革方向不动摇,市场作为资源配置手段的地位和作用不断提升,政府对资源的直接配置大幅减少。更好地发挥政府的作用,合理运用区间调控、定向调控和结构性改革等方式来完善市场机制,弥补"市场失灵"。通过鼓励创业、支持创新,加快形成统一透明、有序规范的市场环境,将资源配置的决定权交给市场。

第五,坚持适应我国经济发展主要矛盾变化完善宏观调控,相机抉择,开准药方,把推进供给侧结构性改革作为经济工作的主线。党的十九大报告指出:"我国社会主要矛盾已经转化为人民日益增长的美好生活需要和不平衡不充分的发展之间的矛盾。"[①]"不平衡不充分的发展"主要表现为生产力发展不充分、生产关系发育不完善。因而,必须深入推进供给侧结构性改革,大力优化供给结构、改善供给质量、提高供给效率、抓好供给管理,增强供给结构对需求变化的适应性和灵活性,进而优化生产力布局和改善生产关系。从消费需求层面看,在促进

---

① 习近平:《决胜全面建成小康社会 夺取新时代中国特色社会主义伟大胜利——在中国共产党第十九次全国代表大会上的报告》,人民出版社2017年版,第11页。

供给与需求动态平衡的基础上更好满足人民对美好生活的需要。我国社会主要矛盾的变化是关系全局的历史性变化，对经济社会发展提出了许多新要求，也构成了习近平新时代中国特色社会主义经济思想的现实基座。

第六，坚持问题导向部署经济发展新战略，对我国经济社会发展变革产生深远影响。坚持问题导向是新的历史条件下我们党治国理政新理念新思想新战略的鲜明特点，更是部署经济发展新战略的一贯遵循。从党的十八届三中全会的"问题倒逼改革"，到党的十八届五中全会提出并贯彻"创新、协调、绿色、开放、共享"的新发展理念，到党的十九大指出我国社会主要矛盾的变化，再到部署 2018 年的中央经济工作会议提出的"三大攻坚战"都折射出鲜明的问题意识和问题导向。认真研究解决重大而紧迫的问题，才能真正把握住历史脉络，找到发展规律，推动理论创新。从当前改革发展实践来看，我国进入"表达诉求、矛盾多发、攻坚克难"新的历史时期遭遇的矛盾和问题，主要聚焦在创新发展、协调发展、绿色发展、开放发展、共享发展层面上。

第七，坚持正确工作策略和方法，稳中求进，保持战略定力、坚持底线思维，一步一个脚印向前迈进。坚持稳中求进总基调，是贯彻落实新发展理念、推动经济高质量发展的基本前提，客观上要求把握好稳和进的关系，把握好平衡、把握好时机、把握好度。稳中求进的发展要求也内在地决定了经济运行必须是效率和质量导向的，即体现质量第一、效率优先，以实现更高质量、更有效率、更加公平、更可持续的发展。从方法论视角来看，经济转向高质量发展阶段的提出，反映了以习近平同志为核心的党中央对"实现什么样的发展、怎样发展"等问题的最新探索成果，既是对以往发展理念的丰富完善，也是在更高层次上对传统发展思想的升华与超越。

三、习近平新时代中国特色社会主义经济思想的重要意义

习近平新时代中国特色社会主义经济思想是中国特色社会主义政治经济学的最新成果,适应新时代中国国情和时代特征,有力指导了我国经济发展实践,开拓了马克思主义政治经济学的新境界,丰富了人类经济思想宝库。从其理论意义来看,拓展了马克思主义政治经济学在21世纪发展的新视野和新境界。在经济全球化深入发展、世界各国应对新挑战的关键时刻,习近平新时代中国特色社会主义经济思想主张"一带一路"倡议,建立人类命运共同体,改善全球经济治理模式,推动世界和平、发展、互利、共赢,这是马克思主义经济全球化思想在新时代背景下的现实体现,反映了全世界人民的共同心声。从其时代意义来看:坚定了中国特色社会主义政治经济学的理论自觉和理论自信。习近平新时代中国特色社会主义经济思想作为马克思主义政治经济学中国化、时代化的最新成果,它既超越了传统社会主义政治经济学的理论范式,又突破了西方政治经济学理论,解决了社会主义与市场经济兼容结合后的理论难题,使社会主义市场经济体制改革在基本理论及其合法性上彰显了马克思主义的理论自觉与理论自信,成为中国特色社会主义道路最鲜明的理论诠释。从其实践意义来看:为新时代中国特色社会主义经济建设提供了理论指引和方向遵循。习近平新时代中国特色社会主义经济思想系统总结了新时代实践经验,揭示了经济建设的规律性,为加快新时代中国特色社会主义经济建设、推动我国经济从高速增长阶段转向高质量发展阶段提供了科学的理论指引。从其国际意义来看:为世界经济发展、经济学发展贡献了中国方案和中国智慧。习近平新时代中国特色社会主义经济思想重视对经济全球化正负效应的分析,反对贸易保护,倡导互利共赢的开放战略,发展更高层次的开

放型经济,致力于和平发展,强调互利互惠,积极参与全球经济治理,构建人类命运共同体,这反映了人类和平发展、平等发展、共同发展的共同心声。

从中国特色社会主义政治经济学的时代特征和突出特色来看,习近平总书记关于中国特色社会主义政治经济学的重要论述和在实践中形成的以新发展理念为主要内容的习近平新时代中国特色社会主义经济思想,内在地彰显了中国特色社会主义政治经济学的理论特性。其紧扣发展主题的时代性,指出中华民族迎来了从"站起来""富起来"到"强起来"的伟大飞跃;保障发展方向的正确性,坚持和完善党对经济工作的集中统一领导;凸显发展目的的人民性,坚守以人民为中心的发展思想;彰显发展眼光的世界性,在全面开放新格局的基础上积极参与全球经济治理。

第三节 建设现代化经济体系

一、党的十九大报告为什么提出建设现代化经济体系

从中国发展实践来看,党的十九大提出建设现代化经济体系紧扣新时代我国社会主要矛盾转化、适应参与国际竞争和建设社会主义现代化强国的需要,是满足经济高质量发展的内在要求的。

第一,建设现代化经济体系是适应我国社会主要矛盾转化的必然要求。40年的改革开放历程证实,中国经济发展如火如荼,取得历史性成就,但也积累了大量结构性、体制性的矛盾和问题。进入新时代以来,社会主要矛盾的变化必然提出建设现代化经济体系、推动高质量发

展的问题。在社会主要矛盾的主要方面是落后的社会生产力的情况下,追求高速增长,形成赶超型的经济模式,有其历史的合理性。当人民日益增长的美好生活需要和不平衡不充分的发展之间的矛盾转化为主要矛盾时,就必须改变过去那种经济发展模式,把经济发展转向提高质量上来,毋庸置疑,高质量发展需要现代化经济体系来支撑。据此看来,建设现代化经济体系是适应我国社会主要矛盾变化的必然要求,也是遵循中国经济发展新常态的必然要求。

第二,建设现代化经济体系是适应我国参与全球化竞争的必然要求。2008年国际金融危机以后,美国和其他西方国家都面临着深层次的深刻的经济调整,这个调整给中国提供了参与全球经济治理和全球经济分工的重要机遇。如果我们能够通过建设现代化经济体系来抓住这个重要的历史机遇,参与全球经济分工,参与全球经济治理,为全球提供更多的公共产品和服务,就可能大大地提升中国在全球的话语权。从近年的情况看,美国在积极推动再工业化,德国也在实施"工业4.0"计划,其他发达国家也在进行抢占世界经济制高点、世界产业制高点和科技制高点的行动,发展中国家也在加速推动产业结构调整和产业升级。对中国而言,加快建设现代化经济体系,优化经济结构,推动产业迈向全球价值链中高端和高附加值环节显得重要而迫切。

第三,建设现代化经济体系是全面建设社会主义现代化强国的必然要求。党的十九大提出,我们要在2020年全面建成小康社会的基础上,继续努力奋斗,到新中国成立一百年时,基本实现现代化,把我国建成社会主义现代化国家。可以这样讲,建设现代化经济体系,推动经济高质量发展是全面建设社会主义现代化国家的必然要求。整体来看,我国的经济发展质量不高,经济体系建设不完善,主要表现在:区域经济发展不平衡、不充分;实体经济发展质量不高,从全球价值链的角度看,我国企业多处于中低端而不是中高端;创新型国家建设支撑不够,要素驱动力明显减弱,新动能还未全面接续,创新型国家建设还有很长的路要走;农业发展质量效益竞争力不高,农民增收后劲不足,农村自我发展能力弱,城乡差距依然较大。据此,全面建设社会主义现代化国家,就必须加快建设现代化经济体系,进而推动加强我国经济的高质量发展。

二、现代化经济体系的主要特征、内容和重点

党的十九大报告站在新的历史发展起点,高瞻远瞩,审时度势,对贯彻新发展理念、建设现代化经济体系作出了全面部署。现阶段,加快建设现代化经济体系,必须深刻领悟其内涵,全面认知新时代建设现代化经济体系的重要性和紧迫性,牢牢把握新时代建设现代化经济体系的总体要求,抓好抓准建设现代化经济体系的重点和举措。

第一,现代化经济体系的科学内涵。现代化经济体系就是必须坚持质量第一、效益优先,以供给侧结构性改革为主线,推动经济发展质量变革、效率变革、动力变革,提高全要素生产率,着力加快建设实体经济、科技创新、现代金融、人力资源协同发展的产业体系,着力构建市场机制有效、微观主体有活力、宏观调控有度的经济体制,不断增强我国经济创新力和竞争力。

第二,现代化经济体系的主要内容和特征。现代化经济体系就是反映科技水平和现代化市场经济体制的经济体系,可以概括为"六个体系+一个经济体制"。一是创新引领、协同发展的产业体系:科技创新在实体经济发展中的贡献份额不断提高,现代金融服务实体经济的能力不断增强,人力资源支撑实体经济发展的作用不断优化。二是统一开放、竞争有序的市场体系:市场准入畅通、市场开放有序、市场竞争

充分、市场秩序规范,企业自主经营公平竞争、消费自由选择自主消费、商品和要素自由流动平等交换。三是体现效率、促进公平的收入分配体系:收入分配合理、社会公平正义、全体人民共同富裕,推进基本公共服务均等化,逐步缩小收入分配差距。四是彰显优势、协调联动的城乡区域发展体系:区域良性互动、城乡融合发展、陆海统筹,培育和发挥区域比较优势,加强区域优势互补,塑造区域协调发展新格局。五是资源节约型、环境友好型的绿色发展体系:绿色循环低碳发展,人与自然和谐共生,形成人与自然和谐发展现代化建设新格局。六是多元平衡、安全高效的全面开放体系:发展更高层次开放型经济,推动开放朝着优化结构、拓展深度、提高效益方向转变。最后则是充分发挥市场作用、更好发挥政府作用的经济体制:实现市场机制有效、微观主体有活力、宏观调控有度。据此,"6+1"构成了建设现代化经济体系的主要内容。其主要特征主要涵盖更高质量的经济发展、更高效益的经济水平、适度合理的经济增速、协同发展的产业体系、良好的市场经济体制、更高水平的城乡融合、更加协调的区域发展和更加开放的全球分工八个方面。

第三,建设现代化经济体系的重点。建设现代化经济体系是党的十九大乃至今后更长一段时间的重大战略目标,应该涵盖以下三个重点方面:一是形成现代动力体系,坚持质量第一、效益优先,以供给侧结构性改革为主线,推动经济发展质量变革、效率变革、动力变革,提高全要素生产率;二是形成现代产业体系,着力加快建设实体经济、科技创新、现代金融、人力资源协同发展的产业体系;三是形成市场经济体制,着力构建市场机制有效、微观主体有活力、宏观调控有度的经济体制。

第九章　最终目标：
实现新时代经济高质量发展

中国特色社会主义进入新时代,基本特征就是我国经济已由高速增长阶段转向高质量发展阶段。必须坚持以习近平新时代中国特色社会主义经济思想为行动指南,以新发展理念为引领,科学把握高质量发展的内涵,推动我国经济在实现高质量发展上不断取得新进展。

高质量发展是以提高发展质量和效益为中心的发展,是为了更好满足人民日益增长的美好生活需要的发展,是体现新发展理念的发展,是以创新为第一动力、协调为内生特点、绿色为普遍形态、开放为必由之路、共享为根本目的的发展。实现高质量发展既要总结改革开放 40 年来我国实现大国经济长期增长的有效经验,也要分析当前中国经济面临的实际阶段性难题。推动经济高质量发展就要建设现代化经济体系,关键在于提升经济平稳增长能力、经济高质量运行能力和经济可持续发展能力。加快转向高质量发展是时代的需要,是发展的必须,是适应我国发展新变化的必然要求,是新时代中国特色社会主义政治经济学发展的目标和方向,是当前和今后一个时期谋划经济工作的根本指针,对于我国发展全局具有重大现实意义和深远历史意义。

第一节　准确把握高质量发展的重要内涵

一、从高速增长到高质量发展的历史逻辑

近代的中国积贫积弱,晚清的洋务运动和民国时期轻工业短暂的繁荣并没有把国家推上富强的轨道。1949 年中华人民共和国宣告成立,为国家发展提供了稳定的政治环境与制度前提。从 20 世纪 50 年代到 70 年代,我国建立了初步的工业化基础,但也存在着不少计划经济体制弊端,人民生活水平长期徘徊在温饱线,踟蹰不前。自 1978 年改革开放以来,我国经济进入高速增长时期。2017 年,国内生产总值总量达到 82.7 万亿元人民币,已稳居世界第二位,仅次于美国;人均GDP 将近 9000 美元,达到中等收入国家偏上的发展水平。

要保持中国经济的健康发展,成功跨越"中等收入陷阱",国家经济增长模式的转型升级必不可少。从历史进程看,我国经济发展历程中新状态、新格局、新阶段总是在不断形成,当前经济发展进入新常态,完全符合事物发展螺旋式上升的运动规律。改革开放以来,随着我国经济持续高速增长,"有没有"的矛盾逐步缓解,但随之而来的居民收入水平提高和中等收入群体扩大,居民消费结构加快向多样化、个性化、服务化方向升级,将"数量追赶"时期迅猛扩张形成的生产能力远远抛在了"身后",出现了严重的产能过剩,"好不好"的矛盾日趋凸显。如果说,在高速增长阶段,填补产品产量、资本存量等"数量缺口"是发展的动力源泉,主要任务是实现"数量追赶",那么,进入高质量发展阶段,填补产品质量、生产效率等"质量缺口"就是经济发展的潜力所在,

主要任务则是实现"质量追赶",以显著增强我国经济的质量优势为主攻方向。它经历了一个由高速增长阶段逐步转变为必须更加重视经济发展质量内涵的过程。

二、高质量发展的内涵特征

我国经济已由高速增长阶段转向高质量发展阶段的这一重大判断内涵丰富,其中几个关键词需重点把握。

一是从"高速"到"高质量"的变化。这不仅意味着今后经济发展的主要任务已从速度转向质量,也明确提出今后经济工作的主旋律不再是速度,而是质量。改革开放以来,我们始终抓住 GDP 这个"牛鼻子",追求高速度,也尝到了高速发展的甜头。如今我国一年的经济增量已相当于一个中等发达国家的经济规模,由于体量和基数不断变大,每增长一个百分点,在保就业、惠民生等方面的效应明显增大,但同时每增长一个百分点,对资源环境的消耗也在成倍增加,我国经济已经"达不到"也"受不了"像过去那样的高速增长。因此,由"高速"转向"高质量"是一种理念的创新,是一次新的思想解放,是一场思想领域的革命。

二是从"增长"到"发展"的变化。增长和发展二者含义不同,相比经济增长而言,经济发展的内涵更加丰富,经济高质量发展的意义更加深远。除了传统意义上通过土地、资本、劳动力等要素投入实现经济增长,通过效率改善、技术进步和规模效应等途径,提高全要素生产率,即使要素投入保持不变,经济也能实现高水平发展。高质量发展意味着今后不仅要重视量的增长,更要重视结构的优化;不仅要重视经济的增长,更要重视保护环境、提升社会文明水平,以及完善社会治理等多个方面,强调的是经济、政治、社会、文化、生态文明"五位一体"的全面发展和进步。

三是突出"转向"而不是"转为"。党的十九大报告当中用的是"已经转向"而不是"已经转为",表明我国已经在朝着高质量发展的方向转变,但尚没有真正实现高质量发展,或者说,转变过程已经开始但转变的任务尚未完成。因此,今后的任务就是要通过努力真正转变为高质量发展。

从目前看,"高质量发展的转向"已经"在路上",从国家统计局公布的数据看,表现在以下四个方面。

一是经济增速从高速转向中高速,不再是一味单纯地追求高速度。自 2016 年以来,我国 GDP 增速已连续 12 个季度稳定在 6.7%—6.9%中高速区间,比改革开放前 37 年(1978—2014 年)9.8%的平均增速下降了约 3 个百分点。

二是经济结构从中低端迈向中高端,需求结构和产业结构显著优化。2017 年消费对经济增长贡献率达到 58.8%,比 2012 年提高了 3.9个百分点,比投资贡献率高 26.7 个百分点;服务业增加值占 GDP 比重达到 51.6%,比 2012 年提高了 6.3 个百分点,对经济增长贡献率达到58.8%,比第二产业高 22.5 个百分点。

三是发展方式从规模速度型转向质量效益型,更加强调以提高经济增长质量和效益为立足点。近五年,我国积极稳妥地推进城镇化,已有 8000 多万农业转移人口成为城镇居民,常住人口城镇化率提高了近6 个百分点,达到 58.5%。同时,资源集约节约利用效率更高、污染更少,能耗强度下降了 23.9%。

四是发展动力从要素增长转向创新驱动,科技进步贡献率和全要素生产率增速明显提升。有关数据显示,2017 年我国国际科技论文总量和被引用量均跃居世界第二位,发明专利申请量和授权量均居世界第一位,科技进步贡献率达到 57.5%,比 2012 年提高了 5.8 个百分点。

"新常态"下,尽管经济面临较大下行压力,但经济发展长期向好的基本面没有变,经济韧性好、潜力足、回旋余地大的基本特质没有变,经济持续增长的良好支撑基础和条件没有变,经济结构调整优化的前进态势没有变。经济高质量发展是对经济新常态精确化、具体化诠释,表明经济发展将由高速度、平面化、单维的发展转向高质量、立体化、多维的发展。

三、高质量发展的内在要求

高质量发展是对此前经济发展方式的全面提升,对经济发展提出了全方位的要求。

一是高质量发展就是要实现高质量的供给。我国拥有全球门类最齐全的产业体系和配套网络,其中的 220 多种工业品产量居世界首位,但许多产品仍处在价值链的中低端位置,部分关键技术环节仍然受制于人。推动高质量的供给,就是要不断提高商品和服务的供给质量,更好满足人民群众日益提升和丰富的需求。

二是高质量发展就是要实现高质量的需求。当前我国已形成了全球最大规模的中等收入人群,城市化水平不断提升,内需旺盛,但也要看到,在教育、就业、医疗、养老、居住等众多民生领域,人民群众还有不少不满意的地方,消费的能力和意愿也受到了一定抑制,应不断推动经济转型,通过促进高质量的需求,顺应消费升级需求,从而实现更高水平的供需平衡。

三是高质量发展就是要实现高质量的配置。过去的高速增长很大程度上得益于资源在城乡、行业、区域之间的重新配置。当前,随着全球化进程不断加快,我国劳动力、资源、土地等各种要素资源低成本的优势日渐减弱,长期积累的环境欠账问题也不断显露出来,亟待解决。同时,部分基础领域和服务领域的开放度不够,社会资本进入门槛过高,资源配置低效。实现高质量的配置,就是要充分发挥市场配置资源的决定性作用,打破资源由低效部门向高效部门配置的障碍,不断提高资源配置效率。

四是高质量发展就是要实现高质量的投入产出。用有限的资源创造更多的财富,实现成本最小化或产出最大化是衡量发展质量高低的重要标准。实现高质量投入产出,就是要更加注重内涵式发展,切实扭转实体经济投资回报率的下降态势,充分发挥人力资本红利,提高劳动生产率和资源集约利用程度,增强发展的可持续性,最终实现全要素生产率的提升,推动经济从规模扩张向质量提升转变。

五是高质量发展就是要实现高质量的收入分配。收入分配既是经济运行的结果,也是经济发展的动力,直接反映了经济结构的优劣。实现高质量的收入分配,就是要推动合理的初次分配和公平的再分配。在初次分配阶段,要逐步解决土地、资金等要素定价不合理的问题,促进各种要素按照市场价值参与分配,促进居民收入持续增长。在再分配阶段,要发挥好税收的调节作用,形成高收入有调节、中等收入有提升、低收入有保障的局面,提高社会流动性,避免形成阶层固化。

六是高质量发展就是要实现高质量的经济循环。经济循环是生产与流通、分配与消费、虚拟与实体、国内与国外互动周转的整体过程。提高经济循环质量,是实现生产要素高效配置的途径。当前我国经济存在着供给和需求失衡、金融和实体经济失衡、房地产和实体经济失衡等问题,从根本上说都是经济循环不畅的外在表现,应采取有效措施,"打通"问题堵点,促进高质量的经济循环,逐步缓解经济运行当中存在的突出失衡,确保经济平稳可持续运行。

第二节 高速度增长为何要转向高质量发展

推动高质量发展是由我国经济所处的新的历史方位决定的。当前，我国经济正处在转变发展方式、优化经济结构、转换增长动力的攻关期，经济发展的战略目标就是要在质量变革、效率变革、动力变革的基础上，建设现代化经济体系，不断增强经济创新力和竞争力。因此，科学认识我国发展新的历史方位，是保证发展方向、发展路径、发展举措和各项工作切合国情实际的关键，更是大势所趋。

一、推动高质量发展是适应我国社会主要矛盾变化的必然要求

党的十九大报告指出，经过长期努力，中国特色社会主义进入了新时代。作出这一判断的主要依据是，我国社会主要矛盾已经转化为人民日益增长的美好生活需要和不平衡不充分的发展之间的矛盾。社会主要矛盾的变化决定了经济工作的方向和重点，要求我国经济发展切实转向高质量发展。把握社会主要矛盾的变化，关键是全面准确理解"不平衡不充分的发展"。

"不平衡"指的是经济社会体系结构问题，主要表现为六个方面：一是经济的"实"与"虚"发展不平衡。2017 年我国金融业增加值占 GDP 比重达到 8%，超过了美国和英国，为主要经济体中的最高水平，反映出大量资金在金融系统内"空转"。二是区域发展不平衡。人均 GDP 最高的前 5 个省份与最低的后 5 个省份的平均水平差距自 2006 年以后逐步缩小，但近两三年出现再度扩大的势头。三是城乡发展不

平衡。2017 年城镇居民人均可支配收入是农村居民的 1.9 倍,城乡基础设施和公共服务的差距仍很明显。四是收入分配不平衡。目前,我国的基尼系数还在 0.46 以上,虽然已是自 2009 年以来连续第 8 年下降,但仍然超过了国际公认的 0.4 贫富差距警戒线。五是经济与社会发展不平衡。医疗、教育、养老等问题仍然是人民群众的操心事、烦心事。六是经济与生态发展不平衡。大气、水、土壤等污染的挑战十分严峻,2017 年全国 338 个地级以上城市,空气质量达标的仅占四分之一。

"不充分"指的是总量和水平问题,主要表现为六个方面:一是市场竞争不充分。市场准入还存在不公平限制,行政性垄断和所有制歧视也时有发生,地方保护问题依然存在。二是效率发挥不充分。资本投资效率逐年降低,当前每新增 1 元 GDP 需要增加 6.9 元投资,投资效率明显低于发达国家平均水平。三是潜力释放不充分。我国人均 GDP 仅为美国的 14%,欧盟国家的 25%,世界平均水平的 80%,仍有巨大的提升空间。[①] 四是有效供给不充分。随着消费结构加快升级,新产品和新服务供给跟不上,人民群众高品质的需求难以得到满足。五是动力转换不充分。随着新技术、新产品、新业态、新模式不断涌现,新旧产业融合不断加快,但整体规模和贡献还相对有限,创新驱动增长格局尚未真正形成。六是制度创新不充分。实现市场在资源配置中发挥决定性作用的过程还面临一些体制机制约束,制度缺口也比较明显。

不平衡不充分的发展都是发展质量不高的表现,必须推动高质量发展,改变过去的经济发展模式,重视量的增长,更重视质的提升,在质大幅提升中实现量的有效增长,调结构、上水平,把经济发展转到提高

---

① 李伟:《高质量发展新时代怎么干?》,《中国经济周刊》2018 年第 6 期。

质量上来,解决我国社会的主要矛盾。

二、推动高质量发展是实现经济健康发展的必然要求

改革开放 40 年来,我国经济实现了接近于 10% 的年均增速,极大地改变了中国社会和中国人民的面貌。目前,我国已经是世界第二大经济体,人均 GDP 已达到上中等收入国家的水平。之所以能够取得如此高速的增长,主要是由于我国所处的发展阶段以及由此所决定的后发优势,包括劳动力、土地、资源等生产要素成本优势、市场需求空间优势、资源环境承载力优势等。这些在中低端领域独步天下的优势如今已越来越不适应人民群众对高端产品日益增长的需求,而且这些优势也已随着成本的快速上升和人口红利的逐渐消失而不断丧失,这说明传统发展模式已经走到了尽头,如果不能更新比较优势,再造发展动力,我国的竞争力将会下降,发展进程就会受阻。而创新比较优势、再造发展动力的关键,就是要通过创新发展,优化经济结构、提高发展的质量和效益。

三、推动高质量发展是建设社会主义现代化强国的必然要求

实现社会主义现代化和中华民族伟大复兴,是近代以来中国人民的伟大梦想。我们已经实现了由低收入国家向中等收入国家的转变。下一个目标就是要努力进入高收入社会,实现基本现代化。过去我国关于现代化的目标是到 21 世纪中叶达到中等发达国家水平,基本实现现代化。党的十九大对这个目标做了适当调整,把基本实现现代化目标的时间确定为 2035 年,比过去的提法提前了 15 年;而 2050 年的目标是,建成富强、民主、文明、和谐、美丽的社会主义现代化强国。对比

一下我国与已处于现代化前沿国家的差距,本质上是人均生产力水平的差距,是产品、服务的技术水平和质量水平的差距,是生态环境、人居环境以及社会文明水平的差距。这些方面的水平提升了,我们的产品和服务的价值就提高了,我们的收入水平和生活水平也就相应提高了,不仅可以满足人民对美好生活的需要,也促进了我国的现代化进程。高质量发展是强国之本,是筑梦之基,唯有加快改革,不断增强经济的创新力、竞争力并转化为实实在在的高质量发展,才能为实现"两个一百年"奋斗目标打下坚实基础。

第三节　实现高质量发展的主要途径

高质量发展意味着提供更多高端产品和优质服务,意味着单位GDP 的能耗降低,污染减少,环境品质提升,人民群众的生活质量和健康水平提高,意味着不同地区、不同领域、不同群体和城乡结构更加均衡、更加协调的发展,进而推动人的全面发展,化解不均衡、不充分的发展矛盾,保持经济持续健康发展。因此,迈向高质量发展要做的工作很多,不是一蹴而就的,而是一个爬坡过坎的过程。

一、实现高质量发展要处理好五个关系

我国由高速增长阶段转向高质量发展阶段是发展方式的转变,不仅涉及产品、服务、设施、环境等多方面的质量提升,也需要管理理念、体制机制、政策等多方面的制度保障,是一项复杂的系统工程,要处理好五个方面的关系。

一是供给与需求的关系。供需关系是经济运行中的基本关系,我

国社会主要矛盾的变化就是因为供给和需求都发生了变化。随着需求内涵的不断扩展、需求层次的不断提升，人们对多样化、个性化、多层次商品和服务的需求以及对人的全面发展的需求都在不断增加，但现有的供给体系与满足这些需求还存在较大差距。实现高质量发展，就是要通过推动供给侧结构性改革的转型升级，满足、培育和释放新的需求，进而实现更高水平的供需平衡。

二是投入与产出的关系。以较小的投入实现较高的产出，是经济发展的基本要求。新中国成立以来，我国长期处于短缺经济状态，但经济资源使用效率较低，很多生产要素长期处于闲置状态。这一阶段的经济增长方式是粗放型发展，主要利用规模效应单纯实现量的快速扩张。近年来，我国土地、劳动力、能源等主要生产要素的供给都已接近发展瓶颈，只能通过提升生产率、创新体制机制，更高效集约地发挥现有要素的潜力，更好地依靠技术进步和劳动者素质提高，才能实现粗放型增长到集约型发展的"华丽转身"。

三是政府与市场的关系。切实发挥市场在资源配置中的决定性作用。加大改革力度，坚持社会主义市场经济改革方向，更加尊重市场决定资源配置的一般规律，大幅度减少政府对资源的直接配置，推动资源配置依据市场规模、市场价格、市场竞争实现效益最大化和效率最优化，让发展活力竞相迸发、社会财富充分涌流。同时，要更好发挥政府作用。习近平总书记指出："更好发挥政府作用，不是要更多发挥政府作用，而是要在保证市场发挥决定性作用的前提下，管好那些市场管不了或管不好的事情。"[1]要发挥好社会主义制度优越性、发挥好党和政府的积极作用。实施有效的政府治理，是发挥社会主义市场经济体制

---

[1]　中共中央宣传部编：《习近平总书记系列重要讲话读本（2016年版）》，学习出版社、人民出版社2016年版，第150页。

优势的内在要求。

四是公平与效率的关系。党的十九大报告提出中国特色社会主义进入新时代,新时代的鲜明特征之一就是全国各族人民团结奋斗、不断创造美好生活、逐步实现全体人民共同富裕。经过 40 年的快速发展,我们在做大"蛋糕"的同时,收入差距、财富差距等分配问题逐步凸显。当前,分好"蛋糕"与做大"蛋糕"同样重要,更加公平高效的分配有利于激发各种生产要素特别是劳动者的积极性,提升全社会的购买力,增强全社会的稳定性,进而创造更大规模的市场,进一步促进经济效率的提升。

五是国内与国外的关系。改革开放以来,我国充分抓住全球化和主要经济体产业转移的历史机遇,发挥生产要素成本低、产业配套齐全、基础设施完善等优势努力融入国际市场,快速成为"世界工厂"。2008 年国际金融危机后,全球进入大变革、大调整时期,新一轮产业和技术革命加快孕育,要抓住新一轮国际分工调整机遇,加快培育竞争优势,争取在全球产业链和价值链中占据更高地位,并通过积极构建新型大国关系和人类命运共同体,促进全球治理变革朝更加公平正义的方向发展,为我国及广大发展中国家争取更有利的发展环境。

二、推进中国经济高质量发展的举措

从近期看,推动中国经济的高质量发展要积极推动以下六个方面的工作:第一,保持经济平稳健康发展,坚持实施积极的财政政策和稳健的货币政策,提高政策的前瞻性、灵活性、有效性。财政政策要在扩大内需和结构调整上发挥更大作用。要把好货币供给总闸门,保持流动性合理充裕。要做好稳就业、稳金融、稳外贸、稳外资、稳投资、稳预期工作。保护在华外资企业合法权益。第二,把补短板作为当前深化供给侧结构性改革的重点任务,加大基础设施领域补短板的力度,增强创新力、发展新动能,打通去产能的制度梗阻,降低企业成本。要实施好乡村振兴战略。第三,把防范化解金融风险和服务实体经济更好结合起来,坚定做好去杠杆工作,把握好力度和节奏,协调好各项政策出台时机。要通过机制创新,提高金融服务实体经济的能力和意愿。第四,推进改革开放,继续研究推出一批管用见效的重大改革举措。要落实扩大开放、大幅放宽市场准入的重大举措,推动共建"一带一路"向纵深发展,精心办好首届中国国际进口博览会。第五,下决心解决好房地产市场问题,坚持因城施策,促进供求平衡,合理引导预期,整治市场秩序,坚决遏制房价上涨。加快建立促进房地产市场平稳健康发展长效机制。第六,做好民生保障和社会稳定工作,把稳定就业放在更加突出位置,确保工资、教育、社保等基本民生支出,强化深度贫困地区脱贫攻坚工作,做实做细做深社会稳定工作。

从长期看,推动中国经济的高质量发展要牢牢把握以下三个方面:第一,坚持稳中求进总基调、注重政策协同。要统筹各项政策,加强政策协同。积极的财政政策取向不变,调整优化财政支出结构,确保对重点领域和项目的支持力度,压缩一般性支出,切实加强地方政府债务管理。稳健的货币政策要保持中性,管住货币供给总闸门,保持货币信贷和社会融资规模合理增长,保持人民币汇率在合理均衡水平上的基本稳定,促进多层次资本市场健康发展,更好为实体经济服务,守住不发生系统性金融风险的底线。结构性政策要发挥更大作用,强化实体经济吸引力和竞争力,优化存量资源配置,强化创新驱动,发挥好消费的基础性作用,促进有效投资特别是民间投资合理增长。社会政策要注重解决突出民生问题,积极主动回应群众关切的问题,加强基本公共服务,加强基本民生保障,及时化解社会矛盾。改革开放要加大力度,在经济体制改革上步子再快一些,以完善产权制度和要素市场化配置为重点,推进基础性关键领域改革取得新的突破。扩大对外开放,大幅放宽市场准入,加快形成全面开放新格局。

第二,防范化解重大风险、精准脱贫、污染防治"三大攻坚战"。一是打好防范化解重大风险攻坚战,重点是防控金融风险,要服务于供给侧结构性改革这条主线,促进形成金融和实体经济、金融和房地产、金融体系内部的良性循环,做好重点领域风险防范和处置,坚决打击违法违规金融活动,加强薄弱环节监管制度建设。二是打好精准脱贫攻坚战,要保证现行标准下的脱贫质量,既不降低标准,也不吊高胃口,瞄准特定贫困群众精准帮扶,向深度贫困地区聚焦发力,激发贫困人口内生动力,加强考核监督。三是打好污染防治攻坚战,要使主要污染物排放总量大幅减少,生态环境质量总体改善,重点是打赢蓝天保卫战,调整产业结构,淘汰落后产能,调整能源结构,加大节能力度和考核,调整运输结构。

第三,创新驱动发展,深化供给侧结构性改革。一是以新发展理念为引领,把创新驱动发展与供给侧结构性改革有机结合起来。从中央到地方都要转变思路、创新举措、统筹推进,要牢固树立和贯彻落实创新发展理念,以实现创新驱动发展为目标,以推动科技创新为核心,以加快产业转型升级为主线,以破除体制机制障碍为重要任务,充分激发全社会的创新活力,大力发展新经济、培育新动能、增创新优势,加快形成以创新为动力的经济体系和发展模式,把推动发展的着力点更多放在创新上,发挥创新对拉动发展的乘数效应。要激发调动全社会的创新激情,持续发力,加快形成以创新为主要引领和支撑的经济体系和发展模式。二是营造有利于创新创业的政策环境和制度环境。加大创新教育力度,积极培养人民的创新意识,充分调动全国人民的创新热情,吸引凝聚各行各业优秀人才,努力形成主要依靠创新来支撑和引导的经济运行模式,充分营造"大众创业、万众创新"的良好社会氛围。三是坚持以提高质量和核心竞争力为中心,坚持创新驱动发展,扩大高质量产品和服务供给。要树立质量第一的强烈意识,开展质量提升行动,提高质量标准,加强全面质量管理。引导企业形成自己独有的比较优势,发扬"工匠精神",加强品牌建设,培育更多"百年老店",增强产品竞争力。四是加快转变政府职能,全面深化"放管服"改革,进一步对标先进,优化政府服务供给,减少对创新创业活动的干预,制定的调控政策要对路、管用,精准施策、落地见效,为创新驱动发展与供给侧结构性改革营造良好环境。

三、完善适应高质量发展的配套政策

推动高质量发展是一项复杂的系统工程,不仅要加强统筹规划,着力抓好各项重点工作,更要聚焦突出问题,破解主要矛盾,要加快形成推动高质量发展的相关体系,从指标体系、政策体系、标准体系、统计体系、绩效评价体系、政绩考核体系、创建和完善制度环境等多个方面完善相关配套政策。

第一,建立多元化的高质量发展指标体系。高质量发展的指标体系旨在明确高质量发展的目标和标准,核心要义是"质量"二字,总体目标是满足人民日益增长的美好生活需要,具体内容要体现"创新、协调、绿色、开放、共享"的新发展理念。一是要以创新为第一动力。以创新为引领提高全要素生产率,通过使用全要素生产率指标来弱化单纯的数量增长,更好地反映生产要素的使用效率。二是要以协调为内在要求。促进城乡统筹发展、区域协调发展以及促进新型工业化、信息化、城镇化和农业现代化的同步发展,不断增强发展的整体性和协调

性。三是要以绿色为基本遵循。坚持绿色发展,要解决好人与自然和谐共生问题,深刻反思过去粗放型发展方式,实现更具长期竞争力、更加可持续的发展。四是要以开放为必由之路。坚持奉行互利共赢的开放战略,完善对外开放的区域、对外贸易和投资布局,以扩大开放带动创新、推动改革、促进发展。五是要以共享为根本目的。将发展的重心由效率优先转向兼顾效率与公平,让改革发展成果更多更公平惠及全体人民,使人民的获得感、幸福感、安全感更加充实、更有保障、更可持续。

第二,建立系统化的高质量发展政策体系。高质量发展的政策体系旨在加强政策的协同配合,不断提高政策的系统性、整体性和全局性,核心要义是"协同"二字。一是要加强基础性制度建设,处理好政府、企业和群众三者的分配关系。二是要统筹各项既有政策,加强政策协同。其中,财政政策要把握稳中求进的总基调,优化财政资源配置,调整财政支出结构,引领产业升级和实体经济发展,推进城乡统筹和区域协调发展,提高社会保障和公共服务水平。货币政策要坚持稳增长和防风险并重,根据国际和国内宏观经济形势相机抉择,保持人民币汇率在合理均衡水平上的基本稳定,管住货币供给总闸门。人才政策要充分发挥人力资本红利,加大人力资本投入力度,着力提升教育质量,提高劳动生产率。金融政策要提高规制质量与效率,坚决守住不发生系统性金融风险的底线。①

第三,建立国际化的高质量发展标准体系。高质量发展的标准体系是衡量经济发展质量的标尺和准绳。要推动标准化与经济发展、公共服务、生态文明等领域的深度融合,坚持标准引领,增强标准有效供

---

① 任保平:《新时代我国高质量发展的标准、决定因素及其实现途径》,《改革》2018年第4期。

给,为高质量发展奠定坚实的标准基础。从纵向看,要推动建立覆盖企业标准、地方标准、行业标准、国家标准、国际标准的多层次标准体系。从横向看,要全面涵盖技术标准、管理标准和工作标准三大类别,其中,要把技术标准当作重中之重,要树立标杆意识,对标对表国际先进标准,构建满足高质量发展需求的新型技术标准体系,既要具有国际可比性,也要符合中国实际,以高质量标准规范经济生产、经济活动以及市场经济行为,引领经济高质量发展。

第四,建立科学化的高质量发展统计体系。高质量发展的统计体系建立在指标体系基础上,具体数据需要通过科学、客观、高效的方法进行采集、整理、分析、使用,从而实现对高质量发展的动态监测和准确预判。统计数据是制定经济社会发展规划、实施宏观调控和进行经济社会治理的重要依据,统计体系是摸清现状、判断形势、制定政策的重要基础。中国经济转向高质量发展阶段,不仅要加快构建现代化统计调查体系,也要加快推进统计方法创新和统计制度改革。从统计内容上看,要根据高质量发展的指标体系细化确定具体统计指标,特别是要加快研究、尽快完善对经济发展新动能、新业态的统计制度以及统计方法。从统计技术上看,要利用大数据、云计算、互联网等新兴技术来升级统计思维、拓展统计主体、提高统计能力、优化统计流程、提高统计效率、提高统计质量。

第五,建立合理化的高质量发展绩效评价体系。高质量发展的绩效评价体系旨在合理评价发展取得的成效,是建立在指标体系和统计体系基础之上的。一是要保证绩效评价流程的合理性。通过加强顶层设计,优化高质量发展的绩效评价流程,包括确立绩效评价目标、确定绩效评估范围、设计绩效评价指标、框定绩效评价主体、落实绩效评价结果等。二是要保证绩效评价主体的客观多元性。尽可能将利益相关者都纳入绩效评价全过程,提高绩效评估结果的社会认可度。三是要建立有效的绩效评价激励机制。把物质激励与精神激励、个人激励与组织激励、一般激励与权变激励结合起来,充分调动各方积极性,发挥主观能动性,为高质量发展注入竞争活力。

第六,建立全局化的高质量发展政绩考核体系。高质量发展的政绩考核体系主要是对政府和公务人员在高质量发展中的工作表现和工作成效作出评估,并提供政府绩效量化的可比信息。要保证政府在低碳经济时代的高质量发展中扮演好"舵手"角色,政绩考核体系必须与指标体系、标准体系、统计体系和绩效评价体系进行协同转变,既要对结果进行科学合理的评价,也要准确引导发展方向,促进政府部门之间的良性竞争,及时诊断出发展中的症结并提出针对性的改进措施。建立适应高质量发展要求的政绩考核体系,要贯彻新发展理念、落实"五位一体"总体布局,要有利于化解新时代我国社会主要矛盾,引导政府将工作目标集中到高质量发展上来。同时,政绩考核要避免政府自说自话,通过引入第三方作为政绩考核的主体,增强专业性、权威性和独立性。

改革开放以来,尤其是党的十八大以来,我国之所以能在纷繁复杂的国内外环境下取得全方位、历史性的成就,根本原因在于以习近平同志为核心的党中央的坚强领导,能够总结历史经验、把握执政规律,打赢了许多大仗硬仗,办成了许多大事难事。实现高质量发展的目标就要进一步发挥自身制度优势,准确把握"两个一百年"历史交汇期的内部外部基本特征,牢牢抓住国内外一切有利于发展的契机,推动经济社会健康发展。当然,要实现由高速增长转向高质量发展的宏伟蓝图,不是简单地空喊口号或只是走走过场、摆摆架子,而需要在总结过去成功的实践经验的基础上,不断探究并利用好其中的逻辑内涵与必然规律,扎扎实实、稳步推进。

　　面对新时代、新矛盾、新需求,习近平总书记在 2018 年新年贺词中强调,"改革开放是当代中国发展进步的必由之路,是实现中国梦的必由之路。我们要以庆祝改革开放 40 周年为契机,逢山开路,遇水架桥,将改革进行到底"①。当前,我国正处在转向高质量发展的关键阶段,正处在转变发展方式、优化经济结构、转换增长动力的攻关期,要牢牢抓住第四次工业革命的历史机遇,以动力变革促进质量变革、效率变革,实现高质量发展的历史跨越,实现经济由"高速度"到"高质量"的成功转型,续写好过去 40 年的精彩故事,事关中华民族的伟大复兴。作为全球第二大经济体,我国在推动高质量发展的同时,也将为促进全球经济增长、推动全球经济治理变革、加快经济全球化进程不断注入新活力。

---

　　①　习近平:《习近平主席新年贺词(2014—2018)》,人民出版社 2018 年版,第 4 页。

第十章 改革主线：
深入推进供给侧结构性改革

解放和发展生产力是社会主义的本质要求。进入新时代的中国特色社会主义如何推动生产力进一步的提升是摆在我党面前亟须解决的命题。以习近平同志为核心的党中央坚持以人民为中心发展思想，深刻认识和理性判断当前国内外的经济形势；以改革的办法解决发展中的问题，将供给侧结构性改革作为主线建设现代化经济体系；以新发展理念为指导，减少无效和低质供给，扩大有效和高质供给，提高供给结构对需求变化的适应性，落实高质量发展的时代要求。

第一节 深入推进供给侧结构性改革的
重要性和紧迫性

40 年的改革开放，我们不断探索前行，经济社会发展取得了举世瞩目的成就，人民生活水平发生了翻天覆地的变化，从在温饱线徘徊跃升为中等收入水平的国家。但快速发展的同时，也不可避免地积累了一些结构性、深层次的问题和矛盾。随着我国经济增速放缓，资源约束加重,人口红利消失,特别在当今世界经济局势动荡,反全球化和贸易保护主义势力抬头的国际环境下,迫切需要共产党人运用大智慧和大魄力解决中国的发展问题。以供给侧结构性改革为主线建设现代化经济体系是适应、把握和引领经济发展新常态的主动战略选择,是纵观国内外大局、判断经济运行趋势、遵循经济发展规律下的重大创新,是全面建成小康社会、全面建设社会主义现代化国家的必由之路。具体来看,供给侧结构性改革的重要性和紧迫性主要体现在以下几个方面。

一是解决我国当前的主要矛盾要求供给必须有效应对需求的变化。我国原来的主要矛盾是人民日益增长的物质文化需要同落后的社会生产之间的矛盾。在长期的计划经济下,生产力被严重束缚,无法满足广大人民对商品"量"的需求,凭票供应和短缺经济局限了我国经济社会的发展和人民生活水平的提高。经过多年的努力,社会主义市场经济体制激发了我国经济发展的内生动力,商品供给量大大增加,使我国从一个农业国快速成长为全球第一的制造业大国,不但满足了十三亿多人口的基本生活需求,更为全世界人民提供了不可或缺、物美价廉的商品,生产力落后的问题得到明显缓解。随着中国特色社会主义进入新时代,我国经济发展阶段发生了根本性的变化,人民群众个性化、多样化的需求日渐增多,对产品品质和服务质量的要求不断提升,我国社会主要矛盾已经转化为人民日益增长的美好生活需要和不平衡不充分的发展之间的矛盾。现阶段我们还存在着教育、医疗等公共服务资源在区域和城乡上的供给不平衡,低质和低技术含量的消费品供给过剩的同时,高质量的服务和产品供给短缺。有效供给能力不足导致"需求外溢",一些商品出现了国外排队抢购的热潮。需求侧的要求必须从供给侧以产出来作出回应,当前的主要问题不是需求不足,而是需求提高了供给不够;不是供给"量"的不足,而是供给"质"的不好。从量变到质变不是一蹴而就的,而是螺旋式上升的过程,在量积累到一定阶段,必须转向质的提升和跃迁,为下一阶段量的积累提供坚实的平台。这个质的跃迁并不是水到渠成的过程,拉美国家"中等收入陷阱"的教训仍历历在目,委内瑞拉、土耳其、南非等国的经济严重衰退近在眼前。因此,我们必须深沟建坝,既不能大水漫灌,更不能断水截流,以改革供给结构为突破口和发力点,确保经济在健康可持续的范围内增长。

二是世界经济局势波动和增长乏力孕育产业结构在供给侧的重大变革。改革开放使中国经济已经成为全球产业分工中不可分割的一部分,世界经济的局势变化实时影响着中国经济的发展方向。国际金融危机后,全球经济恢复乏力使得反全球化的浪潮和右翼势力的抬头愈演愈烈,大国关系也出现了新的变化。面对中国的崛起,西方国家对华政策调整出现了越来越多的"对抗性"思维和动作,可以预计在中美贸易摩擦、知识产权壁垒和绿色壁垒等背景下,我国继续依赖出口中低端机电产品和传统劳动力密集型产品的增长方式无以为继。同时,2012年起我国劳动适龄人口曲线转向减少,劳动力成本快速上升,人口红利优势也不复存在,以比较优势参与全球产业分工面临巨大的挑战。政治、经济因素使得出口对经济贡献率波动剧烈且占比明显下降。世界新一轮以信息技术和人工智能为代表的产业革命已经到来,美国、欧盟、日本、韩国等发达国家纷纷兴起供给侧的改革热潮,不断通过减税、鼓励技术创新和推动基础设施建设等方式推进产业的升级换代和经济的结构性改善。正如"工业4.0"已经成为德国的国家产业战略。为应对传统产业竞争能力弱化和新兴产业创新能力不足,这些发达国家制定了一系列规划和行动计划,实施制造业的强势回归方案,显示了其意图抢占新一轮国际产业制高点的决心。新时代下,综合国力的竞争已经发生了根本性的变化,为实现我国经济发展"动能切换",实现"升级换挡"，跨过"中等收入陷阱"，必须用新理念、新智慧、新方法转换经济增长方式，从出口依赖到国内消费增长，以供给侧结构性改革为主攻方向，解决实体经济结构性的供给失衡问题，在新一轮国际经济竞争中占据主动地位。

三是供给侧结构性改革是实现建成社会主义现代化强国的必由之路。新时代中国特色社会主义的总任务是实现社会主义现代化和中华民族伟大复兴。2017 年，我国人均 GDP 为 8826 美元，与世界银行所提出的高收入国家标准（人均 GDP 大于 12275 美元）还有一定的距离。20 世纪以来，在全球 100 多个中等收入国家中，只有约 1/10 跨过了"中等收入陷阱"，而这些成功的国家无一例外地在经历经济高速增长阶段后，顺利地从量的提升变为质的提高，增长速度虽然减慢，但经济质量明显提高。"新两步走"战略部署是我们党审视新的历史条件和世界环境的科学判断，要实现"中国梦"建成社会主义现代化强国，我国会面临很多挑战。从时间上看，我国用 40 年的时间走完了西方国家一两百年才走完的路，面对经济增长速度的换挡期、结构调整的阵痛期、前期政策的消化期"三期叠加"的压力，低端过剩产能低成本资源和要素投资的可持续增长能力明显减弱，经济面临着较大的下行风险。进入中等收入阶段，人民的消费能力有了巨大提升的同时，原先的比较优势——低廉的劳动力和其他生产要素将迅速减弱，再伴随与发达国家同样的老龄化问题，导致经济成本不断上升，资本回报率明显下降，供给侧的矛盾愈加凸显出来。从空间上看，由于中国经济的体量和人口基数巨大，GDP 每增加一个百分点所产生的总量效应相当于西班牙、澳大利亚、俄罗斯等发达国家一年的 GDP 总量。而且，随着边际成本的上升，产出进一步增长所需要的资源环境投入更大，再按照过去那种粗放型的经济发展方式无法持续。

供给侧结构性改革是解决当前经济下行压力和实现"中国梦"所要求的经济可持续发展的矛盾突破口。要深刻认识到以供给侧结构性改革为主线来推进我国经济高质量发展的紧迫感和责任感,加快把经济增长动力更多放在依靠创新驱动和满足人民需求上去,保持战略定力,以快干、实干、会干的精神,勇于创新破解难题,尊重事物客观规律,打好转变经济发展方式的战略主动战,跨越"中等收入陷阱",向我们党确立的伟大目标奋勇前行。

第二节　深入推进供给侧结构性改革的主要原则

新时代下我国经济发展的最基本特征就是由高速增长转向高质量发展,问题导向也从"有没有"转向"好不好"。供给侧结构性改革是我国在适应、把握和引领新常态下的主动战略选择,用改革的办法着力解决经济发展中的主要矛盾和矛盾的主要方面,以新发展理念提高发展的质量和效益,实现从经济大国向经济强国的转变,更好地满足人民日益增长的美好生活需要。结构性因素仍是中国未来潜在增长率的决定因素,解决好结构性问题是使未来中国经济的实际增长率保持在潜在增长率水平的关键。结构性问题不是一朝一夕能解决的,需要我们保持战略定力,深化改革,因势而谋,促进要素资源配置的优化,调整产业结构、就业结构、消费结构、投资结构、所有制结构、人口结构、城乡结构等影响全要素生产率的结构因素,提高供给体系的质量和效益,契合新时代人民的需求变化。

虽然供给侧结构性改革面临着各种挑战和困难,但经济发展长期向好的基本面没有变,要紧紧抓住大有可为的历史机遇期,在以习近平同志为核心的党中央坚强领导下,发挥社会主义制度优势,调动各方面积极性,集中力量办大事,保持战略定力,坚定发展信心;要深刻认识我国经济发展的客观实际,把握规律、因势而谋、顺势而为、自觉自主在改革的深水区承前启后、继往开来;要彻底转变过去的思维惯性,不能再以刺激需求的方法一味追求高增长,更应着力提升供给体系质量和效率,从低效过剩领域释放要素,以供给侧结构性改革来促进要素的自由流动,形成有效的制度供给,增强经济持续发展动力,推动我国社会生产力水平实现从量到质的整体跃升。

供给侧结构性改革是马克思主义政治经济学在新一轮"中国实践"和"中国理论"上的最新成果,是辩证唯物主义认识论和方法论的有机结合,是引领未来中国经济发展及转变发展方式的指导思想、理论基础和行动共识,是改革同生产力迅速发展不相适应的生产关系和上层建筑的系统工程。要在坚持稳中求进的总基调下,处理好以下几个方面的关系,加快推动各项改革措施有效落地。

第一,处理好短期和长期的关系。深化供给侧结构性改革对于我国建设现代化经济体系具有全局性的重大现实意义和深远历史意义。首先要有效应对我国经济发展阶段积累的风险。防范化解重大风险、精准脱贫、污染防治是短期必须要解决的紧急问题,否则全面建成小康社会就成了空中楼阁。这些短期关卡的跨越是为经济发展迈向更高质量提供保障和支撑,促进经济结构转型,增强发展内生动力。从长期来看,供给侧结构性改革要着力于加快转变经济发展方式,提高劳动生产率和全要素生产率,稳定经济潜在增长率,避免陷入"中等收入陷阱",成功迈入高收入水平的国家。为此,我们必须做好顶层设计,作出长远改革规划,提挡升级现有的经济结构,转换创新经济增长动能,破除束缚发展的体制机制,切实推动经济高质量的发展。供给侧结构性改革既要利当前,更要管长远,有机统一于高质量的发展,把处理好短期和长期的关系作为工作的自觉性和着力点。

第二,处理好局部和整体的关系。供给侧结构性改革不是一个拼盘式的改革,不能孤立地、"就事论事"地解决单一问题,而要以系统观、整体观平衡有序开展工作,突出重点、统筹兼顾。要在坚持习近平新时代中国特色社会主义经济思想指导下,贯彻新发展理念,正确把握整体推进和重点突破的关系,立足全局,谋定而后动,力求取得明显成效。整体推进是要对各项政策和措施做好系统考量,前后工作有序关联,相关领域有效耦合,避免等量齐观、顾此失彼。重点突破是在整体推进的基础上着力解决主要矛盾和矛盾的主要方面,以问题导向采取针对方案,努力做到全局和局部相配套、治本和治标相结合、渐进和突破相衔接,实现整体推进和重点突破统一于高质量的经济改革。要以当前我国经济运行过程中"产能过剩、金融风险聚集、实体经济发展动力不足"等局部问题作为重点突破口,加快建立健全各主体、各方面、各环节的有机互动,深化各个领域的改革来系统提高供给体系整体的质量和效益,把握好改革的力度和节奏,使经济社会更平衡更充分的发展。

第三,处理好供给和需求的关系。供给和需求是市场经济最基本的两个方面,是互为依存、对立统一的辩证关系,经济政策施力的重点放在供给还是需求是由当前宏观经济环境决定的。当前,供给和需求两侧都有结构性问题,但矛盾的主要方面在供给侧。简单的需求管理,也就是刺激投资是过去用得最多最顺手的方法,但"大干快上"的负面影响也日渐显现。投资的边际效用递减使得拉动效果不尽如人意,追求规模速度型的粗放型增长模式不但不能刺激需求和经济增长,更可能会导致资产泡沫和通货膨胀,进一步积累、激化发展中的矛盾和问题。供给侧结构性改革归根结底是为了满足人民对美好生活的需要,要在适度扩大总需求的同时,着力加强供给侧结构性改革,突破原来只管理"三驾马车"需求结构的局限性,把结构化的逻辑延伸到供给侧,全局把握经济运行体系,协调推进我国经济向形态更高级、分工更优化、结构更合理的高质量发展阶段演进。

第四,处理好加法和减法的关系。加减法并不是简单数量增减的形而上学发展观,而是以调整存量、做优增量并举,追求质量和效益的科学发展观。通过做减法,可以留出经济发展的空间,腾出低端和无效供给所占据的资源,以"去产能、去库存、去杠杆"来优化资源配置。通过做加法,可以培育经济发展的新动力,补足"不充分"的公共产品和公共服务供给短板,缩小"不平衡"的城乡和区域发展差异,让国家变得更加富强、让社会变得更加公平正义、让人民生活得更加美好。减法要精准施"减",抓住问题根源精准发力、分类施策;加法要"加"出成效,要避免重复建设形成新的过剩产能。做好加减法,必须围绕实体经济的振兴,依靠科技创新的动能,补足基础设施领域的短板,打破束缚经济高质量发展的瓶颈,不破不立,汰旧立新,改出活力。

第五,处理好政府和市场的关系。结构问题说到底就是资源配置的低效,如果现有的生产关系不能促进生产力的进一步发展,有效配置要素资源生产出满足人民美好生活愿望的产品,那么就有必要深化改革,坚决扫除束缚推动经济增长和要素流动的体制机制障碍,发挥市场在资源配置中的决定性作用,更好发挥政府作用。1978 年以来的经济改革,其本质就是通过不断完善制度建设来调整生产关系、解放生产力,以适应经济高速增长所带来的经济社会发展主要矛盾的变化。当前经济发展中积累的许多矛盾和问题是源于相关法规制度建设的落后,政府"越位"和"缺位"的现象仍然存在,过度干预、行政手段过多的问题也很突出,一些在当时背景下出台的应急性制度不能随着发展的新需求更新,时间越长改革的成本就越大,比如城乡二元分割问题。因此,政府作为制度供给的垄断者,要充分发挥我国社会主义制度优越性,吸收他国发展的有效经验,更新不合时宜的思想观念,突破利益固化的藩篱束缚;更多更好地运用市场化、法治化手段解决改革中的问题,矫正行政干涉导致要素资源配置的扭曲;把简政放权、放管结合、优化服务改革作为供给侧结构性改革的重要内容,打造有限型、服务型、法治型政府,持续增加有效制度供给,激发市场主体的内生动力和创新活力,推进现代化经济体系的建设。

第三节　深入推进供给侧结构性改革的主要任务

习近平总书记深刻指出:"我们迎来了世界新一轮科技革命和产业变革同我国转变发展方式的历史性交汇期,既面临着千载难逢的历史机遇,又面临着差距拉大的严峻挑战。我们必须清醒地认识到,有的历史性交汇期可能产生同频共振,有的历史性交汇期也可能擦肩而过。"[①]党的十八大以来,我们在提高供给体系的质量效益和提升经济发展的内生动力上开启了新篇章,取得了显著的改革成效,更好地适应了人民对美好生活的需要。在中美经贸摩擦、转型升级压力、生态环保趋紧、政府债务管控等国内外宏观经济环境叠加影响下,我们党把握大

---

　　① 习近平:《在中国科学院第十九次院士大会、中国工程院第十四次院士大会上的讲话》,《人民日报》2018 年 5 月 28 日。

势、抢抓机遇,直面问题、迎难而上,使我国的经济仍然平稳运行在预定轨道上,经济质量稳中向好,"三去一降一补"五大任务在取得阶段性成果的基础上,有序向新领域、新内涵拓展丰富,营商环境不断改善,市场主体活力增强,研发支出与劳动生产率水平持续增长,经济增长内生动力日益强化,供给体系的质量和效率明显提升,结构调整对经济发展的支撑作用显现。经济合作与发展组织(OECD)在 2017 年 6 月发布的《G20 结构性改革进展的技术性评估报告》指出,中国供给侧结构性改革取得积极进展,成效显著,生产率增长及高水平就业已成为经济增长的主要动力,人均收入增速保持高位,分配差距进一步缩小,并通过"三证合一""一站式"监督等"放管服"改革措施减少了行业准入壁垒,提高了整体经济效率。《G20 结构性改革进展的技术性评估报告》显示,2016 年以不变价购买力平价水平衡量的我国劳动生产率水平比 2007 年增长约 1 倍。

但是,在中国经济整体发展向好的局面下,制约经济持续向好的结构性、深层次问题仍然存在,民生、生态环保等领域的矛盾和问题没有得到根本性解决,"三大攻坚战"还有不少难题需要攻克。在深刻认识和分析研究最新的国内外经济形势下,党中央指出:当前经济运行稳中有变,面临一些新问题新挑战,外部环境发生明显变化。要抓住主要矛盾,采取针对性强的措施加以解决。要保持经济社会大局稳定,深入推进供给侧结构性改革,打好"三大攻坚战",加快建设现代化经济体系,推动高质量发展,任务艰巨繁重。要坚持稳中求进工作总基调,保持经济运行在合理区间,加强统筹协调,形成政策合力,精准施策,扎实细致工作。因此,在下一阶段的深化改革中,增强忧患意识、保持战略定力、坚持问题导向、做好预期管理,优化宏观调控的前瞻性和有效性,进一步加大"三去一降一补"的改革力度,以科技进步推动经济高质量发展,以新旧动能转换提升实体经济竞争力,以补足短板和打破瓶颈提升人民的获得感。具体来说,我们要做好以下工作。

一是五大任务继续深入推进。供给侧结构性改革任务不只是"三去一降一补",但是必须从"三去一降一补"着手。五大任务是推动供给侧结构性改革的第一步,是针对经济发展中的突出问题采取的有针对性、系统性的举措,从低效过剩领域释放要素,着力矫正供需结构性错配,激发经济内在潜力和活力,实现供需两侧在更高水平上的再平衡。从2015年提出五大任务至今,用改革的办法深入推进五大任务已经取得阶段性显著成效:在去产能上,通过综合运用行政和市场化、法治化手段,坚决淘汰无效和低端产能,加大环保执法力度,退出钢铁产能1.7亿吨以上、煤炭产能8亿吨;在去库存上,通过因城施策分类指导,三四线城市商品住宅去库存取得明显成效,热点城市房价涨势得到控制;在去杠杆上,通过控制债务规模、增加股权融资,工业企业资产负债率连续下降,宏观杠杆率涨幅明显收窄、总体趋于稳定;在降成本上,压减政府性基金项目30%,削减中央政府层面设立的涉企收费项目60%以上,阶段性降低"五险一金"缴费比例,推动降低用能、物流、电信等成本;在补短板上,脱贫攻坚取得决定性进展,贫困人口减少6800多万,社会养老保险覆盖9亿多人,基本医疗保险覆盖13.5亿人,织就了世界上最大的社会保障网。下一步,在前期工作的基础上,更加着重用辩证思维做好加减法,在存量调整、淘汰过剩产能的同时优化增量,补足部分行业产能不足的短板,推动传统产业改造升级同培育新兴产业有机结合;遏制金融乱象、防范系统性风险的同时,加大对实体经济服务力度,提升其创新转型的能力;减税减费减审批的同时大幅提升一般性转移支付规模,增加有效制度供给和公共产品供给,改善营商环境、增强市场活力和增加人民便利。坚持继续推进这五大任务,对于完善体制机制、增强创新力、发展新动能、转变发展方式意义重大。

二是发挥科技进步支撑引领作用。科技进步是经济繁荣的根源，新一轮的科技革命和产业变革从来没有像今天这样深刻影响着国家前途命运，从来没有像今天这样深刻影响着人民生活福祉。科技和产业革命带来了一次次生产力的提升，创造着难以想象的供给能力，当今大国的竞争已经转变成对新技术、新知识制高点的争夺，发达国家纷纷出台各种政策推动创新和发展新兴产业，以期在全球经济结构的变革和产业分布的重构中获得优势地位。创新是第一动力，生产力的解放和发展、中国的强盛和复兴靠的是科学技术的进步，要肩负起历史赋予的重任，发挥科技创新在供给侧结构性改革的支撑引领作用；要提供高质量的科技供给，抓住第三次产业革命的契机，对标世界科技前沿，成为世界主要科学中心和创新高地；要提升科技创新向经济社会发展的转化能力，着力于关系到国计民生的关键领域、关键环节、关键技术，增进民生福祉；要重点支持互联网和人工智能项目的信息基础设施建设，为技术革新创造有利条件；要建立鼓励创新的体制机制，完善系统完备、科学规范、运行有效的科创体系，提升全社会的整体效能和创新活力。切实落实创新驱动发展战略，激发全体人民的创造力，提高全要素生产率水平，推动产业优化升级，推动经济发展质量变革、效率变革、动力变革，努力实现更高质量、更高效率、更加公平、更可持续的发展。

三是新旧动能转换振兴实体经济。发展动力决定了发展速度、效能、可持续性，新旧动能转换的实质就是优化供给侧结构提高整个供给体系的质量和效益。我国实体经济长期以来积累了大量落后产能，发展动能欠缺，惯性依赖传统发展模式和路径，挤压新动能发展空间。党的十九大报告明确提出，深化供给侧结构性改革，建设现代化经济体系，必须把发展经济的着力点放在实体经济上，把提高供给体系质量作为主攻方向,显著增强我国经济质量优势。实体经济振兴要将新旧动能转换为突破口,以创新引领制度变革、结构优化、要素升级,来加速传统产业的转型换代,培育壮大新动力、新主体、新产业,推动技术、人才、信息等要素更好地与企业和平台结合,创新产品和品牌、业态和模式,从规模速度型的目标转向质量效益,提高全要素生产率和资金回报率,提升供给体系的质量、效益和竞争力,将我国实业体系大而全的优势转化为高质量高效益的优势。要构建实体经济、科技创新、现代金融、人力资源协同发展的现代化产业体系,加速实体经济和数字经济融合,推动产业链再造和价值链提升,满足有效需求和潜在需求,实现供需匹配的均衡动态发展。要继续让市场起决定性作用,更好发挥政府作用。通过补短板、挖潜力、增优势促进资源要素高效流动和资源优化配置,继续降低企业融资、用能和物流成本,抓好落后产能淘汰关停,采取提高环保标准、加大执法力度等多种手段倒逼产业转型升级,增强市场主体活力,改善市场发展预期。实体经济的振兴要彻底摒弃依靠投资、要素投入的老路,坚定信心走创新驱动的新路,毫不动摇把培育发展新动能作为打造竞争新优势的重要抓手,增加有效供给,加快形成新的产业集群,积极打造新的经济增长极。

四是补短板保民生共享发展。2018年以来中美贸易摩擦加剧,全球总需求萎缩,再加上国内严监管、去杠杆的政策实施,一些长期存在的结构性矛盾和问题在外部冲击下趋于显性化,经济平稳健康发展的压力陡增。以习近平同志为核心的党中央抓住主要矛盾,把补短板作为当前深化供给侧结构性改革的重点任务,加大基础设施领域补短板的力度,着力做好民生保障和社会稳定工作。补短板强弱项是在"创新、协调、绿色、开放、共享"的新发展理念指引下为实现全面建成小康社会和建成社会主义现代化强国,采取一系列措施来弥补发展过程中的薄弱环节和市场经济中的失灵区域。我们要把握好工作的力度和节奏，协调好各项政策的有效配合，重点完成以下任务：补足民生短板，均衡基本公共服务供给，提升社会治理的质量和水平，实现现行标准下农村贫困人口全部脱贫；补足基础设施短板，缩小区域差距和城乡差距，因地制宜推动基础设施建设；补足创新短板，加大创新引领实体经济发展，加速新旧发展动能接续转换；补足制度短板，简政放权、减税降费，加快推进政府职能转变，构建促进新产业、新模式、新业态发展的体制机制；补足生态短板，践行绿色发展理念，创新绿色治理方式，加大对节能环保、生态修复、环境治理、绿色生产的投入，推动生态经济的发展。要实施好乡村振兴战略，深入推进农业供给侧结构性改革，加快农业科技进步，构建现代农业产业体系、生产体系、经营体系，加速农村一二三产业融合发展，加快粮食不合理库存消化速度，提升新型城镇化的质量，创新推进城乡融合发展。要突出就业优先战略，优化收入分配和社会保障体制机制，继续调整经济结构，促进一二三产业深度融合和服务业快速增长，提升就业吸纳能力，加大对教育培训、医疗卫生、养老健身、文化旅游的投入力度，不断满足人民群众对美好生活的新期待。

推进供给侧结构性改革是一场硬仗，是对我国经济发展思路和工作着力点的重大调整，为经济转型阶段实现健康可持续发展指明了可行路径。知易行难，在国内外多种不利因素叠加下，我们要坚持正确工作策略和方法，以锐意进取、敢于担当的精神，保持战略定力，坚持底线思维，稳中求进，把推进供给侧结构性改革作为当前和今后一个时期经济发展和经济工作的主线，转变发展方式、培育创新动力，提升经济运行内在稳定性，推动经济实现高质量发展，使我国的供给能力更好满足广大人民群众日益增长的美好生活需要，为建设现代化强国打好坚实基础。

第十一章　科学布局：
实施区域协调发展战略

　　党的十九大报告从我国区域发展的新形势和决胜全面建成小康社会、开启全面建设社会主义现代化国家新征程的新要求出发，明确提出实施区域协调发展战略。这是对原有区域发展战略的全面提升，是我国建成富强民主文明和谐美丽的社会主义现代化强国进程中坚持不懈的奋斗任务。我们要紧紧围绕区域协调发展这个核心目标，将各项任务落实到位。

第一节　深入实施区域发展总体战略

　　中国共产党历来高度重视区域协调发展问题。20世纪50年代，毛泽东同志就在《论十大关系》中提出要处理好沿海工业和内地工业的关系。20世纪80年代，邓小平同志提出了"两个大局"的战略构想：一个大局是沿海地区加快对外开放，较快地先发展起来，内地要顾全这个大局；另一个大局是沿海地区发展到一定时期，要拿出更多的力量帮助内地发展，沿海地区也要顾全这个大局。① 世纪之交,在我国即将开始实施现代化建设第三步战略部署的时候,党中央作出了实施西部大开发战略的重大决策,为全国发展开辟了更为广阔的空间。党的十六大以来,党中央提出振兴东北地区等老工业基地和促进中部地区崛起,要求深入实施区域发展总体战略。

党的十九大报告进一步明确提出实施区域协调发展战略,指出促进区域协调发展必须长期坚持的指导原则和奋斗目标,这既是对原有区域发展战略的丰富完善,也是对长期以来坚持区域协调发展的全面提升。

党的十九大报告深刻阐述"贯彻新发展理念,建设现代化经济体系"时,强调的重点之一就是实施区域协调发展战略。区域协调发展是我国长期以来指导地区经济发展的基本方针,是解决新时代影响人民日益增长的美好生活需要和不平衡不充分的发展之间的矛盾的重要因素,也是 2020 年决胜全面建成小康社会、2035 年基本实现社会主义现代化、21 世纪中叶建成富强民主文明和谐美丽的社会主义现代化强国进程中坚持不懈的奋斗任务。要按照党的十九大报告提出的明确要求,深入实施区域协调发展战略,优化调整东部、中部、西部、东北地区四大区域发展战略的重点任务,加快缩小城乡区域发展差距。

一、强化举措,推进西部大开发形成新格局

实施西部大开发战略以来,西部地区开发建设取得重大进展。尤其是党的十八大以来,推进"一带一路"建设和长江经济带发展,增强了西部地区与沿海地区经济联系,拓展了西部地区发展新空间。

---

① 《邓小平文选》第三卷,人民出版社 1993 年版,第 277—278 页。

要加大西部开放力度,坚持开放引领发展,充分发挥"一带一路"建设的引领带动作用,加快内陆沿边开放步伐,培育多层次开放合作机制,推进同有关国家务实合作,加强国际产能和装备制造合作,打造陆海内外联动、东西双向开放的全面开放新格局。

加快建设内外通道和区域性枢纽,完善基础设施网络,继续加强交通、水利、能源、通信等基础设施建设,着力构建综合运输大通道,强化设施管护,加快建设结构优化、功能配套、安全高效的现代化基础设施体系,提升基础保障能力和服务水平。

加快培育发展符合西部地区比较优势的特色产业和新兴产业,培育、构建资源优势突出、创新能力较强、产业链条齐备、生态承载合理的现代产业发展体系,塑造西部地区产业核心竞争力。促进创新驱动发展。加大研发投入,加快关键技术研发和成果转化,促进新技术、新产业、新业态、新模式形成和发展,为经济社会持续发展提供强大动力。

大力发展特色优势农业。着力构建现代农业产业体系,加快形成资源利用高效、生态系统稳定、产地环境良好、产品质量安全、地域特色突出的农业发展新格局,促进农民持续增收。

加快完善生态文明制度建设,加大生态环境保护力度,筑牢国家生态安全屏障,促进能源资源节约集约循环利用,完善防灾减灾救灾体系。

稳步提高基本公共服务均等化水平。在提升国民教育质量、健全社会保障制度、提高群众健康水平、丰富群众文化体育生活、创新社会治理机制等领域集中力量办一批群众看得见、摸得着的实事。

二、深化改革,加快东北地区等老工业基地振兴

新中国成立之初,东北地区凭借着丰富的矿产资源、适宜的地理环

境、夯实的工业基础以及国家的多种鼓励扶持政策等优势,在计划经济时期取得过突出的成就。20 世纪 90 年代以来,随着全国资源导向型产业日趋衰减,东北地区等老工业基地企业装备与工业技术水平日渐老化,加之计划经济色彩浓厚,转型发展面临重重困难,东北地区的体制性和结构性矛盾开始逐步显现,市场发展程度滞缓、企业发展缺乏活力和竞争力、就业环境恶化等诸多问题,使得东北地区等老工业基地经济发展速度相对较慢,经济发展水平逐步落后于其他地区。2015 年 7 月,习近平总书记听取对振兴东北地区等老工业基地和"十三五"时期经济社会发展的意见和建议时指出,振兴东北地区等老工业基地已到了滚石上山、爬坡过坎的关键阶段,加快东北地区等老工业基地振兴,必须从深化改革上找出路。国家要加大支持力度,东北地区要增强内生发展活力和动力,精准发力,扎实工作,加快老工业基地振兴发展。提出振兴东北地区等老工业基地,要按照"着力完善体制机制、着力推进结构调整、着力鼓励创新创业、着力保障和改善民生"的基本要求。

坚决破除体制机制障碍,形成一个同市场完全对接、充满内在活力的体制机制,是推动东北地区老工业基地振兴的治本之策。重点就是坚持社会主义市场经济改革方向,充分协调好经济发展过程中市场的主体作用以及政府的监督和宏观调控作用,积极发现和培育市场,进一步简政放权,不断优化市场环境和营商环境,改善政商关系,从放活市场中找办法、找台阶、找出路,增强企业内在活力、市场竞争力、发展引领力;努力形成"大市场,精政府"的经济发展模式。

着力推进结构调整。东北地区工业结构比较单一,传统产品占大头,"原"字号、"初"字号产品居多。结构优化要多措并举,充分借鉴其他省市的优秀经济发展经验,加快促进其产业结构优化升级。要把装备制造业做大做强,加快培育战略性新兴产业,大力发展服务业,改造提升传统产业。

深化国有企业改革,完善企业治理模式和经营机制,真正确立企业市场主体地位;提高传统装备制造业的生产效率和生产技术,解决国企产能过剩问题的同时,用新技术、新产业、新模式、新业态打造经济新亮点,构建传统装备制造业和战略性创新型产业共同发展的多样化产业结构。要加快发展现代化大农业,积极构建现代农业产业体系、生产体系、经营体系,使现代农业成为重要的产业支撑。

着力鼓励创新创业。深入实施创新驱动发展战略,把推动发展的着力点更多放在创新上,发挥创新对拉动发展的乘数效应。要激发调动全社会的创新激情,持续发力,加快形成以创新为主要引领和支撑的经济体系和发展模式。要积极营造有利于创新的政策环境和制度环境,加大创新教育力度,积极培养人民的创新意识,充分调动人民的创新热情,吸引凝聚各行各业优秀人才,努力形成主要依靠创新来支撑和引导的经济运行模式,充分营造"大众创业、万众创新"的良好社会氛围。

三、发挥优势,推动中部地区崛起

中部地区在地理位置上具有承东启西、接南联北、吸引四面、辐射八方的区位条件和产业体系较为完整的优势。当前,东部地区面临成本不断上升的压力,西部地区的重点是发展特色经济和生态保护,东北地区产业结构调整和国企改革任务艰巨,中部地区恰好具备了良好的区位优势和人力资源优势,具备了承接东部产业转移的有利条件,是产业由东部地区向西部地区逐步转移的跳板,也是发展新型工业化和新型城镇化大有作为之地。

推动中部地区崛起,要进一步发挥优势。中部地区要强化区位交通优势,完善区域性交通服务网络,消除地方市场隐性分割。加快省际间基础设施建设步伐,形成区域快速交通和信息网络。加强综合立体交通枢纽和物流设施建设,发展多式联运,构建现代综合交通体系和物流体系,形成四通八达、九省通衢、神州腹地的交通便利格局。

加快建设现代产业体系,依托功能平台承接东部产业转移,发展现代农业、先进制造业和战略性新兴产业,重点培育有国际竞争力的特色优势产业集群。

增强中心城市和重点城市群的集聚功能,促进要素顺畅流动和资源高效配置;加快发展内陆开放型经济,全面融入"一带一路"建设,积极开展国际产能和装备制造合作,完善区域合作发展的制度化机制。

四、创新引领,率先实现东部地区优化发展

改革开放以来,东部地区始终在全国经济社会中肩负率先发展的庄严使命。东部地区是我国经济发展的先行区,一直处于前沿地带和领跑位置,对全国经济发挥着重要的增长引擎和辐射带动作用,为增强国家经济综合实力、缩短与发达国家的经济差距并跻身于世界经济大国之列作出了重要贡献。

经历了40年的快速发展,中国经济社会也不断面临着发展中的挑战,东部地区也出现了经济下行压力趋大,生产成本快速上升,传统竞争优势不断下降,市场对产品技术与质量的要求持续提升,劳动力、土地等要素资源和环境容量的瓶颈制约越来越突出等矛盾。

要支持东部地区率先加快转型发展,提高发展的质量和效益,进一步发挥东部地区对西部地区发展、中部地区崛起、东北地区振兴的引领和带动作用,强化作为改革开放创新领头羊的使命担当,推动产业转型升级和创新驱动发展。

激发转型升级活力。东部地区要按照国家的要求,结合实际,在某

些领域开展试点试验,积极谋划率先转型发展的新路径。

加快创新引领。东部地区要更加注重科技创新驱动,充分利用和拓展创新要素集聚的特殊优势,打造具有国际影响力的创新高地。要深化科技体制改革,加强知识产权保护和科技成果转化,营造良好创新生态环境,促进科技与金融、产业深度融合。加强国家自主创新平台建设,实施产业领军人才和服务创新团队的引进和支持。

率先构建全方位开放型经济体系。在我国实行更加积极主动的开放战略指引下,东部地区应更高层次参与国际经济合作和竞争,增创扩大开放新优势,提升对外开放水平,带动中西部地区实现社会经济健康持续发展。要加大政策支持,推动东部地区加快建立自由贸易港,支持口岸城市建设国际贸易中心城市;支持企业"走出去"吸收引进国外优质企业的品牌、研发机构等。

五、加大力度支持革命老区、民族地区、边疆地区、贫困地区加快发展

革命老区、民族地区、边疆地区、贫困地区是我国区域发展不充分、不协调的焦点,在国家区域协调发展格局中具有重要意义。党的十九大报告明确提出,加大力度支持革命老区、民族地区、边疆地区、贫困地区加快发展,将加大对老少边穷等短板区域的扶持摆在重要位置。这表明支持革命老区、民族地区、边疆地区、贫困地区加快发展成为促进区域协调发展的关键一招。

支持革命老区、民族地区、边疆地区、贫困地区加快发展,要加大力度支持老少边穷地区改善基础设施条件,提高基本公共服务能力,培育发展优势产业和特色经济;拓展灵活多样的资金、项目、技术、智力等扶持方式,创新政府部门、企业、社会组织等多元化主体对口帮

扶的模式;建立规范稳定的转移支付、扶持协作机制;吸引更多的人才投身开发建设。加强生态环境建设,真正为老少边穷地区加快发展创造条件。要加快边疆发展,提升沿边开发开放水平,加强边境地区基层治理能力建设,巩固和发展民族团结进步事业,确保边疆巩固、边境安全。

坚定不移实施精准脱贫,确保在全面建成小康社会之际解决区域性整体贫困,不断增强落后地区的自我发展能力。"让贫困人口和贫困地区同全国一道进入全面小康社会是我们党的庄严承诺。要动员全党全国全社会力量,坚持精准扶贫、精准脱贫,坚持中央统筹省负总责市县抓落实的工作机制,强化党政一把手负总责的责任制,坚持大扶贫格局,注重扶贫同扶志、扶智相结合,深入实施东西部扶贫协作,重点攻克深度贫困地区脱贫任务,确保到二〇二〇年我国现行标准下农村贫困人口实现脱贫,贫困县全部摘帽,解决区域性整体贫困,做到脱真贫、真脱贫。"[1]

坚持精准扶贫、精准脱贫,针对不同贫困类型分类施策,提高脱贫攻坚成效,打赢脱贫攻坚战。"新形势下,东西部扶贫协作和对口支援要注意由'输血式'向'造血式'转变,实现互利双赢、共同发展。西部地区产业支撑带动能力不强,自身造血功能比较弱,靠过去单一的、短期的、救济式的送钱送物难以从根本上解决问题。西部地区资源富集、投资需求旺盛、消费增长潜力巨大、市场广阔,这对东部地区发展来说是重要机遇,可以动员东部地区企业广泛参与。"[2]

---

[1] 习近平:《决胜全面建成小康社会 夺取新时代中国特色社会主义伟大胜利——在中国共产党第十九次全国代表大会上的报告》,人民出版社 2017 年版,第 47—48 页。

[2] 中共中央党史和文献研究室编:《习近平扶贫论述摘编》,中央文献出版社 2018 年版。

第二节　推动京津冀协同发展和
雄安新区建设

推动京津冀协同发展，是一个重大国家战略。核心是有序疏解北京非首都功能，要在京津冀交通一体化、生态环境保护、产业升级转移等重点领域率先取得突破。京津冀协同发展从战略构想到顶层设计，再到基本思路、方式方法和重大举措，都是习近平总书记亲自决策推动的，充分体现出了强烈的使命担当、深邃的战略眼光和高超的政治智慧，是习近平新时代中国特色社会主义思想的重要内容。

京津冀地域面积 21.6 万平方公里，人口 1.1 亿，是我国经济最具活力、开放程度最高、创新能力最强、吸纳人口最多的区域之一。2016年，京津冀以全国 2.3% 的国土面积，承载了全国 8% 的人口，贡献了全国 10% 的国内生产总值。全国有 25% 的外商直接投资落地这一区域，研发经费支出也占全国 15%。当然，京津冀也面临诸多困难和问题，尤其是北京"大城市病"突出，水资源匮乏，人口规模已近"天花板"，京津两极过于"肥胖"，周边中小城市过于"瘦弱"，区域发展差距悬殊，发展不平衡问题严重。①

深入实施京津冀协同发展战略，对于统筹推进"五位一体"总体布局、协调推进"四个全面"战略布局，实现"新两步走"的战略目标，实现中华民族伟大复兴的中国梦，具有重大现实意义和深远历史意义。

三省市定位分别为，北京市——"全国政治中心、文化中心、国际

---

①　蔡奇:《推动京津冀协同发展》,《人民日报》2017 年 11 月 20 日。

交往中心、科技创新中心"。天津市——"全国先进制造研发基地、北方国际航运核心区、金融创新运营示范区、改革开放先行区"。河北省——"全国现代商贸物流重要基地、产业转型升级试验区、新型城镇化与城乡统筹示范区、京津冀生态环境支撑区"。

京津冀三省市需"各就各位",找到差异化的定位,把区域发展定位纳入京津冀经济协作的战略空间加以考量,更有力地彰显区域优势,更广泛地激活区域要素资源,坚持优势互补,寻求合作共赢,融入协同发展。

坚定不移疏解北京非首都功能,这是推动京津冀协同发展的"牛鼻子"。重点是继续疏解一般性产业特别是高消耗产业,区域性物流基地、区域性专业市场等部分第三产业,推动部分教育、医疗、培训机构等社会公共服务功能,部分行政性、事业性服务机构等有序迁出。高水平规划建设北京城市副中心,打造国际一流的和谐宜居之都示范区、新型城镇化示范区和京津冀区域协同发展示范区,到 2035 年承接北京中心城区 40 万—50 万常住人口疏解。北京要把疏解功能与改善环境、控制人口、提升功能有机结合起来,深入开展疏解整治促提升,统筹腾退空间利用,推动老城重组,优化提升首都功能。

着力优化京津冀城市群空间格局。按照《京津冀协同发展规划纲要》确定的"一核、双城、三轴、四区、多节点"骨架,打造以首都为核心的世界级城市群。重点是充分发挥北京"一核"作用,强化京津"双城"联动和同城化发展,共同发挥高端引领和辐射带动作用;沿京津、京雄(保)石、京唐秦等主要交通廊道建设产业发展带和城镇聚集轴,形成区域发展主体框架;提高区域性中心城市和节点城市综合承载能力,有序推动产业和人口聚集,形成定位清晰、分工合理、功能完善、生态宜居的现代城镇体系,走出一条绿色低碳智能的新型城镇化道路。

设立河北雄安新区,是以习近平同志为核心的党中央深入推进京津冀协同发展作出的一项重大决策部署。2016年3月和5月,习近平总书记先后主持召开中央政治局常委会会议和中央政治局会议,听取北京城市副中心和设立北京非首都功能集中承载地有关情况汇报,强调这是历史性的战略选择,要坚持用大历史观看待这件事情。2017年2月23日,习近平总书记实地考察河北省安新县和白洋淀生态保护区,就雄安新区规划建设工作发表重要讲话,强调雄安新区定位首先是疏解北京非首都功能集中承载地,要用最先进的理念和国际一流的水准设计建设。2017年,党中央、国务院印发通知,决定设立河北雄安新区,规划范围涉及河北省雄县、容城、安新3个县及周边部分区域。这是综合考虑区位、交通、土地、水资源和能源保障、环境能力、人口及经济社会发展状况等因素,经过多地多方案比选、科学研究论证后所做的决策,凝聚了各方共识。

雄安新区是继深圳经济特区、上海浦东新区之后又一具有全国意义的新区,是千年大计、国家大事。规划建设要坚持世界眼光、国际标准、中国特色、高点定位,坚持生态优先、绿色发展,坚持以人民为中心、注重保障和改善民生,坚持保护弘扬中华优秀传统文化、延续历史文脉,使之成为深入贯彻习近平新时代中国特色社会主义思想的重大实践。按照中央部署,雄安新区要抓好建设绿色智慧新城、打造优美生态环境、发展高端高新产业、提供优质公共服务、构建快捷高效交通网、推进体制机制改革、扩大全方位对外开放七大重点任务,建设绿色生态宜居新城区、创新驱动发展引领区、协调发展示范区、开放发展先行区,努力打造贯彻落实新发展理念的创新发展示范区。党中央明确雄安新区规划建设目标,到2020年,雄安新区对外骨干交通路网基本建成,起步区基础设施建设和产业布局框架基本形成,白洋淀环境综合治理和生态修复取得明显进展,新区雏形初步显现;到 2030 年,一座绿色低碳、信息智能、宜居宜业,具有较强竞争力和影响力,人与自然和谐共处的现代化新城将绽放光芒。①

第三节　推动粤港澳大湾区建设

建设粤港澳大湾区是党中央的一项重大决策。高质量、高起点规划建设粤港澳大湾区,成为目前国家区域发展战略的一个重要热点。2017 年,粤港澳大湾区在面积、人口、机场旅客量、世界百强大学数等指标上已经位列全球湾区第一。未来大湾区可能是世界上最大体量的湾区和大都市圈,2050 年人口或将达到 1.2 亿至 1.4 亿的庞大规模。②

一、建设粤港澳世界级都市圈

国际一流湾区集聚世界级城市群,城市群演进的共同目标是世界级都市圈。纵观当今世界经济版图,活力最强、发展最快的区域多分布在沿海地区。世界银行的数据显示,全球经济总量中的 60% 来自港口海湾地带及其直接腹地。世界最著名的湾区经济体有纽约湾区、旧金山湾区和东京湾区,这些湾区都集聚了世界级城市群,实际上是一个都市圈,如旧金山湾区拥有 9 个县市、700 多万人口,主要有旧金山、奥克兰、圣何塞三个大城市,和众多各具特色的小城市,谷歌、苹果、脸书等互联网巨头和特斯拉等企业全球总部均设于此。在高科技产业的带动下,旧金山湾区集聚了高校、高科技、高端人才、风险投资等核心要素资

---

① 蔡奇:《推动京津冀协同发展》,《人民日报》2017 年 11 月 20 日。
② 郭万达:《对建设粤港澳大湾区的五点建议》,《经济参考报》2018 年 6 月 13 日。

源,最终形成了一个世界级都市圈。城市发展的规律显示,湾区的城市群随着经济和人口急剧增长,城市空间向四周蔓延,产业发展与周边的合作不断深入,城市空间从单中心都市区向多中心都市圈以及大都市连绵带扩展,也促进了城市间的经济和公共服务的深入合作。

以世界级都市圈的标准要求推进粤港澳大湾区基础设施的互联互通。通勤便利是世界级大都市圈最重要的标准之一,当各都市圈各区域之间的通勤率达到一定高度,都市区的联系便不容易被割断。国外都市圈经验表明,主城和周边城市之间一小时的通勤时间是比较有吸引力的,据统计,伦敦、纽约、巴黎和东京都市圈的单程平均通勤时间分别为43分钟、40分钟、38分钟和69分钟。东京都市圈的平均通勤时间相对长一些,高峰时期,东京地铁的满载率高达200%左右,其都市圈路网至今仍在不断地完善之中。

粤港澳大湾区在推进基础设施联通的过程中,要严格按照大都市圈通勤的标准要求,打造世界级空港群,加强湾区内机场的协调和交通的联通,争取空域资源的开放。加快高铁、城轨、地铁的有机衔接,以轨道交通为核心打造通勤都市区。积极推动面向泛珠三角的公路大通道建设,加强城市之间的交通衔接,提高湾区内的口岸通关效率。提升客货运服务的品质,促进交通便捷化顺畅化,消除最后一公里瓶颈。以机场为例,目前粤港澳大湾区内,机场容量饱和,机场设施仍需扩建,空域资源紧张,机场间交通衔接主要依赖高速公路,通行效率低下,航空枢纽与高铁及轨道交通网络缺乏衔接,内地机场与港澳机场之间管理模式不同,缺乏协调。这些基础设施建设与管理体制的协同,需要各城市开拓更大的深度合作空间,共同提高粤港澳大湾区的通勤效率。

二、促进港澳"双转型"融入大湾区发展大局

现阶段，创新驱动与都市转型成为全球金融中心一种双重"变奏"，其发展显示出明显的趋势：全球金融中心向"金融+科技"中心转型，从单一大城市向大都市群转型。大都市的产业发展，都从相对单一的产业，转向相对复合的产业，需要向外突破与寻求外溢效益。因此，由金融中心向科技创新转型，由单一城市向都市群转型的"双转型"将获得更大的支撑。湾区开放包容的文化、自由创新的特质、灵活的体制机制、充分市场化的竞争、无障碍要素资源配置等，无不使这种双转型得以提升自身都市的体量与竞争力。

中国香港一直作为跻身全球第三的金融中心，同样面临双转型的问题，香港在金融、自由贸易、法律制度等方面具有独特优势；但是面临经济增长动力趋缓、结构趋窄，贫富差距加大，老龄化社会凸显等问题，在转型过程中，香港可以通过"粤港澳大湾区"发展和深港合作，打造大湾区国际创科中心。以香港、深圳以及周边制造业城市为载体推进产业链融合，加快制度优势转化为竞争优势。由此，香港作为单独城市经济体的发展瓶颈将逐步破除，香港法律制度的独特优势将充分释放，香港的核心竞争力将持续巩固和提升。

中国澳门其实同样存在着双转型，其发展面临多元化发展推进缓慢、发展空间不足、高端人才紧缺等问题，如何结合创新元素，发展飞地经济，和周边区域之间相互关联，推动经济适度多元的发展，成为澳门转型发展的突破口。

三、促进粤港澳大湾区要素自由流动

促进港澳的双转型，要素流动是关键。粤港澳大湾区最大的特点

是"一国两制",粤港澳分属三个单独关税区,三地要素不能自由流动,短期内要素流动仍会受到限制(广东城市之间要素流动也存在需要解决的障碍),这是粤港澳大湾区与世界其他湾区最大的不同。只有要素自由流动,才能实现资源最优配置、发挥资源的最大作用。在大湾区内推动货物、资金、人员、技术、信息等要素的自由流动,是建设粤港澳大湾区的关键。

第一,加快国家级研发中心进驻粤港澳大湾区。对新进驻的国家级企业技术中心、工程研究中心或工程实验室、工程技术研究中心、重点实验室等研发中心,在资金上给予大力奖励,用于企业研发中心的建设,并优先给予项目支持。

第二,加强通关便利化硬件建设,提高人员通关查验智能化水平。优化完善粤港澳人员签注政策,降低申请赴港澳商务签注门槛,简化审核程序,探索推行"回乡证"便利化改革。促进赴香港"一周一行"政策的弹性化,优化湾区居民尤其是有特殊或紧急需求人士往来澳门的签注政策。提升粤港澳货物通关便利化水平,推进三地"信息互换、监管互认、执法互助"大通关建设。设立研发"小物流"绿色通道,便利研发设备、标本、辅材、药物等的跨境流动。资金方面,争取与研发相关的资金跨境流动较为自由,放宽科研资金跨境使用限制,对跨境资本流动给予外汇管理便利,探索并建设适合港珠澳三地的 FT 账户体系。

第三,加快落实港澳居民在粤港澳大湾区的同等待遇。落实大湾区内港澳居民的同等待遇,是促进要素流通的一个重要组成部分。要加快制定完善便利香港、澳门居民在内地发展的政策措施。经济领域,推动港澳居民在内地公司注册、准入限制、税收等方面的同等待遇。社会领域,加快港澳居民在内地就业、社保、医保、教育等方面的同等待遇,探索港澳居民在执业就业的深度开放,在前海蛇口、横琴、南沙等自贸区试点率先进行职业资格单方认可,以律师行业为试点,探索拓宽独资法律服务机构和港澳专业人士执业范围。允许港澳籍大学毕业生考取教师证并就业,探索港澳服务者举办非营利性社会服务机构准入前享受内地待遇等。民生领域,促进港澳居民在内地购票、购房等方面的同等待遇。

四、建立粤港澳大湾区"港澳+深穗珠"自由贸易区联盟

粤港澳大湾区区内有三个自由贸易试验区,而港澳本身已经是自由贸易港,如何在"一国两制"、三个关税区的情况下推进大湾区各地区之间的协同融合,成为发挥大湾区内贸易区制度的叠加效应与规模效应的重要路径,探索建立"2(港澳两个自由港)+3(深圳前海蛇口、广州南沙、珠海横琴三个自贸试验片区)"自贸区联盟,可以在制度、法律、标准等方面从更高的层面推进区域融合发展。借鉴港澳特别是自由港的发展经验,探索"一国两制"下粤港澳体制机制、法律法规等制度层面的全面对接与衔接。推动港澳作为三个自贸试验片区的标杆和带动作用,使三个自贸试验片区成为港澳自由港制度外溢的首要承接,形成"2+3"共同带动建设开放型湾区,全面提升粤港澳大湾区对外开放水平,为推动我国主导的更大范围的自贸区提供经验借鉴和制度框架。

大力推动自贸区联盟的制度协同,推动三个自贸试验片区的体制机制、法律法规等尽可能与港澳协同,促进三个自贸试验片区与港澳之间的要素双向便利流动。促进三个自贸试验片区与港澳在标准、认证等方面的互认和对接。同时,成立自贸区联盟理事会,加强统筹协调,形成大湾区城市群紧密融合发展,推进与"一带一路"沿线国家合作。

五、打造中国大湾区

在地理概念上,中国没有比粤港澳大湾区更大的湾区。大湾区除了在体量上独占鳌头,在质量上也有望形成世界一流湾区。目前湾区的产业结构高端化发展,创新能力突出也是大湾区的重要特征。粤港澳大湾区已经成为我国世界百强高校数量最多、高校人才最密集、创新龙头企业最集聚,PTC 国际专利申请量最大、创新市场程度最高的一个区域,是实施国家创新驱动战略的核心区域,在全球范围内也表现出领先的创新能力。粤港澳大湾区从研发、募资、制造、产业化到贸易运输的创新链和产业链日趋完善,科技创新开始进入加速发展阶段,正在打造层次更立体、覆盖更全面的"科技湾区"形态。未来,粤港澳大湾区将是世界上从体量和质量上看都是独一无二的湾区。

第四节 共抓大保护建设长江经济带

长江经济带是比肩京津冀协同发展的国家战略。长江是中华民族的母亲河,也是中华民族发展的重要支撑,长江流域是我国经济重心所在、活力所在。如何使横跨东中西部、人口和经济总量均超过全国40%的长江经济带,真正发挥综合实力"领头羊"、区域协调"支撑点"的重要战略作用,实现中华民族永续发展,是我们必须回答的时代命题;"以共抓大保护、不搞大开发为导向推动长江经济带发展",则是这个时代命题的答案。

长江经济带东起上海、西至云南,覆盖 11 个省(自治区、直辖市),

占国土面积的近 40%,占全国人口数量的 48% 以上,是我国农业、工业、商业、文化教育和科学技术等方面最发达的地区之一。长江经济带作为纽带,既连接了长三角、长江中游城市群和成渝经济区三个"板块",又与其他两大经济带形成呼应:一方面与"新丝绸之路经济带"平行并进,另一方面与沿海经济带形成"T"字形联动。在长江经济带,上海、浙江、江苏是我国经济发达地区,是中国经济快速发展的"龙头",能成为带动长江流域发展的动力源;而安徽、湖北、湖南、重庆、四川等省份或地区经济也处于快速发展阶段。打造长江经济带,将有助于形成沿海、沿边、长江流域同时开发,东、中、西部一体化发展的区域格局,是中国经济长远发展的奠基之作。长江经济带位处国土中心,横贯东西、连接南北、通江达海,资源丰富、经济发达,客观上不仅具有缩小东西差距的物质基础,还具有"一肩挑两头"的区域特征,是推动全国经济东西联动和全面振兴的最佳"战略扁担区"。

2013 年 7 月 21 日,习近平总书记考察湖北时强调指出,"长江流域要加强合作,充分发挥内河航运作用,把全流域打造成黄金水道"①。2016 年 1 月 5 日,习近平总书记在重庆召开推动长江经济带发展座谈会,全面深刻阐述推动长江经济带发展的重大战略思想,提出:"推动长江经济带发展必须从中华民族长远利益考虑,把修复长江生态环境摆在压倒性位置,共抓大保护、不搞大开发,努力把长江经济带建设成为生态更优美、交通更顺畅、经济更协调、市场更统一、机制更科学的黄金经济带,探索出一条生态优先、绿色发展新路子"②。

---

① 《书写新世纪海上丝绸之路新篇章——习近平总书记关心港口发展纪实》,《人民日报》2017 年 7 月 6 日。
② 《习近平在深入推动长江经济带发展座谈会上的讲话》,《人民日报》2018 年 6 月 14 日。

一、共抓大保护

长江经济带生态环境保护形势紧迫而复杂:流域系统性保护不足,生态功能退化严重;污染物排放量大,饮用水安全保障任务艰巨;沿江化工行业环境风险隐患突出,守住环境安全底线压力大;部分地区城镇开发建设严重挤占江河湖库生态空间。

当前,我国经济已由高速增长阶段转向高质量发展阶段,正处在转变发展方式、优化经济结构、转换增长动力的攻关期。长江经济带坚持生态优先、绿色发展,正是实现高质量发展的题中应有之义。长江沿线需遵循这一重大战略思想指引,把修复长江生态环境摆在压倒性位置,共抓大保护,不搞大开发,在生态环境的硬约束中推动绿色循环低碳发展。

扎牢生态保护制度屏障,确保一江清水绵延后世。沿江 11 个省市全面落实《长江经济带发展规划纲要》,完成水资源开发利用控制、用水效率控制、水功能区限制纳污"三条红线"指标市县两级分解工作,指导推动长江经济带率先划定并严守生态保护红线;推进跨界断面水质考核制度,加快推动建立负面清单管理制度;加快推进水污染治理、水生态修复和水资源保护"三水共治";着重抓好天然林保护、防护林建设、退耕还林还草、湿地保护和石漠化治理,并实施了贵州草海、云南大理洱海源头等重要湿地保护和修复工程。针对长江经济带生态环境保护面临的突出问题,开展了沿江非法码头、非法采砂专项整治和化工污染整治专项行动,启动长江入河排污口监督检查、饮用水水源地安全检查、长江干流岸线保护和利用检查等专项行动,严控长江水环境污染的"关口",全面提升长江流域经济发展质量。2017 年 7 月,环境保护部、国家发展改革委、水利部联合印发《长江经济带生态环境保护规划》,提出水资源优化调配、生态保护与修复、水环境保护与治理、城乡环境综合整治、环境风险防控、环境监测能力建设六大工程 18 类项目,以切实保护和改善长江生态环境。工业和信息化部、国家发展改革委等五部委发布的《关于加强长江经济带工业绿色发展的指导意见》明确指出,要紧紧围绕改善区域生态环境质量要求,落实地方政府责任,加强工业布局优化和结构调整,以企业为主体,执行最严格环保、水耗、能耗、安全、质量等标准,强化技术创新和政策支持,加快传统制造业绿色化改造升级,不断提高资源能源利用效率和清洁生产水平,引领长江经济带工业绿色发展。

建设绿色产业发展体系,促进长江经济带工业绿色发展。长江经济带是我国经济重心所在、活力所在。流域内逾 20 种工业产品的产量占全国比重超过 40%,特别是纺织、家电、电子、电力、化工、汽车、船舶、建材和装备制造业等产业的集群优势明显。沿江多省份出台规划,围绕改善区域生态环境质量要求,落实地方政府责任,加强工业布局优化和结构调整。

制定长江经济带绿色产业发展相关规划,加快发展新经济,培育新动能。加快发展数字经济、绿色经济、旅游经济等新经济,明显提升战略性新兴产业占比,大幅提升能源利用效率、资源利用水平、清洁生产水平,初步建立绿色产业发展体系。打造有国际影响力的产业创新中心,加快发展绿色临港产业,承接国际产业转移和吸纳长江流域适宜产能,聚力发展非化石能源、港口物流、汽车制造、绿色石化、船舶与海洋工程装备、海洋旅游等新型临港产业。积极推进长江经济带传统优势装备制造业走向中高端。在重点行业、高端产品、关键环节促进技术进步与应用,优化配置技术与产品资源,引导传统优势装备制造业向价值链高端爬升。

二、不搞大开发

加强长江干线航道系统治理,推进航道畅通。2017 年 8 月,交通运输部印发《关于推进长江经济带绿色航运发展的指导意见》,明确到 2020 年,初步建成航道网络有效衔接、港口布局科学合理、船舶装备节能环保、航运资源节约利用、运输组织先进高效的长江经济带绿色航运体系。

推进枢纽互通。全球最大单体全自动化码头洋山港四期于 2017 年 12 月 10 日正式开港;宁波—舟山港一体化改革全面完成,2017 年前 11 个月的货物吞吐量超过 2016 年全年水平;江苏南京以辖区港口一体化改革试点工作进展顺利,沪昆高铁贵昆段等一批重大工程建成运营,综合交通网络建设成效明显。

推进江海联通。上海国际航运中心建设全面提速,上海与浙江共同建设小洋山北侧江海联运码头取得实质进展,江海直达运输系统建设稳步推进。

推进关检直通。关检合作"三个一"已全面推广至所有直属海关和检验检疫部门,上海国际贸易"单一窗口"3.0 版上线运行,区域通关一体化成效显著。

推动长江经济带发展要重点抓好四方面工作:一是以持续改善长江水质为核心,加快推进水污染治理、水生态修复和水资源保护"三水共治",切实保护和改善水环境,全面遏制、根本扭转生态环境恶化趋势。二是以推进集装箱江海联运为重点,形成与江海联运相适应的港口、集疏运、航运、船舶、通关等一体化系统,带动构建综合立体交通体系。三是以供给侧结构性改革为主线,推动经济发展质量变革、效率变革、动力变革,着力加快建设实体经济、科技创新、现代金融、人力资源协同发展的产业体系。四是构建"共抓大保护"长效机制。加快推进生态环境保护制度建设,选择有条件的地区开展绿色发展试点示范,充分调动各方面积极性形成"共抓大保护"合力。

第五节　陆海统筹推动海洋强国建设

海洋是人类生存和可持续发展的重要物质保障,是经济社会发展的重要依托和载体。经济全球化时代,海洋是国际交往和国际合作不可或缺的新的重要平台,海洋充分发挥了"蓝色大动脉"的作用,海运是促进全球贸易发展的重要支撑力量,世界各沿海国家都把蓝色海洋国土的开发作为重大发展战略,下大力气予以实施。

中华民族是最早利用海洋的民族之一。但是,受农耕文明影响,我国历史上海洋意识长期薄弱,重陆轻海,使中华民族错失海洋大发展的机遇。党的十八大以来,习近平总书记统筹国内国际两个大局,就加强国家海洋事务管理,推动我国海洋强国建设,作出一系列重要论述,为把我国建设成为海洋经济发达、海洋科技先进、海洋生态健康、海洋安全稳定、海洋管控有力的新型海洋强国指明了方向、提供了根本遵循。

2013 年,习近平总书记指出,"我国既是陆地大国,也是海洋大国""我们要着眼于中国特色社会主义事业发展全局,统筹国内国际两个大局,坚持陆海统筹,坚持走依海富国、以海强国、人海和谐、合作共赢的发展道路,通过和平、发展、合作、共赢方式,扎实推进海洋强国建设"①。海陆一体的国土意识,将蓝色国土与陆地领土视为平等且不可

---

① 《习近平在中共中央政治局第八次集体学习时强调:进一步关心海洋认识海洋经略海洋　推动海洋强国建设不断取得新成就》,《人民日报》2013 年 8 月 1 日。

分割的统一整体,这是我国几千年来国土观念未有之变革,是中华民族寻求新的发展路径的重大战略选择。

党的十八大提出"建设海洋强国"战略,我国在宏观战略上开始摒弃"重陆轻海"的传统思维与做法,转而采取"重陆兴海、兴海强国、陆海统筹"的发展思路,这是在国家发展思维上的重大战略性转变。我国是一个海洋大国,海洋国家利益的得失直接决定或影响着国家政治、经济、安全、文明进步的走向,决定着国家的前途命运。维护海洋国土主权和安全,解决祖国统一问题、南海问题、钓鱼岛问题,保证海外合法利益不受侵犯,保证海外航线安全等问题,都需要重视海洋的军事意义,加强海上作战力量建设。只有加快建设海洋强国步伐,加强与海洋相关的综合力量建设,才能有效地维护海洋国土不受外来侵犯,以过硬的实力维护国家海洋国土主权安全,保证我国海洋利益不受侵犯。

陆海统筹是建设海洋强国,构建大陆文明与海洋文明相融并济的可持续发展格局的重要战略举措。从全球发展趋势上看,进入 21 世纪,随着陆地资源因长期的开发利用而日趋减少,人类要维持自身的生存与发展,必须充分开发利用和保护地球上宝贵的海洋资源。中国曾是最早开发利用海洋的国家之一,但在历史发展的长河中,黄土文明将海洋文明淹没了。文化上,海洋意识淡漠;经济上,重农抑商;安全上,海权意识模糊,"海防"让位于"塞防",有海无防。"海禁""片帆不得下海"的做法在相当长的时期内大行其道。在陆海统筹发展的战略举措下,实施海洋开发战略,促进海洋经济发展,是贯彻落实建设海洋强国战略的重点;将有助于拓展国土开发的新空间,培育中国经济新常态的新增长点。

一是要提高海洋资源开发能力,着力推动海洋经济向质量效益型转变。发达的海洋经济是建设海洋强国的重要支撑。要提高海洋开发能力,扩大海洋开发领域,让海洋经济成为新的增长点。要加强海洋产业规划和指导,优化海洋产业结构,提高海洋经济增长质量,培育壮大海洋战略性新兴产业,提高海洋产业对经济增长的贡献率,努力使海洋产业成为国民经济的支柱产业。

二是要保护海洋生态环境,着力推动海洋开发方式向循环利用型转变。要下决心采取措施,全力遏制海洋生态环境不断恶化趋势,使我国海洋生态环境明显改观,让人民群众吃上绿色、安全、放心的海产品,享受到碧海蓝天、洁净沙滩。

三是要发展海洋科学技术,着力推动海洋科技向创新引领型转变。建设海洋强国必须大力发展海洋高新技术。要依靠科技进步和创新,努力突破制约海洋经济发展和海洋生态保护的科技瓶颈。要搞好海洋科技创新总体规划,坚持有所为有所不为,重点在深水、绿色、安全的海洋高技术领域取得突破。尤其要推进海洋经济转型过程中急需的核心技术和关键共性技术的研究开发。

四是要维护国家海洋权益,着力推动海洋维权向统筹兼顾型转变。我们爱好和平,坚持走和平发展道路,但决不能放弃正当权益,更不能牺牲国家核心利益。要统筹维稳和维权两个大局,坚持维护国家主权、安全、发展利益相统一,维护海洋权益和提升综合国力相匹配。要坚持用和平方式、谈判方式解决争端,努力维护和平稳定。要做好应对各种复杂局面的准备,提高海洋维权能力,坚决维护我国海洋权益。

五是要建设海洋战略支撑基地。推动海南、广东等地深度融入海洋强国战略,全面加强海洋战略支撑保障能力建设和海洋战略支撑基地建设,切实履行好党中央赋予的重要使命,提升海南、广东等地在国家战略格局中的地位和作用。

第十二章　底线思维：
打好防范化解重大风险攻坚战

党的十九大报告中明确提出"突出抓重点、补短板、强弱项"，并于同年12月召开的中央经济工作会议共同强调"要坚决打好防范化解重大风险、精准脱贫、污染防治的攻坚战"。作为三大攻坚战之首，防范化解重大风险是保障经济平稳运行的重中之重，是弥补市场经济监管不足的主要内容，是未来经济发展的薄弱环节。现阶段，我国市场中存在众多风险，而关键性风险是金融风险，因此打好防范化解重大风险攻坚战，重点是防控金融风险。党的十九大报告明确要求"健全金融监管体系，守住不发生系统性金融风险的底线"。金融安全是国家安全的重要组成部分，金融制度是经济社会发展中重要的基础性制度。金融是经济的血脉，金融出现不安全将直接导致经济产生风险。因此，打好防范化解重大风险攻坚战，尤其是系统性金融风险攻坚战，将是未来经济发展的中心任务。

第一节　坚持底线思维是防范化解
重大风险的根本遵循

底线思维是习近平总书记曾多次强调的思维技巧，即要善于运用底线思维的方法,凡事从坏处准备,努力争取最好的结果,做到有备无患、遇事不慌,牢牢把握主动权。坚持底线思维,就是坚持以习近平同志为核心的党中央保持战略定力、应对错综复杂形势的科学方法,更是推动新一轮改革开放发展的治理智慧。牢牢坚持底线思维,为更好地防范化解重大风险攻坚战,尤其是系统性金融风险攻坚战提供了根本遵循。

一、底线思维:凡事预则立,不预则废

《大学》里说:"知止而后有定,定而后能静,静而后能安,安而后能虑,虑而后能得。"此"止"既为目标追求,也暗含底线思维的思想。底线思维是一种典型的后顾型思维导向,属于公共管理行为中重要的思维方式之一。《礼记·中庸》里说:"凡事预则立,不预则废。""预"为预备、防备,即遇事沉稳、不慌不忙。所谓底线原意为最低的限度,抑或事情在能力范围前的临界值,延伸至社会学、经济学和心理学术语,指人们在社会、经济、生活中所能承受的或认可阈值的下限,抑或某项活动进行前设定的期望要求的最低保证和基本要求。底线思维是以底线为导向的后端管理思维方式,注重的是对危机、风险、底线的重视和防范,管理目标上侧重于防范负面因素、堵塞管理漏洞、防止社会动荡,与战略规划、绩效考核注重效益最大化和激励与反馈的前瞻性思维取向存在巨大差异。底线思维要求人在认识过程中必须了解、注意事物存在与发展的客观限度,若无视,则会使人的主观能动性变得消极,而导致事态或事物发展向反方向转变。以底线思维为基础的管理理念是公共管理体系中至关重要的环节,属于后端管理。底线思维在公共管理中起到"最低保证与基本要求"的作用,是与"效益最大化""最理想境界"相对应的"危机最小化""最低防线"的作用。底线思维与危机思维

具有相似性,即注重负面因素与不利变故;但又有明显区别,即底线思维更加具有积极性、全局意识和可操作性,且更加注重人为因素影响的价值取向,尽可能避免因政策、措施、管理的疏忽等人为因素的不利影响和降低负面因素的影响,极力发挥人的主观能动性的系统建设和防范措施。

二、坚持底线思维是由我国面临的世情、国情与党情所决定的

底线思维是新时代治国理政必须坚持的思维范式和原则,体现了以习近平同志为核心的党中央对世情国情党情的深刻把握以及对辩证思维的现实运用,是党中央从思想高度上认识和遵循社会发展规律,顺应时代发展的新形势与新要求。

一是世情决定治国理政必须坚持底线思维。美国挑起的中美贸易摩擦自 2018 年 3 月拉开序幕,5 月从协商、缓和到再度发酵,终由美国于 7 月 6 日打响第一枪。中美贸易摩擦对经济的影响不仅仅局限于贸易端,在资本配置和知识产权等方面犹有波及。未来随着中美贸易摩擦的持续恶化,中国将面临更加复杂、多变的国际关系,未来发展也存在更多的不确定性。现阶段,我国面临着国际市场中的三大经济挑战:美联储"左手加息,右手缩表"的货币政策正常化方案的国际货币流动性紧缩挑战;以美国为核心的发达国家推行贸易保护主义政策产生的外部需求萎缩挑战;因美国退出了伊核协议并重启因伊核协议而豁免的对伊朗制裁下的地缘政治问题挑战。

二是国情决定治国理政必须坚持底线思维。经过改革开放 40 年的发展,我国经济正处于"三期叠加"的深水区、阵痛期,经济从中高速增长转向高质量发展,前期推动经济发展的人口红利、资源优势和技术

的"后发优势"已经到了极限，相对容易的改革已经完成，剩下"难啃的硬骨头"的改革尚在进行中。2017 年中央经济工作会议提出，未来 3 年要重点抓好决胜全面建成小康社会的防范化解重大风险、精准脱贫、污染防治三大攻坚战。三大攻坚战，是必须完成的艰巨任务，也是最难啃的硬骨头。而重大政策措施需渐进式推进实施，即先试验后推广，这是以习近平同志为核心的党中央稳妥、坚毅、执着又不失开拓性、灵活性的治国理政风格，即有把握的就要果断推进、大刀阔斧，无把握的绝对不做。

三是党情决定治国理政必须坚持底线思维。古语云，"君子以思患而豫防之"，有备而无患。中国共产党自 1921 年成立以来，始终保持着"批评与自我批评"的忧患意识，即忧党、忧国、忧民意识，这是中国共产党人的一种社会责任、命运担当。"底线思维"体现的是新时期共产党人对当前中国社会诸多问题的重点把握。改革开放 40 年来，受到改革开放、市场经济、外部环境等方面长期性和复杂性的影响，我党正面临着严峻的执政考验，亟须深刻认识到党的队伍中存在的精神懈怠、能力不足、消极腐败和脱离群众等危险的尖锐性和严峻性，坚持底线思维，全面坚守"忧患意识"，强化自我净化、自我革新、自我提升、自我完善，深刻认识到"居安思危"的重要性与紧迫性。

三、坚持底线思维，为打好防范化解重大风险攻坚战指明方向

面对复杂多变的国际形势和国内经济"举步维艰"的困境，唯有坚持与善用底线思维，才能在治国理政实践中、各项具体工作中，先发制人、掌握主动权，有效规避风险、应对挑战，确保任务完成，从而不断推进中国特色社会主义伟大事业、实现中华民族伟大复兴的中国梦。

一是指明发展道路,坚持改革开放的底线。防范化解重大风险必须坚持走改革开放的道路。中国能够实现富起来、强起来的伟大飞跃得益于改革开放,改革开放是中国共产党实事求是的实践成就,新时代下推动经济由中高速经济增长向高质量发展的转变仍需坚持改革开放的底线。改革开放是在马克思列宁主义、毛泽东思想和科学社会主义基本原则的指导下结合我国当前两大基本国情走出的具有中国特色的改革开放,是坚持中国特色社会主义道路,为了人民幸福、国家富强而非迎合"掌声"的改革开放。坚持改革开放路线,就是要坚守社会主义制度的政治底线,决不能在原则性、根本性问题上出现颠覆性错误。全面深化改革、扩大开放是党中央在新时代下治国理政的重大战略决策,是党中央在新时代下领导人民开创新的伟大革命,是新时代下中国最鲜明的发展特色。

二是明确中心工作,坚持经济发展的底线。防范化解重大风险必须以经济发展为底线。防范化解重大风险攻坚战,重点是防控金融风险,要服务于供给侧结构性改革这条主线。无论是防控金融风险,还是服务于供给侧结构性改革这条主线,均是致力于实体经济的发展。经济发展的核心是解放与发展生产力。习近平总书记强调,"只要国内外大势没有发生根本变化,坚持以经济建设为中心就不能也不应该改变。这是坚持党的基本路线 100 年不动摇的根本要求,也是解决当代中国一切问题的根本要求"。① 改革开放 40 年来,经济发展取得的伟大成就是对生产力标准的根本遵循,也进一步反映了社会的进步和政治的稳定,实际上就是经济的发展与稳定。在新时代下,面对着生态环境的恶化和资源供给日趋紧张,我国最需要解决的是"如何发展经济、

---

① 习近平:《胸怀大局 把握大势 着眼大事 努力把宣传思想工作做得更好》,《人民日报》2013 年 8 月 21 日。

发展什么样的经济"的问题。在生态保护、充分就业、收入分配和利益均衡的多重目标的基准下，面对新一轮的经济结构调整，我国需坚守经济发展的底线，致力于凝聚最大限度的共识与力量，推动经济转型升级，实现中华民族的伟大复兴和"两个一百年"的奋斗目标。

三是强化宗旨意识，密切党群关系的底线。防范化解重大风险必须稳固党的执政之基。密切党群关系是稳固党的执政之基的根本要求，是扩大党的政治威信的重要保障，是确保国家政治稳定与长治久安的根本要旨。我国是一党执政多党参政的国家，正是在党的领导下，坚持改革开放、以经济建设为中心，实现了从站起来、富起来到强起来的伟大飞跃。因此，党的执政稳定就是社会、经济发展的稳定，而密切党群关系是稳固党执政之基的核心。历史证明，唯有保持政党利益与人民利益在政治、经济、社会、文化等方面始终保持一致，才能保持政党政治稳定。中国共产党的宗旨是全心全意为人民服务，自创立伊始始终恪守维护最广大人民群众的根本利益。但由于政党与群众之间隔离着层层中间环节，一方面是群众意见的表达、传播和采纳机制，另一方面是作为社会公权力的执政党的思想认知与行动步调。因此，理顺党群关系的沟通链条、顺畅党群关系的中间环节是保障党性与人民性一致性的根本要求。在新时代下，面对复杂多变的国内外重大风险，必须牢固树立与坚持宗旨意识，筑牢与守住密切党群关系的政治底线。

第二节 打好防范化解重大风险
攻坚战的核心内容

改革开放 40 年来，尤其是自党的十八大以来，在面临复杂多变的国际经济形势与国内经济"三期叠加"的严峻挑战,我国经济发展的质量、效益和生态可持续性等问题亟待解决,正处于由中高速增长阶段向高质量发展阶段转变的过渡期、深水区和阵痛期。自2008年全球金融危机以来,面临全球经济深陷停滞状态、经济增速减缓、高失业、低通胀、高杠杆和虚拟经济泡沫等多重挑战,我国经济就已经迈入结构性减速阶段,经济增速呈现缓慢下滑趋势。进入经济新常态以来,下行趋势尚未减缓,出现了实体经济经营环境恶化、经济下行压力增加、结构性矛盾突出、经济质量与效益不足等问题。党的十九大报告提出,"要坚决打好防范化解重大风险、精准脱贫、污染防治的攻坚战"。① 2017年中央经济工作会议明确强调,打好防范化解重大风险攻坚战,重点是防控金融风险,要服务于供给侧结构性改革这条主线,促进形成金融和实体经济、金融和房地产、金融体系内部的良性循环,做好重点领域风险防范和处置,坚决打击违法违规金融活动,加强薄弱环节监管制度建设。这是以习近平同志为核心的党中央对国际国内经济形势主次矛盾的重大判断,是指导防范化解重大风险攻坚战的行动指南,是新时代打好风险防范攻坚战的根本遵循。

一、以防控金融风险为核心

金融是国家重要的核心竞争力,关乎国家的发展命脉,党中央始终高度重视防控金融风险、保障金融安全。党中央始终坚持推进金融体制机制的改革创新,强化宏观调控、金融监管和风险防范,我国多层次金融市场体系不断完善,金融机构、产品、服务日益丰富,金融服务普惠性不断提升,金融基础设施日趋健全,金融安全不断提升,金融风险防

---

① 习近平:《决胜全面建成小康社会 夺取新时代中国特色社会主义伟大胜利——在中国共产党第十九次全国代表大会上的报告》,人民出版社2017年版,第27—28页。

控、抵抗能力显著增强。但是我国在改革开放的发展历程中，仍然存在许多重大风险，尤其是系统性金融风险，共经历了 3 次重大的经济与金融危机，如 1988 年的恶性通胀、1998 年的亚洲金融危机和 2008 年的全球金融危机。金融安全是国家安全的重要组成部分，防止发生系统性金融风险是金融工作的永恒主题。我国金融市场是风险潜存的重要领域，而防控金融风险，守住系统性金融风险底线，应主要做到以下几点。

一是防控金融杠杆率水平，规避个别部门杠杆风险。与发达国家相比，我国宏观杠杆率水平为 252.91。国有企业杠杆率较高，"僵尸企业"占用大量资源。我国宏观杠杆率高的问题主要集中在非金融企业部门，尤其是国有企业，自次贷危机后，杠杆率急剧增加，一度超过130%。数据显示，2017 年超过一半省市的国有工业企业资产负债率大于 60%，河南高达 74.6%，山西以 74.5% 次之。地方政府大肆举债，政府债务违约风险增加。我国政府性债务风险主要在于地方政府债务，尤其是市县两级政府债务居高不下，居民信贷增长过快，过多流向房地产市场。从本外币住户贷款占比差值与省会城市新建商品住宅销售价格指数的趋势看，二者呈同趋势变动，即差值越大，信贷增长越快，新建商品住宅销售价格指数越高。

二是防控影子银行潜在风险，强化市场规范经营。金融机构是金融活动的重要参与者之一，系统重要性金融机构爆发风险，结果将牵连众多，可能引发系统性金融风险。系统重要性金融机构审慎性有待提高。从不良贷款率来看，个别行业不良贷款率偏高。2008 年以后，我国商业银行不良资产比例处于极低位，一度低于 1%，但近几年又有抬头的趋势，2017 年为 1.74%。表外业务作为影子银行组成部分之一，不断提高系统重要性金融机构的市场风险和信用风险。跨市场、跨业态、跨区域的影子银行问题突出。我国商业银行表外业务管理较薄弱，易产生表内外交叉感染风险。据国际清算银行估计，2016 年年底我国未偿还影子储蓄工具规模约占 GDP 的 71%，占银行存款总额的 46%。我国影子银行的资金来源多样，主要为借贷、信托和公司资本，三者合计占比为 65%；承载工具多元，主要分为银行工具（约占 42%）、信托工具（约占 24%）、其他部分（约占 34%）；资金流向中小型企业的占比仅约 36%。

三是防控互联网金融创新风险，稳定金融市场秩序。互联网金融乱象丛生，金融监管面临挑战。在互联网金融蓬勃兴起之时，也出现野蛮发展、乱象丛生的情况，不断挑战目前的金融监管规则。互联网金融乱象丛生。涉及以下内容：概念认知混乱、业务范围混乱、突破金融法规监管底线、机构风控机制较差、运营主体双重角色参与、信息披露混乱、虚假宣传与过度承诺。数字货币挑战监管。去中心化的数字货币，同时去除了中央银行超额发行货币的信用风险；数字货币本身存在三种风险：交易潜在的侵犯风险、变现风险和价格大幅波动风险。

二、服务于供给侧结构性改革这条主线

现阶段，我国经济已从高速增长阶段向高质量发展阶段转变，无论是经济结构、增长动力还是发展方式均处于攻坚期、深水区和关键期。党的十九大报告作出了"中国特色社会主义进入新时代"的重大历史性判断，提出"贯彻新发展理念，建设现代化经济体系"的重大目标，强调"质量第一、效益优先，以供给侧结构性改革为主线"。坚持供给侧结构性改革的主线地位，是新时代下建设现代化经济体系的必然要求，是确保经济平稳健康发展的根本要求，是打好防范化解重大风险攻坚战的根本保障。

一是必须把发展经济的着力点放在实体经济上。实体经济是人民生活的保障,是国民经济的基石,关系到国家的长治久安。党的十九大报告中提出"建设现代化经济体系,必须把发展经济的着力点放在实体经济上",并强调"把提高供给体系质量作为主攻方向"。实体经济是相对于虚拟经济而言的,以有形物质为载体、以实物形态为主体所构成的经济活动,包含了三次产业的绝大部分领域。实体经济是物质财富创造的核心,是社会生产力发展的载体。高效稳健的实体经济,对改善民生、提供就业、促进发展与稳定社会等方面具有重要作用。自2008年全球金融危机以来,受全球经济深陷停滞状态、经济增速减缓、高失业、低通胀、高杠杆和虚拟经济泡沫等多重挑战,实体经济处于下行趋势、结构性矛盾突出、经济质量与效益不足,甚至出现"脱实向虚"的现象。当前,我国经济发展已迈入新常态,需将大力发展实体经济放在重要位置,坚持创新驱动发展,坚持质量第一、效益优先的原则,夯实实体经济这一发展根基。

二是把供给侧改革和需求侧管理有效结合。价格机制是市场经济中最基本、最重要的机制,而价格是由商品或要素的供给与需求所决定的。供给和需求是市场经济内在关系的两个方面,供给侧和需求侧是管理和调控宏观经济形势的两个基本手段。作为世界上最大的发展中国家,中国既要注重以短期经济稳定增长的需求侧管理,也需要考虑长期可持续发展的供给侧管理。新常态下,我国经济发展面临着突出矛盾与问题,表象是经济发展下行,本质是重大结构性失衡,即资源配置与经济结构不合理。改革开放以来,我国主要侧重于投资、消费、出口为核心的需求侧管理,采取短期性逆周期的宏观调控政策,推动经济稳定增长、熨平经济波动,这对于改革开放初期的中国经济发展具有积极的促进作用。随着中国经济发展迈入新常态,无论是经济总量、经济结构,还是外部环境均已发生根本性变化,重大结构性失衡问题逐步凸显,亟须采取注重长期可持续发展的供给侧管理的改革。当前我国推进的供给侧结构性改革的根本,就是立足消费升级需求,促进资源有效配置和经济结构调整,实现总供给和总需求的均衡。

三是稳步推进"三去一降一补"五大任务。党的十九大报告中强调,"坚持去产能、去库存、去杠杆、降成本、补短板,优化存量资源配置,扩大优质增量供给,实现供需动态平衡"。[①] 当前,我国存在严重的结构性矛盾和问题。钢铁、水泥和煤炭等传统产业和无序竞争的新兴产业如光伏、太阳能等均出现严重的过剩现象;自 2015 年以来,我国房地产市场中存在供大于求的现象,积聚了大量的房地产库存;当前,我国存在严重的高杠杆现象,中小企业出现融资难、融资贵的现象,而杠杆率问题主要集中在非金融企业部门,尤其是国有企业,"僵尸企业"占用大量资源,另外地方政府大肆举债,政府债务违约风险增加;居民信贷增长过快,过多流向房地产市场。

三、围绕"三大良性循环"工作发力

"三大良性循环"是 2017 年中央经济工作会议提出的"金融和实体经济、金融和房地产、金融体系内部的良性循环"。现阶段,这三个方面均存在失衡现象:金融与实体经济间存在"脱实向虚"现象,金融与房地产间存在"资产价格过快增长"现象,金融体系内部存在"资本自我循环"现象。因此,防范化解重大风险,尤其是金融风险,需从实体经济、房地产市场和金融系统等多方面入手,围绕"三大良性循环"工作发力,进一步构建和完善"三大良性循环"的长效机制。

[①] 习近平:《决胜全面建成小康社会　夺取新时代中国特色社会主义伟大胜利——在中国共产党第十九次全国代表大会上的报告》,人民出版社 2017 年版,第 31 页。

　　一是保障金融与实体经济间的良性循环。实体经济是国民经济的骨架,金融是实体经济的命脉,为实体经济服务是金融的天职,这主要是由金融的市场功能决定的。金融本质上是"资金的融通,实现资源配置"。另外,金融市场还具有其他衍生功能,如信息传递功能、风险管理功能、解决激励功能、流动性供给功能、降低成本功能、间接调控功能等。所谓"金融服务实体经济",根本目的是在市场经济运行中有效发挥其资源配置的媒介功能,本质要求是降低流通成本,提高金融的中介效率和分配效率。目前,我国金融"脱实向虚"风险不断加剧。自2015 年以来,M1 与 M2 增速裂口持续拉大,这表明企业现金流改善与投资活跃度的不匹配,企业活期存款及现金比例较高;银行向非银行金融机构的信贷增速高于银行向实体经济的信贷增速,这表明金融系统内部资金转移比例较高,脱离实体经济。资金"脱实向虚"导致金融资源尚未有效服务实体经济,不仅加剧金融市场的泡沫风险,而且也会导致实体经济的萎缩,弱化市场资源配置效率。现阶段,我国政府已经采取了多项措施引导资金"脱实向虚",如党中央深入推进金融"去杠杆",采取结构性去杠杆策略,要求金融机构严格控制杠杆率、禁止过度期限错配、严禁监管套利等;针对普惠金融实行定向降准政策,支持金融机构发展普惠金融业务,主要聚焦于单户 500 万元以下授信额度的经营性贷款及助学等贷款的增量与存量管理。

　　二是促进金融与房地产间的良性发展。近年来,我国经济增长主要依靠两大动力支撑,一个是政府基建投资,另一个就是房地产行业。房地产行业发展是否稳定,对于我国经济发展起到至关重要的作用。作为高杠杆行业,房地产行业又离不开金融的支持,但金融与房地产市场间的恶性循环又潜藏着诸多不确定性风险。2018 年年初,楼继伟提出宏观风险最重要点之一是房地产金融化。一方面是房地产泡沫风险加剧。

受2008年全球金融危机后的积极宽松财政货币政策和"因城施策"的影响,大量流动性资金进入房地产市场,刺激了中低收入阶层的投机性买房,推动了房地产杠杆率和房地产成本的上涨,大量非住房贷款"暗度陈仓"流入房地产市场,其中涉房贷款占银行业贷款总额的40%以上,加剧了房地产资产泡沫风险。另一方面是房地产市场结构分化风险加剧。现阶段,一二线城市房地产库存得到有效缓解,而三四线城市房地产库存却仍然持续攀升抑或尚未减少,依据资本收益最大化,这会导致企业调整投资战略,放弃三四线城市市场,转投一二线城市市场。

三是促进金融体系内部的良性循环。金融体系是一个经济体内资金流通的基本框架,它是金融资产(流通工具)、金融机构(市场参与者)和金融市场(交易方式)等各金融要素构成的集合体。历次金融危机表明,金融体系内部的良性循环将促进经济的发展,否则将带来严重的危机。2008年由美国次贷危机引发的全球金融危机是最为典型的金融体系不良循环的案例,即低信用群体银行贷款的资产证券化,虽提升了资金的流动性,但也进一步扩大了风险传递效应和杠杆效应。金融危机最典型的一个特征是市场存在非理性情绪,无论是投资者还是融资者抑或是金融机构。张涛(恒丰银行研究员)认为,次贷危机后,金融体系内部融资功能的削弱或不畅通,降低了金融机构的流动性,引发金融市场的较大波动,给美国金融体系带来沉重打击,从而引发全球性金融危机。

第三节 重点做好防控金融风险的 原则遵循和战略保障

无论是注重防控金融风险和金融"三大良性循环",还是服务于供给侧结构性改革主线，打好防范化解重大风险攻坚战的关键点始终是在金融领域。做好防控金融风险是打好防范化解重大风险攻坚战的核心任务，只有守住不发生系统性金融风险底线，才能打好防范化解重大风险攻坚战。

一、始终秉持做好金融工作的"四项原则"

为了做好金融工作、防控金融风险，需把握好"四项原则"，即"市场导向、优化结构、服务实体、强化监管"。

一是市场导向，发挥市场在金融资源配置中的决定性作用。党的十八届三中全会中明确提出"使市场在资源配置中起决定性作用和更好发挥政府作用"。作为市场中的重要资源，金融资源的合理配置仍需要发挥市场导向的决定性作用。政府与市场是经济活动调控中的"两只手"，因此要正确处理好政府与市场的关系。坚持社会主义市场经济体制改革的方向，完善市场约束机制，强化和完善政府宏观调控，尊重市场经济规律，健全市场机制与规则，提升金融资源配置效率，全面提升金融服务实体经济的效率与能力。

二是优化结构，完善金融市场、金融机构、金融产品体系。坚持以实体的经济发展为核心，以防范金融风险为抓手，贯彻新发展理念，坚持质量优先、效益至上的原则，注重供给侧管理的存量重组、增量优化、动能转换的要求，引导金融功能升级和金融创新深化，促进金融业同经济社会发展相协调，充分发挥金融体系功能，进一步促进融资便利化、资源配置效率化、实体经济成本合理化、风险威胁可控化。

三是服务实体，服从服务于经济社会发展。习近平总书记在2017年全国金融工作会议中强调，"金融要把为实体经济服务作为出发点和落脚点"①。金融是现代经济的核心,但是如果没有实体经济的健康发展,金融就会成为无本之木、无源之水,为实体经济服务是金融的天职。需全面提升金融服务的能力与效率,优化金融资源配置,专注于经济社会发展的重点领域与薄弱环节;提升金融创新能力,更好地满足人民群众与实体经济多样化、个性化的金融需求。

四是强化监管,提高防范化解金融风险能力。防控金融风险是打好防范化解重大风险攻坚战的桥头堡,强化金融监管是提升防控金融风险能力的重点。需以防范系统性金融风险为底线,完善金融市场与机构内部结构,构建机构法人治理机构,强化社会信用体系建设,健全符合我国国情的金融法制体系,加强微观规制和宏观审慎相结合的管理制度建设,注重功能监管,更加重视行为监管。

另外,全面深化金融体制改革必须坚持党对金融工作的集中统一领导,保障金融改革方向的正确性,维护国家金融安全与稳定。坚持稳中求进的工作总基调,遵循金融发展规律;建立健全良好的金融系统领导班子,强化对金融领导的职责与监督;扎扎实实抓好企业党建工作,注重培养金融高端人才,建设一支政治过硬、业务精良、德才兼备、作风优良的高素质金融人才队伍。

二、全面落实新时代金融工作的"三项任务"

习近平总书记在 2017 年全国金融工作会议上明确提出:"紧紧围绕服务实体经济、防控金融风险、深化金融改革三项任务。"②党的十九大也强调要深化金融体制改革,增强金融服务实体经济能力。在新时代下,我国金融工作需从"三项任务"入手。

---

① 习近平:《习近平谈治国理政》第二卷,外文出版社 2017 年版,第 279 页。
② 习近平:《习近平谈治国理政》第二卷,外文出版社 2017 年版,第 278 页。

第一，全面深化金融宏微观领域改革。一是加强和改善金融宏观调控体系。立足于国情创新与国际经验借鉴相结合，坚持稳中求进，遵循金融发展规律，继续深化金融体制改革，健全金融宏观审慎政策框架，加强各项政策的协调配合，增强调控的有效性，注重经济社会发展的重点领域与薄弱环节的金融资源支持，促进"三大良性循环"的健康发展。二是促进多层次资本市场体系健康发展。以提升直接融资为重点，优化间接融资结构，形成"基础制度扎实+融资功能完备+市场监管有效+权益保护彻底"的多层次资本市场体系。三是优化建设普惠金融体系。普惠金融旨在完成金融精准扶贫、振兴乡村经济、支持双创产业、支持小微企业的四大战略使命，依据多层次的实体经济需要，提供多层次的金融服务，构建"三支柱、两支持"的多层次、梯次性的普惠金融体系，即"众多分层的普惠金融机构+适用多样的普惠金融技术+双层差异的普惠金融监管"的"三支柱"和"健全配套的草根金融基础设施服务+规范梯次多元的草根金融支持政策"的"两支持"。四是深化金融机构管理制度改革。优化金融机构体系，一方面要完善国有资本管理制度和外汇市场体制机制，促进经济结构战略性调整；另一方面要建立完善以法人治理结构为核心的现代金融企业制度，优化股权结构，建立有效激励约束机制，强化风险内控机制建设和外部市场约束。

第二，完善金融风险防控机制与措施。一是构建完善金融风险预警机制。健全风险监测、预警、干预与反馈机制，以防控系统性金融风险为重点监控领域，做到早识别、早发现、早预警、早处置，注重坚守金融风险安全底线，完善风险预警应急处置机制。二是建立健全金融法治体系。强化与完善社会信用体系建设，加强金融监管，尤其是互联网金融监管，强化金融机构法人治理结构与防范风险主体责任，健全符合我国国情的金融法治体系,保障金融市场秩序,规范市场交易行为,规范金融综合经营和产融结合。三是补齐金融监管短板。加强"宏观审慎+微观规制"的监管制度建设,注重功能监管,更加重视行为监管,提升金融业务稳健性标准;强化金融基础设施的互联互通和统筹监管,推进金融业综合统计和监管信息共享机制与平台的建设;完善地方政府金融管理体制,坚持金融管理为中央事权的前提,强化属地风险处置责任,加强改善地方金融生态环境。

第三,全面深化结构性改革,推进创新扩大金融开放。一是稳步推进人民币国际化。稳妥深化金融业对外开放,采取渐进式开放次序,进一步加快提升金融机构竞争力和竞争秩序,完善金融机构风险防范机制;稳步推进人民币国际化,深化汇率形成、调控机制改革,逐步实现资本项目可兑换;推进"一带一路"和"自由贸易试验区"建设金融创新,搞好相关制度设计。二是贯彻落实结构性"去杠杆"。坚持稳健型货币政策,处理好稳增长、调结构、控总量的关系;以国有企业降杠杆为主,以"僵尸企业"为突破口,进一步深化经济结构性去杠杆;抑制居民杠杆率过快增长,打击挪用消费贷款、违规透支信用卡等行为;优化地方债务存量,严控地方债务增量,秉持地方债务的终身问责原则和倒查机制,激励地方官员树立正确政绩观和经济发展观。三是全面落实房地产市场的"因城施策、因需施策"。实行差别化房贷政策,满足购房者个性化、合理化的购房需求,如在额度、利率上采取差别化政策,自购房需求上适度支持刚性的改善性需求;创新金融产品与服务,优化金融工具结构,保持住房需求与金融工具的匹配性,支持租购并举住房制度的建设;改革完善住房制度,严肃查处各类违规房地产融资行为,严控资金违规流入房地产领域,尤其是严控个人贷款违规流入楼市,建立房地产市场进一步发展的长效机制。

参考文献

1.《马克思恩格斯选集》第 1 卷,人民出版社 2012 年版。

2.《马克思恩格斯全集》第 44 卷,人民出版社 2001 年版。

3.《马克思恩格斯选集》第 4 卷,人民出版社 1995 年版。

4.《毛泽东文集》第八卷,人民出版社 1999 年版。

5.《邓小平文选》第二卷,人民出版社 1994 年版。

6.《邓小平文选》第三卷,人民出版社 1993 年版。

7. 中共中央文献研究室编:《习近平关于社会主义经济建设论述摘编》,中央文献出版社 2017 年版。

8. 习近平:《习近平谈治国理政》第一卷,外文出版社 2018 年版。

9. 习近平:《习近平谈治国理政》第二卷,外文出版社 2017 年版。

10. 中共中央宣传部编:《习近平新时代中国特色社会主义思想三十讲》,学习出版社 2018 年版。

11. 中共中央宣传部编:《习近平总书记系列重要讲话读本(2016年版)》,学习出版社、人民出版社 2016 年版。

12. 中共中央文献研究室编:《十八大以来重要文献选编》(上、中、下),中央文献出版社 2016 年版。

13. 中共中央文献研究室编:《习近平关于社会主义经济建设论述

摘编》,中央文献出版社 2017 年版。

14. 中共中央文献研究室编:《习近平关于全面建成小康社会论述摘编》,中央文献出版社 2016 年版。

15. 何毅亭主编:《以习近平同志为核心的党中央治国理政新理念新思想新战略》,人民出版社 2017 年版。

16. 李克强:《2018 年政府工作报告》,中国政府网 2018 年 3 月 5 日。

17. 汪洋:《推动形成全面开放新格局》,《人民日报》2017 年 11 月 10 日。

18. 黄坤明:《深刻认识新发展理念的重大理论意义和实践意义》,《光明日报》2016 年 7 月 25 日。

19.《中国共产党第十九次全国代表大会文件汇编》,人民出版社 2017 年版。

20.《党的十九大报告辅导读本》,人民出版社 2017 年版。

后　记

　　改革开放是当代中国最鲜明的特色,是我们党在新的历史时期最鲜明的旗帜。习近平总书记强调:"改革开放是决定当代中国命运的关键一招,也是决定实现'两个一百年'奋斗目标、实现中华民族伟大复兴的关键一招。"①这场伟大革命,从党的十一届三中全会到现在,走过了40年极不平凡的历程。40年来,我们坚定不移解放和发展社会生产力,推动中国迈入经济大国,并迈向经济强国。40年来,我们以敢闯敢干的勇气和自我革命的担当,不断革除阻碍发展的各方面体制机制弊端,锐意推进经济体制改革,使中国成功实现了从高度集中的计划经济体制向充满活力的社会主义市场经济体制的伟大历史转变。今天,中国已经成为全球发展的推动者,是一个响当当的世界大国。事实证明,改革开放是当代中国发展进步的活力之源,是党和人民事业大踏步赶上时代的重要法宝。

　　党的十八大以来,以习近平同志为核心的党中央高举改革开放旗帜,站在新的历史起点上,作出全面深化改革的重大战略部署,为党和国

---

　　①　《习近平谈治国理政》第一卷,外文出版社 2018 年第 2 版,第 71 页。

家事业发生历史性变革、取得历史性成就注入了强大的动力和活力。党的十九大报告将坚持全面深化改革作为未来解决"新矛盾"、开启"新征程"的必由之路。站在新时代、新起点,改革的号角再次吹响。而经济体制改革牵一发而动全身,是全面深化改革的重点,也是决定全面深化改革成败与否的关键。当前我国已进入全面建成小康社会决胜阶段,国内外形势更加错综复杂,建设现代化经济体系任务艰巨,更需要我们坚持把经济体制改革放在重中之重的位置,纵深推进重点领域和关键环节改革,走出具有中国特色的经济体制改革之路。在这样的时代背景下深入研究40年来中国经济体制改革的发展历程、实现路径和宝贵经验,探讨将经济体制改革推向纵深的新时代背景、重点举措和保障措施,具有重要的理论价值和实践价值。也正是在这一使命感召下,本书得以编辑成册。

本书在研究和写作中,由中央党校(国家行政学院)张占斌教授,中央党校(国家行政学院)博士生杜庆昊、戚克维、丁立江、米兆栋、李博、程崇峰、陈智永、施蒙、史毅、钟颉、吴军明、郭贝贝、曾兆武,中央党校(国家行政学院)车文辉,南京航空航天大学钱路波同志参与。戚克维、杜庆昊协助做了统稿工作。人民出版社郑海燕同志为本书的顺利出版付出了辛劳,一并表示衷心感谢。

本书在写作过程中,也参考了许多中央文件、书刊资料和部分专家学者的观点,这对我们完成本书,起了非常重要的作用。但由于作者水平有限,还有一些问题未能深入讨论,恳请读者朋友批评指正。我们将继续关注、研究这一重大课题,力争为推动中国经济体制改革作出我们理论工作者的贡献。

作　者

2018 年 11 月

策划编辑:郑海燕
责任编辑:郑海燕　张　燕　孟　雪　李甜甜
封面设计:吴燕妮
责任校对:苏小昭

图书在版编目(CIP)数据

中国经济体制改革探索与实践/张占斌等 著. —北京:人民出版社,2018.12

ISBN 978－7－01－020191－7

Ⅰ.①中⋯　Ⅱ.①张⋯　Ⅲ.①中国经济－经济体制改革-研究　Ⅳ.①F121

中国版本图书馆 CIP 数据核字(2018)第 286025 号

中国经济体制改革探索与实践

ZHONGGUO JINGJI TIZHI GAIGE TANSUO YU SHIJIAN

张占斌　杜庆昊 等　著

人 民 出 版 社 出版发行

(100706　北京市东城区隆福寺街 99 号)

中煤(北京)印务有限公司印刷　新华书店经销

2018 年 12 月第 1 版　2018 年 12 月北京第 1 次印刷

开本:710 毫米×1000 毫米 1/16　印张:17.5

字数:217 千字

ISBN 978－7－01－020191－7　定价:70.00 元

邮购地址 100706　北京市东城区隆福寺街 99 号

人民东方图书销售中心　电话 (010)65250042　65289539